百年佛缘

03

文教篇

星云大师 口述
佛光山书记室 记录

生活·讀書·新知 三联书店

Simplified Chinese Copyright © 2017 by SDX Joint Publishing Company
All Rights Reserved.
本作品中文简体字版权由生活·读书·新知三联书店所有。
未经许可,不得翻印。
台湾佛光山宗委会独家授权

图书在版编目(CIP)数据

百年佛缘/星云大师口述:佛光山书记室记录.—2版.—北京:生活·读书·新知三联书店,2017(2017.1重印)
ISBN 978-7-108-05839-3

Ⅰ.①百⋯　Ⅱ.①星⋯②佛⋯　Ⅲ.①星云一传记　Ⅳ.
①B949.92

中国版本图书馆CIP数据核字(2016)第265636号

目录

百年佛缘 ❸ 文教篇

- 001　我的文字编写因缘
- 023　我与文学的关系
- 047　我和华人学者们的互动
- 067　我与国际学者的因缘
- 091　我与大学校长们

- 117　佛教丛林学院的发展与成就
- 149　我与佛教学术活动
- 171　我提倡读书会
- 197　我与艺术家们
- 233　台湾佛教出版界的风云
- 253　我与艺文界的朋友们
- 281　我"编藏"的因缘
- 309　我对戏剧的浅识

331	我推动法音宣流
357	梵音遍天下
379	我与无冕之王的因缘
397	我与媒体的互动
429	我与荣誉博士的缘分

我的文字编写因缘

曾有记者问过我,
为什么热爱文字编辑,终身不辍?
因为文字是生生不息的循环,
是弘法的资粮,
人不在,文字还在。
一个人因为一句话而受用,
这辈子,乃至下辈子,都会对佛教有好感。
透过文字媒介,
不只是这个时代,不只这个区域的人,
都可以接触到佛陀伟大的思想,
几千、几万年以后,
此星球、他星球的众生,
也可以从文字般若中体会实相般若的妙义。

我作为一个出家人,除了知道一些佛理以外,梵呗唱诵应该是不合格的,可是佛教里最需要的就是梵呗唱诵。一个出家人会得梵呗唱诵,到处都会受欢迎,有一句话说"会得香云盖,到处吃素菜",就是这个意思。偏偏我五音不全,连"香云盖"都唱不下来。以这么样的条件,在佛教里,可以说应该是走不出去的。

好在我生性勤奋,欢喜舞文弄墨。在焦山念书的时候,我的作文甚至老师都还替我誊清,送到江苏省会镇江的报刊上发表。我原本也没有学过诗词歌赋,由于焦山位在长江中心,在那样的环境,偶尔晚餐后,在沙滩上散步,真有王勃《滕王阁序》中"落霞与孤鹜齐飞,秋水共长天一色"的美感,每每引发我写一些小诗。寄到各报刊,篇篇发表,给了我很大的鼓励。

可见得,人生的道路很多,此路不通还

有彼路,不要墨守成规,也不必自以为愚痴不会,所谓"愚者也有一得",所以我自己培养文学的兴趣,兴趣也成长了我。

我想,既然喜欢写东西,就应该进一步学习编辑。因此,每个月规定自己编一本专属自己的刊物,叫做《我的园地》。跟一般刊物一样,有发刊词,有社论,有讲座,有专论,有随笔,有新诗,还有编后记,甚至小说,每个月再怎么样功课忙碌,必定把《我的园地》书写完成,如期出刊。其实这本刊物的读者,只有我自己一个人。

离开焦山以后,第一个获得的工作就是宜兴白塔国民小学校长,在那个时候,有一位同学智勇学长也长于文字,两个人志同道合,编发一份《怒涛》月刊,这份刊物取名叫"怒涛",意思就是要用怒吼的波涛,冲毁腐旧的恶习,还给佛教一个清净的本来面目。

当时在那个乡村地方,也找不到印刷厂印刷,就由智勇书写钢版,我做发行。这一本油印的杂志,每次发行五百份。原来以为这份油印的杂志,应该不会引起人的注意,再者,里面的文章立论激烈,可能会引起佛教界的反感,结果,第一期出刊之后,就得到素有佛教杂志权威的《海潮音》替我们刊登一个义务广告说:"我们又多了一支生力军!"这个鼓励,给我们很大的力量。

原本以为家师志开上人也会怪我兴风作浪,没想到,他不但没有怪我,还寄了五百令的纸赞助我们,这又给我们无比的鼓励。

这份《怒涛》前后编了二十多期,后来因为白塔国小这个地区是国共交火的地方,实在生存困难,不得已我又回到了南京。

一九四七年冬,承蒙江苏徐州《徐报》的王老董,要我替他主编副刊,定名为《霞光》;可惜,我只编了一期,就爆发了"徐蚌会战"(即淮海战役),当然,这个短命的副刊也就夭折了。

因为徐蚌会战震动了南京，当时局势风声鹤唳，我在前途茫茫之下，就随着"僧侣救护队"，在只想逃命，也不问前途的情况下，就这样到了台湾。

我到了台湾后，知道在台中的学长有一份《觉群》旬刊。这是一份抗战胜利后，由太虚大师创办，在上海发行的杂志。它的发行量很广，可以说，是一份走改革佛教的杂志，因为战争的缘故没有办法继续出刊，就由我在焦山读书时的学长、时任上海市佛教会秘书的大同法师负责，将这份杂志从上海带来台湾。

一九四九年初，大同法师因为"匪谍"嫌疑远走香港，遗留这份《觉群》还没有出刊，其他人也不知如何办理。因为我在大陆有编写的经验，他临走前交代他们，要我去负责主编。因为这是太虚大师要革新佛教的一份杂志，我当然很有兴趣为它服务，也愿意做出贡献；但是我只编了一集，出版后，就受到警察的调查。当然，我不能为了编辑杂志，就跟警察、安全人员挑战，同时也怕连累到中坜圆光寺居住的问题，我不敢再到台中。因此建议台中宝觉寺的住持林锦东法师（又叫宗心法师）另请高明。他就请到台中图书馆的总务主任朱斐前来主编，终于在夏秋之际，杂志复刊出版了。

没想到，在第一版上声明，今后《觉群》要更改为纪念印光大师，弘扬念佛法门，提倡净土学说。我在中坜圆光寺看到这样的启事，大为不满。我认为太虚大师、印光大师，都是大德，但是，这好比张家的祠堂，你不能随便把它改成李家的祠堂，我就写了一封信去质问他，你怎么把太虚大师创办的杂志，拿去纪念印光大师呢？这张冠李戴，怎么也说不过去。

原来，朱斐居士是跟随李炳南居士学佛，二人同是印光大师的弟子；他把我的原信刊出，并且说我不赞成净土法门。其实我一生,打的佛七约有百次以上,再加上早晚念佛、周六共修,那就更多了。我是倡导"禅净共修"的人,主张"解在一切佛法,行在禅净共修"。为了这一段文字编辑的因缘,招来我在佛教界一段很不好听的名声,说我反对念佛,增加了我在台湾弘法的困难。

后来,《觉群》改名叫《觉生》,发行了一年之后,再改名《菩提树》。这就是在台湾发行多年的《菩提树》杂志的来由。后来《菩提树》出刊,我经常投稿,我和朱斐居士也时相往来,成为很好的道友。

《菩提树》杂志

这个时候,因为我的文章不断在《觉群》、《觉生》、《菩提树》发表,居住在新北投的东初法师办了一份《人生》月刊,要我去为他主编。我原本就已经断不了的文字编辑因缘,又再继续下去了。

我断断续续编了六年的《人生》杂志,这六年中,我没有用过《人生》杂志的一张稿纸,也没有用过它一张邮票,也没有支过它一分钱的车马费,说起来,从那时候开始,我就为佛教的文化做义工了。

后来东初法师跟我讲,因为我的这一份杂志,让你们扬名立万了。又说,现在你也应该帮忙,我们把杂志从二十四页增加到二十

《人生》杂志

八页,新增的四页,就由你出资好了。

我为了编辑的兴趣,很辛苦地筹募这四页增加的费用,甚至光在宜兰这一个地方,我就介绍了三百多个长期订户。这都是靠着信徒助印、捐献订阅支持才有的。

在编《人生》杂志期间,我学到很多,比方花莲大地震,东初法师要我去救灾,那是我第一次学习如何救灾。还有,他写的文章经常在发表后,引发外界的一些争论,他都说那些文章是我写的,我也必须学习代他抵挡这些议论。

《人生》杂志在当时的佛教界,算是一份很有权威的杂志,因为有东初法师好评论佛教,有南亭法师专写佛教长篇文章,煮云法师、心悟法师都加进了我写作的阵容,我真是废寝忘食地要把这份杂志编好。

每个月,我必须从宜兰到台北两次,一次是送稿给印刷厂排版校对,过几天后,再上来做最后校对印行。记得那时候也没有经费坐汽油车,都是坐普通的运煤车,必须经过二十三个山洞,每一次宜兰台北一趟下来,鼻孔都塞满了煤灰,期间的辛苦,现在的人已经难以想象了。

《觉世》旬刊的创办人张少齐

后来我不能为《人生》杂志继续编下去的最大原因,主要是《觉世》旬刊在一九五七年,由台北健康书局张少齐、张若虚父子出刊。因为他们想要办一份弘扬佛教的刊物,以报纸型发行,预计每十天一期,要我担任总编辑。

他们本来要叫做"旬报",但我知道,依政府的规定,每周出刊的,可以叫"周报",但十天一期的还是名为刊物,所以我就建议他们叫"旬刊",《觉世》旬刊就这样定名下来,并且在同年的四月一日创刊。

《觉世》旬刊是一份四开的报纸型刊物,我虽然没有编过这样

在接办《觉世》旬刊之后，又担任《今日佛教》主编

的期刊，但觉得很有挑战性，特别是我一向有"做中学"的性格，于是就边做边学。总听人说"皇天不负苦心人"，确实，我只编了二三期，得到好友李春阳的指导后，自己就能上路了。

我本着公平原则，报道佛教各界的新闻、活动，我也秉持公正精神，撰写《云水楼拾语》，评论佛教的是非得失。当然，这份《觉世》蒙佛教各界的重视，发行得非常广泛。

编辑《觉世》旬刊的同时，听说《今日佛教》忽然宣布要停刊。我乍听之下，觉得非常可惜。实在说，《今日佛教》是一本很好看的美术画刊，由广慈、煮云等法师，以及李春阳发起。它的照片精彩，图文并茂，编辑得相当精彩，当然，画报画刊要比文字更容易得到读者的欢迎。尤其，它也刊登了大陆的锦绣河山、介绍大德高僧等内容，大家看得很欢喜。

经办不到一年，就宣布要停刊，必然是因为经济不够周转。这一停刊，就有人不甘愿，由台北善导寺住持演培，监院悟一、妙然等，组织了一个八人的社务委员会，由我担任执行编辑。于是我又披挂上阵，开始了文字的编写工作。

前排左一为本人,其余为:悟一、南亭老和尚、煮云、成一等法师。后排:妙然(左三)、真华(左四)等法师

改编后的《今日佛教》,我就写了一篇《我们的宣言》,还获得李炳南居士来信给我赞美;接着我又写了《我们要有殉道的精神》,时值戒严时期,哪里能随意讲话,但是为了要弘扬佛法,我也就一不做二不休地豁出去了。

在我编辑《今日佛教》不到二年的时间,原发行人广慈法师又把它讨回去自己办,我就专心去办《觉世》旬刊了。

佛光山接手《觉世》旬刊之后,有朱桥(朱家骏)、陈剑慧、慈惠、慈怡、依晟等人都来帮忙编务,前后发行四十年,从来没有休刊过。尤其我创了一个纪录,旬刊在每个月的初一、十一、二十一日出刊,我必定在这之前,将旬刊送到读者家中,没有延误过一期。我自感安慰,这也显示了我准时的性格。

《觉世》旬刊对佛教最大的贡献是:

《觉世》旬刊于一九五七年创刊,每十天出版一期,从报纸型、口袋型到杂志型,四十余年未曾间断,今已纳入《人间福报》

一、帮忙智光商工创建筹款。假如今天大家翻阅一九六五年前后的《觉世》,就能注意到所刊登的功德芳名。

二、帮忙建设佛光山开山初期工程。

三、引发社会公论,维持正义。

例如,一九六四年,西班牙的斗牛要移到台北表演,表演最后要把牛杀死。我们觉得这太残忍了,基于慈悲的立场,提出反对斗牛的意见。那时候,"立法院"就凭着《觉世》的一篇评论,最后阻止了这一场血腥的表演。

又例如,政府曾反对台湾民间的信仰,要取缔五日一大拜、三日一小拜的情况。我觉得,这不是一个单纯的宗教问题,这是民间社会问题。因为人民一年的辛苦,他借由大拜拜可以宴请亲朋好友,这也是他们相互联谊、娱乐的生活之一。如果剥夺他们拜拜的权利,只准许高官厚禄的人天天吃大餐、跳舞享乐,这也太不公平了。

所以我喊出口号:不可以"取缔"拜拜,可以"改良"拜拜。所谓"改良"拜拜,就是用香花素果代替大鱼大肉,以素食的东西来

二〇〇〇年四月一日《人间福报》发行,为佛教界的第一份日报

祭拜,既不杀生又不造业,又能维护信仰。后来,这满天的风云,就因为这样的建议,社会就安定了。

这份助印的刊物,每期发行四十万份,遍及四十二个国家地区,扮演着海内外几百万佛教徒沟通的桥梁。直到二〇〇〇年,并入新创刊的《人间福报》,也就是现在《人间福报》的"副刊"与"觉世·宗教"了。

文字编辑工作是会让人上瘾的,而我更乐在其中。在宜兰弘法时,我除了帮忙当地的《国光》杂志、《宜兰青年》写稿之外,自己又编印了一份《莲友通讯》,每半个月一期。当时,委托一位家里开设中华印刷厂的青年吴天赐帮我印刷,后来因为这份通讯的关系,度了他跟随我出家,他就是后来佛光山的第二任住持心平和尚。

说来,我对带动台湾出版界的进步,应该有些许的贡献。例如,朱桥先生帮我编辑《觉世》和《今日佛教》的才华,为《幼狮》杂志所欣赏,就把他请去担任主编。当时我建议他标题做大一点,字

在宜兰念佛会发行的《莲友通讯》,创刊于一九五九年九月三十日

不要排得密密麻麻,结果,一出版就引起震撼,当时很多杂志也随之跟着改头换面,为台湾杂志的编辑掀起大大的改革运动。

我初到台湾来的时候,有一份《今日青年》杂志,是仿当时《今日美国》杂志而创办的。当时,中兴大学教授秦江潮先生(后来担任台北市政府人事室的主任),因为我经常投稿,特地到中坜来看我,要我去做该杂志的编辑。

我跟他说:"我要做和尚。"他就说:"国家兴亡,匹夫有责,到了这个时候,和尚也要爱国。"我回答他:"我连和尚都做不好了,其他的事还能做得好吗?"我仍然坚持做一个和尚。就好比古德有一首偈云:"昨日相约今日期,临行再三又思维。为僧只宜山中坐,国事宴中不相宜。"虽然拒绝了他,但我后来还是经常帮他撰文写稿。

那时候为什么那样喜欢写文章、欢喜编辑呢?又没有稿费可以拿。我完全是基于护教。例如:名伶顾正秋在永乐大戏院演京剧,内容有对佛教不利的地方,我就写了一封《致顾正秋小姐的公开信》,跟她抗议,也不管她的背景是任显群还是蒋经国。

曾有记者问过我,为什么热爱文字编辑,终身不辍?因为文字是生生不息的循环，是弘法的资粮，人不在，文字还在。一个人因为一句话而受用，这辈子，乃至下辈子，都会对佛教有好感。透过文字媒介，不只是这个时代，不只这个区域的人，都可以接触到佛陀伟大的思想，几千、几万年以后，此星球、他星球的众生，都可以从文字般若中体会实相般若的妙义。

由我所提倡的"每月印经"

好比，我从一九五七年开始提倡"每月印经"，将艰涩难懂的经文，采新式标点符号，加以分行分段编辑，如普通小说体裁一般，使得佛法能普遍为社会大众所接受。后来，我继续创办《普门》杂志，以普遍化、生活化、艺文化、趣味化为宗旨，在发行二十余年后，二〇〇〇年时，就转型到马来西亚发行了。

曾经获得"优良图书金鼎奖"的《佛光大辞典》，于一九七八年起开始编撰，耗费了十年的时间才终于问世。在此之前，一九七七年我发起成立"佛光大藏经编修委员会"，以编撰现代佛教圣典为目标。春去秋来，佛光山编藏的工作已接近四十年，总共完成了《阿含藏》、《禅藏》、《般若藏》、《净土藏》、《法华藏》等，共一百九十八册。我想，等到十六部藏全部完成时，应该也有千册左右了。

如今，随着科技进步，《佛光大辞典》及《佛光大藏经》也都发展出电子版，以方便携带保存，并且易于查询检索、比对。

《世界佛教美术图说大辞典》（如常法师提供）

二〇〇〇年，佛光山启动了《世界佛教美术图说大辞典》的编务工作，历时十余年，终于在二〇一三年出版。当年，我叫如常法师编辑这部图典时，问她需要多少钱，她说大概需要一千万。我就将《浩瀚星云》这本书所得的版税一千万元，悉数给她作为编务行政费用。可见我们并不是光口头叫人家做，自己也要先有所行动才行。

这一部二十巨册的美术图典出刊后，对建筑界、艺术界、教育界、工艺界，应该都会有相当的贡献；尤其在佛教的历史上，透过这许多艺术的呈现，让世人知道，佛教对全世界文化的影响，是抹煞不了的。

《世界佛教美术图说大辞典》华文版出刊后，英文版也正在努力编写中，预计二〇一四年问世。感谢来自世界各地许多友人如美国、日本、韩国、新加坡、马来西亚、冰岛、丹麦等，尤其中国大陆给予我们的支持最多，都先在此说声谢谢了。

《普门学报》双月刊

除了上述大部头书籍的编纂工作,为了鼓励佛学研究,早在一九七六年,我就创办了《佛光学报》,佛光山文教基金会创会之后,每年也出版一本论文集。接着自二〇〇一年起,由满果法师主编《普门学报》,每两个月一期,整整编了六年,每期我也参与其中,贡献自己一篇文章。

除了《普门学报》,我还邀约两岸的佛教学者共同将经律论中重要的著作,做系统的整理,翻译成白话文,在一九九七年出版了一百三十二册的《中国佛教经典宝藏精选白话版》。

这是因为在长久的弘法过程中,经常有人告诉我,他没有学佛的原因,是因为他看不懂佛经,假如有一本白话文的经典,那他学佛就不难了。为此,我就一直有心想要替佛教编辑一部白话经典。

可是,佛学的翻译是非常困难的,无论翻译成英文,或是翻译成日文、韩文、西文、法文、德文等,不管翻译哪一国文字,都相当不容易,甚至连文言文的佛经要翻成白话文,也是一样不简单。

例如,每一部佛经的开头都有一句"如是我闻",光是这一句话,要把它译成白话文,就让我煞费周章,思考怎么样把它说得让人懂而又不失原意。后来我发觉到,只有译成"《金刚经》是我阿难听佛这样说的"，或者是"《法华经》是我阿难亲自听佛这样说的"，才比较符合原来的意思，这确实是花了我许多的时间思索，才敢这么断然决定。

因为要让人懂得经典的内容，只有像鸠摩罗什大师那样的意译，才比较容易让人明白。中国佛教史上四大翻译师中，尤其以玄奘大师和鸠摩罗什大师最为特出。他们一位是直译，一位是意译。罗什大师的意译经典，如《阿弥陀经》、《法华经》、《金刚经》、《维摩诘经》等，因为文字畅通，读诵容易，普遍较为大众所接受，流传也比较广泛。而玄奘大师虽然也翻译过《金刚经》等，但都不流传了，为什么？意思虽然到口，但诵读起来困难，也就少为大家所熟知了。

因此，我曾经请依空法师、吉广舆夫妇把我的意思带到大陆去，邀请学界帮忙翻译佛经；我也请慈惠法师到北京和许多学界人士多次沟通，而有现在我们看到由海峡两岸一百二十位作者所翻译的《白话经典宝藏》。

以白话文来阐述经典，是一个尝试性的突破，可是这个工作由于人才的不足，成果并未能尽如人意。尽管如此，当初能有这样白话版本的发行，确实相当困难，也可以说为佛典的翻译史写下新页了。

《白话经典宝藏》编辑之后，我知道大陆许多的硕、博士生都以佛学作为他们的研究方向。我从中选录了四百多篇的论文，集成《法藏文库·中国佛教学术论典》，全套十辑，精装一百二十册，分为思想史、历史、制度、语言、文学、考古、建筑、艺术等六大类，总共加起来也有数千万言。

感谢北京首都师范大学程恭让教授的协助，永明、永进、满耕等法师的参与，可以说花了很多的力气才得以编辑完成，印刷出版。

当然有的文章难尽人意，有的文义也不容易明白，甚至我也知道，这些硕、博士论文里，有的人不一定从信仰入门，甚至有些从批评的角度撰写,曲解佛教的也有,但我都将他们的原文搜罗出版,为什么?因为我要让后代的人知道,这个时代的文化产物就是如此,我们必须把它留给后人去研究,不能让这个时代的历史就这样消失。这就是我编辑《法藏文库》出版的缘由了。

由于我自己没有读过多少书,受过多少教育,也没有受过什么文化的训练,但是我对佛教的教育、文化,可以说如痴如醉。例如,当初创办《人间福报》的时候,多少人劝我,现在平面媒体走下坡了,不要办了。以前我们因为贫穷,没有办法自己办报,只有在各报买版面,由我们编辑内容提供给他们印行。现在我们有力量了,我们必须为佛教发声,为佛教留下一个历史。就这样,我亲自带着几个徒弟,从策划、邀稿到版样设计,全心全力投入。《人间福报》终于在二〇〇〇年四月一日创刊,由依空、心定法师先后担任发行人。

有人问我,为什么选在愚人节这一天创办这份报纸?我想,因为我有"愚公移山"的精神。《人间福报》首任社长是依空法师,记得我还跟她说,我筹了一亿元给你办报,你能办到三年,倒闭了我也不怪你。

欣慰的是,《人间福报》至今已经十三年了。可以说,种种苦难、挫折都有,但我不计较,因为这些苦难、挫折滋养了我们的慧命。如今回想起来,我要谢谢那些当年好意相劝的人,他们给了我危机意识,也给了我永不退缩的坚持。

历任的社长从依空之后,陆续有永芸、柴松林教授、妙开等人担当起社务工作,现在则由符芝瑛小姐担任社长。

符芝瑛小姐是政治大学新闻系的高材生,曾在《联合报》做过记者,在天下远见文化公司担任编辑时,替我写过传记《传灯》,还登上年度的排行榜,之后又陆续写了《薪火》、《云水日月》等。二

《人间福报》"人间百年笔阵"于佛光山台北道场举行成立大会。后排右起黄光国、南方朔、高希均、本人、柴松林、江素惠;前排右起符芝瑛、慈容法师、朱云鹏、杨朝祥、蒋本基、陈朝平、慈惠法师、张亚中及妙开法师(庄美昭摄,二〇一二年五月十五日)

〇一〇年底,她从上海回到台北,推动《人间福报》各项编务,充实版面内容。尤其,她广邀学者、专家为"百年笔阵"专栏撰文,替福报增色不少。

值得一提的是,陆续有全球各地的华报,如:新西兰、新加坡、菲律宾,以及芝加哥、纽约、圣路易和澳门等,都表示福报的内容充实、清新,是一份很好的华文教材,希望我们能提供内容给他们的报纸刊登。这确实是一件令人欣喜的事了。

除了《人间福报》,前后我又创办了佛光出版社、佛光文化、香海文化公司、人间通讯社以及上海大觉文化公司等,陆续有永均、蔡孟桦、妙蕴、妙开、满观、妙有、妙普、黄美华等人负责执行编务、发行等工作。其中,蔡孟桦对我的书籍出版用力甚多,像《迷悟之间》、《人间万事》、《星云法语》、《人间佛教丛书》等,还曾经获得印刷界的"金印奖"。而这几年,上海大觉文化公司在大陆为我出版简体字版相关书籍,承蒙大陆读者的厚爱,竟然也让我挤进所谓的"版税富豪排行榜"了。

《迷悟之间》套书,共十二册

《人间万事》套书共十二册,有一〇八〇篇文章,约百万字,获得印刷界"金印奖"

《星云法语》套书,共十册

《人间佛教小丛书》已发行一〇四期,逾数百万册(二〇一三年二月一日)

因为出版与编辑,我也替佛门培养了许多人才。例如六十年前,慈庄、慈惠等人就是喜欢写文章,欢喜我替他们改文章而进入佛门,后来又在台北三重文化服务处工作,我们写下了许多佛教文化的辉煌纪录。例如印行的《中英对照佛学丛书》之《经典之部》、《教理之部》等,都是脍炙人口的出版品。尤其,慈庄法师负责的佛教文化服务处,对早期佛教文物、出版的流通推广,贡献很大。

而佛光山派下第一代弟子,像慈庄、慈惠、慈容、慈嘉、慈怡、心定等,每个人都有自己的著作出版。之后,在报纸、杂志、出版以及编藏等方面,像依空、依晟、永明、永进、永本、永芸、永庄、满义、满果、满光、满济、满纪,以及《人间

《中英对照佛学丛书》之《经典之部》、《教理之部》,为首部中英文对照佛学藏经(一九六二年六月)

我的各类著作(二〇一三年二月一日)

《福报》的妙熙、觉涵等所有的出家弟子等,都有一些杰出的表现。

现在,佛光山年轻一代的弟子,不仅能写,还能画、能摄影、能使用电脑编辑。为了鼓励他们编写,我无论工作多忙,都会替弟子的书写序,甚至在书名、标题、编辑等方面提供建议。

由于担任杂志编辑又喜欢写作,我也结交了许多文艺界的朋友,例如:柏杨、刘枋、司马中原、高阳等,和武侠小说作家卧龙生、梁羽生,文坛夫妻档何凡、林海音也曾多有往来。

我从一个二十岁不到、为佛教改革与前途振臂疾呼的僧青年,到台湾驻锡弘讲、建寺安僧,靠着一枝秃笔生存立足,乃至后来创办佛教的文教事业,将佛陀教法透过文字与出版品流传到世界各个角落。我这一生也由于文字编辑的因缘,扩大了视野,广交文化界能人异士,可谓无限欢喜了。

心地花開

我与文学的关系

我对于弘法与写作的理念,
一向主张要有文学的外衣,哲学的内涵,
因为文学要美,哲学尤其要有理,
内外相应,无论是长文还是短文,
必然是好文章。
胡适之先生说,
《维摩诘经》是世界上最长的白话诗,
而《华严经》、《大宝积经》
都是长篇或短篇的小说,
而我觉得,佛学就是文学和哲学的总合。
佛教的哲学理论,
能用美丽的文学装饰,
才能成为有血有肉的读物。

我这一生，除了与佛教的关系特别的殊胜，其他的学术文化，就要算我与文学的因缘最为深厚。因为我一生没有进过学校，也没有受过老师特殊的训练，除了寺院的教育，让我获得佛学的一些知识以外，应该就是我个人喜爱阅读文学著作了。

之所以启蒙我喜欢文学，还是由于佛教的经书比较深奥，读起来不甚了解，而民间的文学小说不但看得懂，并且趣味横生，所以我就这样深深地爱上了文学。

说起我与小说的因缘，最初是大约在我十岁的时候，母亲常常在病床上"住夏"，我看她无所事事，心生不忍，就讲一些图画书给她听，好让她解解闷。我不会念字，常常念半个字，把"洛阳"读成"各阳"，纽约读成"丑约"，她就纠正我，告诉我那许多字应该怎么念法，实际上，她自己也不认识字。

后来,我也读一些家乡流行的俚语小书七字段,例如:《梁山伯与祝英台》、《陈世美休妻》、《秦香莲吊孝》、《王氏女对金刚》等。这些小书里有不少的七字段,母亲都会背诵,像"紫金如瑞把香焚,表起小生洛阳人。父亲有钱称员外,母亲刘氏老安人",说起来,虽然是我念书给她听,却是她教会我认字,所以我常说,我是从不认识字的母亲那里学会不少字。

那个时候,母亲偶尔也送我到私塾念书,但是到私塾念书必须缴纳四个铜板,没有铜板就不能上学,老师也不会怪你。我经常看到母亲辛苦筹钱给我读书,实在舍不得花她的钱,也就不去了。就这样,我断断续续在私塾里认识了一些字,不过,也只是维持一段短暂的时间。

此外,就是童年的时候,随着外婆参加一些善门(善堂)的聚会,听他们念一些劝人向善的诗偈。这些善堂大多属于佛教的旁支,读的诗偈,听起来都感觉不难,好比"叫你修来你不修,死后被牛拉额头";或者"前生穿你一双鞋,今生驮你十里来";又如"善似青松恶似花,看看眼前不如他;有朝一日遭霜打,只见青松不见花",等等,这些浅显易懂的字句,至今都深深地记在我的心里。

当时外婆经常带我到一些宫庙拜拜,印象最深的就是十殿阎罗殿,一殿一殿各有专职,讲述因果业报的故事。例如《十来偈》中:"端正者忍辱中来,贫穷者悭贪中来;高位者礼拜中来,下贱者骄慢中来……"我深受启发,感到地狱的可怕,觉得做人不能造恶业,应该要积德行善。这些,大概都为我埋下出家的因缘种子吧。

后来我出家了,记得师父志开上人问我是哪里人?我回答说:"江苏人。"师父说:"你把它写下来给我看。"我因为"苏"的笔画太多写不起来,只有告诉他:"我不会写。"师父一听还哈哈一笑说:"我帮你写。"很惭愧,其实那时候的我,连江都、江苏都分不清楚谁大谁小。

但是对十二岁的小孩来说,认字的能力还是很快速的。只要听到学长在哪里念书,我们就站在他的后面,他在念,我在看,很快就能知道他念的是什么字,自觉进步也很多。

到了十三四岁的时候,见到了《精忠岳传》这本书。过去,听过家乡父老经常讲说岳飞大元帅的故事,比方"岳云双锤大闹朱仙镇",岳飞的女婿张显,结拜的兄弟牛皋、汤怀、陆文龙等,都成了我耳熟能详的人物。特别是,看到书的封面,岳飞跪在地上,母亲在他的背上刺了"精忠报国"四个字,我感动不已,当下自己也跟着发起誓愿:"吾当如是也。"

之后,我渐渐能够读一点白话经典,比方黄智海写的《阿弥陀经白话解》、《慈航法师演讲集》,我如获至宝,因为看得懂而欢喜不已。尤其,南京栖霞乡村师范学院撤退到重庆后,图书馆散失的书籍,满街满地到处都是,我们经常捡一些回来,竟也能成立一个小小的图书室。这些书刊当中,特别是"活页文选"里有许多很美的文章,如:朱自清先生的《背影》、陈衡哲女士的《小雨点》等。我读到这些文章,简直视如天书,觉得美妙无比。就这样,天天只要一有时间,我就往那个小图书室跑,看那些优秀的学长选了什么书、借了什么书,等他们归还后,我就借来阅读,借此因缘,增加了自己的知识,感觉进步不少。

中国民间的小说,我从早期的《七侠五义》、《封神榜》、《隋唐演义》、《薛丁山征西》、《薛仁贵征东》等看起,到十四五岁之后,我就能看《水浒传》、《三国演义》了。我曾经因为看《水浒传》,对梁山一百零八将的名字、绰号,甚至拿什么武器、穿的什么服装,我都能背诵如流。尤其,对《三国演义》里的"三十六计",像瞒天过海、草船借箭、调虎离山、欲擒故纵、声东击西、金蝉脱壳,乃至空城计、美人计、反间计、苦肉计、连环计等,我也如数家珍。我想,假如要我叙述一段,应该可以说得煞有介事了。

其实,那时候佛教里的老师们都不准我们看小说,说什么"老不看三国,少不看水浒"。因为,少年人看了《水浒》会好打好斗,老年人看《三国》会增加种种的计谋,其实想到自己这一生,我不好打斗,也不好什么计谋,佛门有谓"直心是道场",这大概是我出家的性格吧。佛法说"一心开二门",要走恶路、走善路,都看个人天性各有志愿,书不会全部影响我们,一切总由自己甘愿。

在这些中国民间的小说中,我几乎不看《西游记》,因为那时候的心里觉得,佛教不可以和这些神怪在一起,对于"唐玄奘"不很佩服他,总认为他不是一个很有魄力的人,与真实不符,所以也就看不下去了。另外,对于《红楼梦》也无法阅读,虽然知道它名列四大古典小说之一,必定有其文学的价值,但我对贾宝玉与林黛玉、薛宝钗,那种哥哥、姐姐、妹妹鸳鸯蝴蝶派的味道实在不喜欢,不是因为文字看不懂,而是内容不相应罢了。

向影响我最深的,除了《水浒传》、《三国演义》外,就要算《精忠岳传》和《七侠五义》。可以说,在佛门里,"慈悲"影响了我一生;在社会上,"忠义"成了我做人处世的根本。

看过《水浒传》之后,我再看《荡寇志》。因为这一本反《水浒传》的书,我觉得看一看双方的意见,了解究竟梁山好汉是如何兵败如山倒,也是值得一读。至于《世说新语》、《古文观止》等,那就更不在话下了,至今我都能信手拈来背它一段。

到了台湾之后,在《中央日报》上读到武侠小说《玉钗盟》,

与武侠小说作家梁羽生伉俪于澳大利亚南天寺(二〇〇〇年二月十三日)

曾经一度让我相当入迷,因此,像诸葛青云、东方玉、卧龙生、梁羽生等人写的武侠小说,我也看了不少。可是,对于金庸的《射雕英雄传》、《神雕侠侣》等,我就很少读了。为什么?或许他书里的哲学意味很深,总觉得与世间真实不是很合情合理,因为我不相信这个世界上有神雕,就像我不相信《西游记》里有孙悟空、猪八戒一样。

尽管如此,我对于倪匡的科幻小说相当肯定,几乎他的每一本小说,我都看了二三遍。因为我从他的书里,知道了科幻世界,感觉到只要合情合理,虽是想象,也非常精彩,可以让人接受。

我从民间小说看到历史小说,我读了《战国策》、《史记》,甚至《二十四史》等。在这些史籍当中,我最不满意的,就是蔡东藩先生编辑的《中国历朝通俗演义》。这套书应该有千万言,新五号的字体印刷,厚厚的四十巨册,我花了整整三个月的时间把它读完。

我感觉到历史是不公平的，因为这套史书里好像对佛教有成见，只要写到佛教，都是坏事，没有好事。就如史学家汤用彤先生，基本上他是同情佛教的人，但是他所写的佛教史，也都是叙述佛教不好的事情，好事都没有。真如人家所说：好事不出门，坏事传千里。

不过，这也难怪，因为这许多写书的人，他们所选取的材料都是采用政府里的公文书，而公文书的记载，必定都是因为佛教里有所争端、事故，平常佛教做的诸多善行、好人好事，不会在公门里留有记录的。因此，对于佛教史的记载有欠公允，我深不以为然。不如文学作品，虽然大多写境、写情，但都要合情合理，必须感动人心，才算是上好的文学。

我从中国的小说，再看到西洋的小说，像《格林童话集》、德国歌德的《少年维特的烦恼》、《浮士德》，法国大仲马的《基督山恩仇记》、小仲马的《茶花女》，俄国托尔斯泰的《战争与和平》，甚至英国莎士比亚的许多剧作等，我都非常喜爱。

当我读了许多小说之后，不但喜欢上文学，而且喜爱书写文章。在焦山读书时，就喜欢作文，凡是一到作文课，同学们都愁眉苦脸，我却乐在其中。大约在一九四五年八月，有一次，国文老师圣璞法师在一个星期六的作文时间，出了一道题目：《胜利声中佛教徒应如何自觉？》。我觉得，不一定在胜利声中才要自觉，在失败的时候，也要有自觉。甚至人生无论什么时候，都要有自觉，自觉才能进步，自觉才有希望。

我虽出身贫穷，但我不断自觉，力争上游。我不强求，只要有上进的机会，我决不放弃。所以这个时候，镇江一下子出现很多的报纸，社会上一片欣欣向荣，我只是一个学生，尤其是个出家人，对社会能做出什么贡献呢？写文章！

记得我在镇江的报纸上,发表过的文章有:《一封无法投递的书信》,表达一个子女怀念父亲的心情;一篇《平等下的牺牲者》,写的是大家倡导平等,但是这个世界能平等吗?这世间富人欺负穷人、权势者欺负弱者、大国欺负小国,就等于一只猫子捕到一只老鼠,老鼠说:"太不公平了,大家同是生命,你怎么可以吃我呢?"猫子一听:"咦?老鼠倒也懂得平等,很好,那现在我给你吃好了。"老鼠又说:"我这么小,怎么能吃你呢?"猫子就说:"你不能吃我,那只有我吃你,这总算公平了吧。"我认为这就是平等下的牺牲者。

我也写过一篇《钞票旅行记》,我虽然没有用过金钱,可是我想象钞票在富人那里,在穷人手里,在各色人等的掌握中,钞票看到各色人等的面目嘴脸,体会各种心情,自觉自己也写得惟妙惟肖,当时还获得了老师的肯定、同学的称赞,对我的文学写作有很大的鼓励。

焦山,是一座位在长江中心的小岛。到了傍晚的时候,江水退潮,在沙滩上一走,就是几里路。我想置身在那种情况下,没有灵感的,也都会有灵感了。我就凭着这样的灵感,写了一些小说、新诗,几乎每天都在报纸上刊出。一时之间,觉得自己也能文能诗了。

到了台湾之后,经过了新竹青草湖"台湾佛教讲习会"(佛学院),我自告奋勇教授同学们国文。那时候,台湾正好出版《古今文选》,每一篇文章,都是我必读的重要资料。可以说,这些小说、活页文选、报纸、副刊、《古今文选》等,都成为我文学的老师。

我离开了"台湾佛教讲习会"以后,在一九五三年到了宜兰,就创办了文艺班,传授青年学生文艺;同时,我也成立"文理补习班",为青年们补习国文。因为那时台湾刚光复不久,国文程度还

以"脚夫"为笔名,在《人生》杂志连载《玉琳国师》

以"摩迦"为笔名,在《人生》杂志发表《宗教同盟大会》

待提升,正是大显身手的时候。在这段期间,我阅读胡适之先生的《胡适文存》,其中,他对文学的"八不主张",如:不言之无物、不做无病呻吟、不用典、不用套语烂调、不重对偶、不摹仿古人等等,这些我全都能接受。

尤其,我受胡适之先生最大的启发,就是他说的:"写文章就是表情达意,表情表得好,达意达得好,就是好文章;写文章如说话,话怎么说,文章就怎么写。"我读到此,几乎豁然大悟。从此觉得写文章如说话,不要雕琢、不用过度描写,我把《作文描写辞典》束之高阁,凭着自己的说话,表情达意,就是我写文章的文学辞典了。

我的法名本来是师父替我题取,名今觉,号悟彻,由于我离开

一九五二年,以"星云"为题写的新诗,现藏于佛光山宗史馆

大陆到台湾的时候,必须新领一个身份证,我就登记一个名字"星云",指的是宇宙的"星云团"浩瀚无边,正如佛教的空无世界。我非常欣羡这样的境界,因此就以"星云"为名了。

我也叫过"摩迦",因为佛陀的大弟子摩诃迦叶,是苦行头陀的行者,我自许像他一样,继续苦行的传承。另外,我在不同的时期,因为写不同题材的文章也取过不少的笔名,例如"云水楼主"、"脚夫"等。

一九五二年,我以"星云"为题写了一首新诗,至今收藏在佛光山宗史馆中。这首诗是这样写的:

> 夜晚,我爱天空点点明星;
> 白天,我爱天空飘飘白云。
> 无论什么夜晚,天空总会出现了星星;
> 无论什么白天,天空总会飘浮着白云。
> 星不怕黑暗,云不怕天阴。
> 点点的星,能扩大了人生;
> 片片的云,能象征着自由。
> 花儿虽好,但不能常开,
> 月儿虽美,但不能常圆;
> 唯有星呀!则娇姿常艳,万古长新。

蓝天虽青,但不能长现,

太阳虽暖,但不能自由。

唯有云呀! 则万山不能阻隔,任意飘游。

夜晚,有美丽的星星;

白天,有飘动的白云。

但是,写诗毕竟没有写文章那么直截了当,诗必须讲究含蓄,讲究意境,讲究美感,我想想,我的性格还是与诗不合,所以从那以后,我就弃诗写文。尽管我在《无声息的歌唱》中,写有一篇诗序,在《释迦牟尼佛传》中写过礼赞佛陀的新诗,后来还是慢慢地与诗作渐行渐远了。

不过,二○一三年一月二十五日,学生们读报纸给我听,念了余光中先生写的一首《行路难》,我一时雅兴,便写下几句与他相和应。

今日江东

未曾改变大汉雄风

大汉名声如雷贯耳

茱萸宝莲遥遥相望

汉唐子嗣　今朝可望

楚汉子弟　引首顾盼

望早归乡

江南紫金山　孙中山先生声望仍隆

两岸人民　寄予尊重

春有牛首　秋有栖霞

雨花红叶　回首难忘

欲去江西　一花五叶

禅门五宗文化

至今人人向往

江西得道的马祖(马祖道一禅师)

洞庭见性的石头(石头希迁禅师)

多少人在"江湖"来往

江湖一词

生活的榜样

临济儿孙满天下

庐山的景光迷蒙

何愁江西无望

汉朝淮阴侯　现代周恩来

人文荟萃的地方

江北盐城是丹顶鹤的故乡

扬州仙女庙　鉴真图书馆

与镇江金焦二山隔江相望

扬子江风光依旧

扬子江的母亲

思念云水天下的游子

回乡探望

　　回想那个时候,宜兰高中杨勇溥老师应我的邀请,非常热心地教我们歌咏队的年轻人唱歌,可是佛教的歌词实在太少,不得已,我被迫为大家填写歌词。比较有心得的歌词如:《佛化婚礼祝歌》、《快皈投佛陀座下》、《菩提树》、《弘法者之歌》、《伟大的佛陀》、《佛教青年的歌声》、《甘露歌》、《西方》等等。

我与文学的关系

为了弘法需求，佛光山丛林学院师生都能唱颂佛教圣歌。图为于佛光山男众学部中央上人纪念堂前，与师生合影

记得我第一首写的歌词就是《西方》：

苦海中一片茫茫，
人生像一叶小舟，漂泊在海中央。
聪明的人儿，想一想，
我们的目标在何方？
一刻不能犹豫，一刻不能停留，
赶快持好佛法的罗盘，
摇向那解脱安稳的西方。
娑婆界黑暗无光，
人生像一个盲者，徘徊在歧途上。
聪明的人儿，想一想，
我们的归宿在何方？

> 一刻不能彷徨,一刻不能妄想,
> 赶快点亮心灵的灯光,
> 走向那清静快乐的西方。

当时在宜兰念佛会共修时,我就以唱这首《西方》代替《回向偈》,有人批评我不当,但是念佛会的信徒、会员们都欢喜唱《西方》,他们说这比念《回向偈》还容易让人了解往生西方的意义,因此就特别喜爱唱这首歌了。

之后,陆续有些寺院常常打佛七,需要张贴标语,建寺庙也需要寺联。那时候都没有办法求助于人,我自己也就不揣鄙陋,为念佛会写了标语。好比:

> 口中吃得清和味,心里常思佛土居。
> 一寸光阴一寸金,劝君念佛早回心。
> 见佛自在生欢喜,发心回向入菩提。
> 有时要见十方佛,无事闲观一片心。

建设佛光山以后,我总不好意思天天求人家替我作对联,虽然承蒙"三湘才子"张剑芬先生写了一些对联给我,但总感觉到不够使用,于是我也直下承担写了一些联语。

例如:本山不二门的:

> 门称不二,二不二俱是自家真面目;
> 山为灵山,山非山无非我人清净身。

灵山胜境的:

> 佛度众生,万类有情成正觉;
> 光周法界,一超直入见如来。

后来到美洲弘法,我也为洛杉矶西来寺山门写下:

> 佛教东传,佛光普照三千界;
> 大法西来,法水长流五大洲。

甚至也为护法韦驮、伽蓝分别写了:

> 将军三洲施感应,
> 宝杵六道降魔军。

以及:

> 东西伽蓝同时护,
> 古今威德到处灵。

此外,为了勉励本山男众弟子们,我在佛光山男众学部的中央上人纪念堂,题写:

> 是真血性男子,乃实践佛陀救世誓愿;
> 企我青年志士,共效法上人爱国精神。

而最让信徒、大众念念不忘的就属头山门的:

> 问一声汝今哪里去?
> 望三思何日君再来?

横批是"回头是岸"。许多人告诉我,这副对联,经常让他们回味再三,吟咏不已。

这几年,我因为写一笔字,也做了一些句子,自觉还相当契合佛法。好比:

> 四大皆空示现有,五蕴和合亦非真。
> 生忍法忍无生忍,口慈心慈全部慈。
> 见佛自在生欢喜,发心回向入菩提。

继佛陀纪念馆开光落成后,接着连接佛光山的"佛光大道"也

佛光山山门上的对联,让人驻足省思(陈碧云摄)

在二○一三年完成。记得巡视工程时,弟子慧知忽然问我,这道连接两地的山门,上面的对联写什么好呢?一时之间,我也还没想到这个问题。

不过,车行还没有走完这条四百五十米大道,心里涌现一些字句,我赶忙叫人记下来。

佛陀纪念馆往佛光山方向:

> 一山七众开净土,
> 四圣八塔礼如来。

佛光山往佛陀纪念馆方向:

> 前方佛馆有舍利,
> 心中世界无尘埃。

看弟子们抚掌称好,自己也颇感欢喜了。

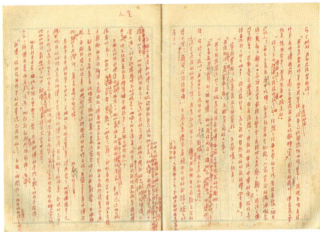

著作《玉琳国师》　　　　　　《玉琳国师》手稿

我年轻的时候,写了诗、写了文章,忽然动了念头想为佛教写一篇小说,这是因为主编《人生》杂志时,感于大部分都是刊登一些传统守旧的文章,没有人要看。为了吸引更多的人读佛教的杂志,除了写文章外,我就开始写起小说《玉琳国师》了。

这本书的起因,是我曾经投宿在一个村庄,夜晚,尿桶的臭味,实在熏得我睡不着觉。一直以来,我很欢喜听煮云法师讲故事,我就起床要求他:"煮兄,讲一段故事给我听吧!"

他一听也没有推辞,就讲了一段"千金小姐与万金和尚"的故事。我觉得很有趣,同时,这则故事也发生在江苏宜兴磬山崇恩寺,是距离我出家的祖庭大觉寺不远的寺庙。我就跟煮云法师说:"感念你,为了不辜负你的辛苦,我会整理起来,把它写成一篇小说。"后来就有这本《玉琳国师》问世,甚至还曾被改编拍成电影、电视连续剧、歌仔戏、空中电台广播小说。

除了写诗词以外,我还编过舞台剧。第一次编的舞台剧叫做

于宜兰雷音寺弘法时,为了庆祝佛诞节编写舞台剧《莲花女的觉悟》,由李新桃(左:慈庄法师)、张优理(右:慈惠法师)小姐演出(一九五八年)

《莲花女的觉悟》,第二出是《佛化家庭》,都在宜兰演出,轰动一时,引起热烈的回响。可惜,后来台湾的舞台剧已经给电影、电视剧取代而渐渐没落,我的兴趣也就没有表现的地方了。

而语言的学习,也丰富了文学的因缘。我曾经有三次学习英文,四次学日文的机会,但由于自己没有恒心、畏惧发音不标准,最终都功败垂成,倘若我能持之以恒地学习,我想我的用途可能会更广、更大。

我的第一位英文老师是一个出家人,法名叫惠庄法师;第二位是台湾的信徒林慧容小姐。惠庄法师太呆板,慧容小姐又太严厉,一点荒腔走调,就非得逼我要发音准确不可,这让我感到学习英文是一件很辛苦困难的事。第三位老师是美国信徒林秀珠女士六岁的小女儿,她的英文字正腔圆,让我从生活中跟她对话,很快就可以运用得上。只可惜她不能常常到寺院来,我的英文学习生涯也就不了了之了。不过,这也启发我,学习语言,要用生活式的教学才能真正学好,后来我陆续创办均头国中小、均一国中小,还特别嘱咐校长,聘请的语言老师要和同学们住在一起,让他们在生活中自然学习对话。

再说说学习日语的经验,我的第一位日文老师叫诚慧法师,但他的教学法我已不复记忆;第二位是关凯图教授,当时他在新竹青草湖的"台湾佛教讲习会"教课,课余时间,发心教我和演培法师学了六个月的日文。但是演培法师觉得他自己是"正荐当斋"(主角),关老师的教学应该以他为主,我自觉应该知趣一些,慢慢地就没有再参加了。后来,我凭着这六个月的基础,另外自行发奋学习,还翻译了日本森下大圆的《观世音菩萨普门品》这本书,作为学习日文的纪念。

第三位是宜兰念佛会的林松年居士,但他也没有恒心教我,一两个月才遇到一次,一次见面只讲几句日文,这怎么能学得会呢?

第四位日文老师就是李新桃、谢慈范二位小姐了。特别是李新桃(即后来的慈庄法师)的帮助,可以说,我后来能够看懂日文书,能写《释迦牟尼佛传》,能参考日本的相关资料,应该都是慈庄法师的功劳了。

一直以来,我觉得对社会应该要有一点意见贡献,经常写一些杂文随笔,也因此累积了一些数量,像早期的《觉世论丛》等。后来,我在《人间福报》上发表的《迷悟之间》、《人间万事》等,可以说从创报十多年来,从未缺席过一天,目前已陆续印行出版成套书。但由于现在读书的人少,我也只有慨叹自己的文字生不逢时了。虽然如此,弟子告诉我这许多文章,曾在美国、加拿大的大学中被引为授课教材,乃至在台湾也偶尔被选录到教科书中,但对这许多回响,我因为弘法忙碌,也鲜少去闻问了。

再者,在我马不停蹄的弘法行程中,经常被要求即席讲一段话,在极短的时间内,必须想出一些内容。久而久之,这也激发了我的另一个潜能。像佛光山庆祝三十周年时,当天好几个活动同时举行,我又要招呼信徒,又要接待贵宾,直到下午举行封山典礼时,我坐在不二门前的法座上,才发觉自己脑中一片空白。幸好,当时担任省长的宋楚瑜先生搭着直升机还在天空中盘旋,准备在普门中学操场降落,我就利用这么一点时间,想出了《封山法语》:

> 封山,封山,常住责任一肩担;
> 封山,封山,慈心悲愿永不关;
> 封山,封山,菩提道果处处栽;
> 封山,封山,弘法利生希望大家一起来。

在我文字的生涯当中,我的书信文字,由于时日长久,写下来的篇幅也应算稍有可观。例如,每年过年一封文告式的告白,可以说,从佛光山开山时日起,近五十年来从未缺过一篇。因为这是信件,不是论文,只能报告重点,不能写得太长,但我每年都因为事多,文字必须一再挤缩减少而感到苦恼为难,有时甚至减得都词不达意了。

此外,我开办"传灯学院",用书信的方式,等于函授学校一样,让海内外的徒众有一个进修的机会,我也写了不少信,鼓励大家如何研究佛法。

这一篇一篇的文章,都是出自我的手笔,只有少部分几篇人家邀约我写的序,因为我不知道对方的原意是什么,要我写什么,我就告诉对方说:"你先写来,让我琢磨、琢磨,当为你提供一些贡献。"

我这许多文稿,都没有说是在哪一个宁静的地方、安静的时间,或特定什么地点写作的,从早期我曾匍匐在地上就写起文章来，之后在裁缝机上、拼凑的长条凳上、饭桌上，到后来，有时就在汽车内、火车里、飞机上，随意就着一张桌垫、一个椅子的手把就写起来了，甚至在人来客往当中点滴完成，客人来了，我和他们讲话，客人走了，就再写几句。

算一算，我写过的类别有小说、传记、短评、论议、诗歌、联语、散文、祈愿文、教科书、

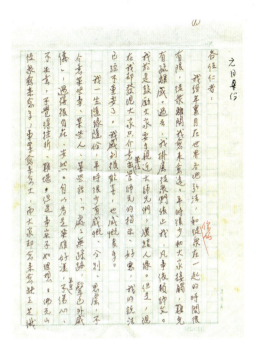

传灯学院手稿

经题等。当中，长篇大论是比较少的，但是，我也不能不写一些对学术有贡献的意见，所以后来我也陆续完成四册的《讲演集》、《人间佛教论文集》、《当代人心思潮》，以及《佛教对社会问题探讨座谈纪实》等等。

此外，我不但写，应邀讲演的机会更多。承蒙台北工专的教授李武忠先生研究我的讲话方式、文章体例，说我用的都是"四分法"，而自成一种特殊的文体。我才慢慢懂得，原来我还有这样的能量。

近几年，为了鼓励文学、鼓励更多人写作，过去是在《觉世》旬刊、《普门》杂志、《人间福报》举办征文；二〇〇七年，马来西亚东禅寺、《普门》杂志与当地的《星洲日报》合办"星云文学奖"；接着，

马来西亚东禅寺举办的第三届"星云文学奖"于吉隆坡会展中心举行颁奖典礼(蔡美玲摄,二〇一〇年九月五日)

徒众为我成立的公益信托教育基金,从二〇一一年开始,举办"世界华文文学奖",邀请台湾文学馆的馆长李瑞腾教授为我作审核的召集人。今年已是第二届,除了颁赠荣誉奖项给对文学有卓越贡献的文人先进,当中并录取历史小说、报道文学以及人间佛教散文的得奖者。但是现在能在文学中用功耕耘的人,实在不容易见到,文人慢慢也成为凤毛麟角。

历史上的文学家当中,我最佩服的是司马迁和苏东坡,其他如:王维、白居易、李清照、李后主、施耐庵、罗贯中,到近代的泰戈尔、胡适之等人,无论是短篇的珠玑小文,还是长篇巨著,或是四大才子书等,都让我欣赏不已。

我对于弘法与写作的理念,一向主张要有文学的外衣、哲学的内涵,因为文学要美,哲学尤其要有理,内外相应,无论是长文还是短文,必然是好文章。胡适之先生说,《维摩诘经》是世界上最长的白话诗,而《华严经》、《大宝积经》,都是长篇或短篇的小说,而我觉得,佛学就是文学和哲学的总合。希望今后佛教的哲学理论,能用美丽的文学给它装饰,才能成为有血有肉的读物。

见山望高，近水让路

我和华人学者们的互动

高教授说,数十年来,
我提倡的"人间佛教"改变了人们的生活,
改变了大众的思想观念,
进而改变遍及了这个世界,
像一场宁静革命,在海内外和平崛起。
承他说我一句:
"是'蓝海策略'的先行者。"
其实,我们和高教授一样,
也是一本初衷想为社会服务,
奉献一点心力。
在他几次表达对"人间佛教"
高度的肯定中,想来,
应该可以算是"佛教之友"吧!

近代以来，举世之间由于各项发展迅速，教育普及，各行各业的专家学者不断涌现。说到学者，自古以来中国人向有"万般皆下品，唯有读书高"的观念，这种思想姑且不论是对是错，文人学者向来备受尊崇、礼遇，享有极高的社会地位，也发挥了一定的影响力，这都是不争的事实。

甚至古代做皇帝、宰相的人，不一定留名于后，文人学者却能名垂千古。例如，汉武帝的功业彪炳，但是被他施予刑罚的司马迁，由于他撰写《史记》对后世影响至巨，成就早已超越汉武帝。又如唐诗泰斗王维、李白、杜甫、白居易等，他们的作品，至今仍为人所称颂。唐宋八大家欧阳修、苏东坡等，在历史上也受到万人推崇。

而宋、明之间的王阳明、朱熹、程颐、程颢、周敦颐、张载、陆九渊、顾炎武、黄宗羲等，都是一代名士大儒。就是到了清朝末年、民国初期,像曾国藩、康有为、章太炎、谭嗣同、杨文会、梁漱溟、蔡元培、梁启超、胡适等人,都是一代的学者大家、人中俊杰,与佛教也有一些因缘。

对于古代的先贤学者,我们无缘亲近,但当代文史哲的学者,却可以视为今日之孔孟,值得我们敬重。在我认识的学者中,第一位当属钱穆博士了。

钱穆

钱穆先生,出生于一八九五年,江苏无锡人。他渊博的思想学识,令人赞赏不已。我记得一九六九年,台北善导寺举行文化讲座,邀请他讲演"六祖坛经大意"。讲演后,让不少听众心仪,尤其那个时候,台湾正倡导复兴中华文化,他推崇《六祖坛经》,将之列为必读的典籍之一。

钱博士在讲演授课时,擅长引用一些小故事,将生活中的佛法告诉普罗大众。例如,他讲到"禅心"时,问大家要如何才能证悟呢?他说,这件事别人不能代劳,非得要靠自己才行。他举例:

有一个老偷,想把技术传给徒弟。一天夜里,他把小偷带到一户人家下手,由他自己把风。

正当小偷要得手的时候,老偷忽然大叫:"有人偷东西!"

这一家的男女主人赶快起身要抓小偷,小偷不得办法,仓皇之中,就藏身在衣橱里。夫妻两人看不到小偷,准备再回去床上睡觉。小偷在橱子里想着如何开脱,灵机一动,便学老鼠吱吱叫了起来。这夫妻一听,就说:"哦,是老鼠啦。"

正在这对夫妇心情放松的时候,小偷赶快打开橱子,越窗而逃。夫妻两人一惊,从后面追赶。黑夜中,只听到脚步的声音。

小偷知道难以摆脱追赶的人,看到旁边有一口井,拿起大石

国学大师钱穆先生("国史馆"提供)

头,便朝井里一丢,"砰"地一声,夫妻两人追上来:"哎呀,糟糕,小偷掉到井里去了。"因为怕惹上麻烦,两人就赶紧回家了。

小偷脱身回到家里,气冲冲的问老偷:"你为什么出卖我?你不是说要传授我技术的吗?"

老偷问:"你怎么跑回来的呢?"小偷如此这般陈述了一番。

老偷微笑地说:"这不就是已经传授给你了吗?"

钱穆博士的讲学,就是这样深入浅出,让人明白易懂。

一九五○年,钱博士在香港筹办"新亚书院",我也有熟悉的同道、朋友,如悟一法师等,都曾在他的门下学习。

后来我在佛光山开山,他也曾到山上来,可惜没有事先通知我,等到他要下山时,我偶然经过客堂,知客师告诉我,刚才有一个小老头,他说他叫钱穆,想要见你,才刚离开不久。

我一听大惊,钱博士驾到了。我追赶上去,他已经到了山下,准备乘车离开。由于当时上山、下山交通不易,早期佛光山的住宿设备也不周全,我也不便留他,只有随他而去。

我一向儒佛不分,对于钱穆先生诸多的思想学术著作,像《国史大纲》等,虽然是站在儒家的立场陈述,却也同样地尊重。失去和他亲近请教的因缘,感到有一些遗憾和惋惜。

不过,后来我在无锡宜兴重建祖庭大觉寺,那里正是钱穆博士的故乡。他的孙侄钱文忠先生,成了我在大陆的忘年之交。

钱文忠

钱文忠教授,一九六六年出生,是季羡林教授的关门弟子,他曾赴德国留学,现任复旦大学历史系教授。二〇〇五年,我作客在北京钓鱼台宾馆的时候,他特地从上海飞到北京,我非常乐意与之相见。因为钱教授是宜兴人,我正要到宜兴恢复祖庭,当然要获得宜兴人士的支持,何况他又是一位教授呢!

钱文忠教授和他的叔祖钱穆先生同具才华,不但年轻有为,对佛教更是热忱。北京见面的因缘之后,他就常到上海的普门经舍,与我探讨佛法;在宜兴大觉寺未竟工程的简陋工寮里,他也曾数度光临,和我畅谈古今。

记得二〇〇八年七月,大陆和台湾相隔六十年后,首度直航,东方航空公司从南京起飞到台北的首航班机,就是邀约我和钱文忠教授坐在第一排一号和二号的位子。那天,他的心情激动不已,后来特别撰写《首航台湾札记——为什么我们的眼里充满泪水》一文,发表在《人间福报》上。

他还告诉我,要把这张和我同座的登机证保存下来,因为这是珍贵无比的史料,可以作为历史的见证。

那一次,他在佛光山盘桓数日,当他要返回大陆的时候,其他台湾的特产都没有购买,就只携带了《佛光大藏经》、《佛光大辞典》等出版品,以及多箱的书籍回去,可以看得出,他真是一个爱书

与钱文忠教授于佛光山传灯楼（二〇〇八年七月九日）

如命的读书人。

钱文忠教授的文才一等，口才也很相当。二〇〇七年，他在北京中央电视台的《百家讲坛》中讲说"玄奘西行记"，当时创下两个纪录：一是开播以来收视率最高的节目，有超过上亿的人口收看；二是以四十一岁的年龄登上《百家讲坛》，成为当时最年轻的讲主。他后来出版的《玄奘西行记》，听说畅销数百万册，影音光碟就更不计其数，在相关佛教题材的出版品里，可说是数一数二。

二〇〇五年开始，承蒙扬州市政府让我们在市中心一百三十亩的土地，兴建一座"鉴真图书馆"，由慈惠法师负责督工。除了图书馆外，也设有一个可以容纳千人以上的大会堂。在二〇〇八年元旦落成后，举办《扬州讲坛》，每个月两次，邀请两位专家、学者在周末公开讲演，钱文忠、余秋雨、易中天、于丹、余光中等，都是我邀请的对象。

钱教授的讲演不但叫座，并且还承诺做讲坛的护持者，帮助我邀约大江南北的知名学者人士前来开讲。一时之间,"北有百家,南有扬州"的称号,就此传扬开来,扬州文化也好像起飞了一样。

后来,宜兴大觉寺要申请寺院登记,我邀请钱文忠教授做大觉寺的信徒代表,但地方宗教长官以"教授不可以担任代表"为由,未蒙批准,甚为可惜。不过,钱文忠教授已经和佛教结了不解之缘,当然也就不在意是否成为信徒代表了,甚至有什么事情,他也都自愿护持。例如,上海的知名演艺人员周立波先生举行佛化婚礼,邀约我去为他们福证,就是由钱文忠教授所促成的。

想来,钱穆博士虽然没有和我多所交往,应该也会为他这位古道热肠、与佛有缘的孙侄而感到欢喜吧!

而与钱穆教授有关的大儒,同样以新儒家思想学说闻名,共创新亚书院的唐君毅、牟宗三等,也都是佛光山要好的朋友。

唐君毅

唐君毅先生,一九〇九年出生,四川宜宾人;一九五六年第一次受邀来台参加活动后,就经常来往台、港之间;后来在一九七四年应台湾大学哲学系邀请,从香港来台担任客座教授。在我开山两三年后,大概就是一九七〇年代左右,他曾经特地来佛光山访问,在山上盘桓半日。他是国际哲学界公认为"当代新儒家"的一位代表人物,也是香港新亚书院的创办人之一。唐君毅先生在任教新亚书院期间,广邀学界名宿来校主讲文化讲座,使得香港成为研究中华文化的重镇。

我除了为他介绍佛光山开山、办学的理念,并且向他请益有关办学的理念想法,彼此相谈甚欢。后来,他又邀约我到澄清湖附近他的住所拜访、长谈。和他讲话,可以感受他温文儒雅的风范,丝毫没有一点疾言厉色,实在是一位泱泱大儒。

率弟子慈容(左一)、慈惠(左二)、慈怡(右一)等至高雄澄清湖畔拜访唐君毅教授(右三)(一九六九年)

他曾说,世间上,没有比自由民主更好的东西。确实,自由民主,是社会大众共有的财富。但我认为,除了自由和民主,还要有平等、欢喜、幸福、安乐,这才是人间最可贵的。

记得一九五六年他在"人文友会"演讲时,谈到"人学"之道。他说,做学问完全是个人的事,任何人帮不了忙,就像我饿了,除非自己去吃饭,不然任何人都不能帮忙。这样的说法,和禅宗的思想是一致的,所谓"如人饮水,冷暖自知",自古以来,参禅悟道的大德,任谁不都是自己亲证真理的吗?

唐君毅先生满腹经纶,为人气势宏大,但生于乱世的他,一身的才情与抱负却无处可施展,所谓"英雄无用武之地",实在令人慨叹。

牟宗三

除了唐君毅先生之外,我后来和牟宗三先生就有了较多的接触。

牟宗三先生,祖籍湖北,一九〇九年出生于山东省栖霞县,融通儒释道。此外,他汇通中西哲学,并借《大乘起信论》"一心开二门"作为中西双方共同的哲学间架。

他是一位国学大师,我曾邀请他在台北松江路的佛光山台北别院做过讲座,以及为台北女子佛学院的学生授课,他也回送我他的著作《佛性与般若》等。

国学大师牟宗三先生

他说过,他不是佛教徒,但平视各大宗教,纵观异同,觉得佛教是人类最高的智慧,足以决定生命的方向。由于牟教授对天台法华、般若空性都深有研究,我特地安排他到台湾大学讲演。

继牟宗三教授之后,我又安排日本东京大学讲座教授水野弘元先生,前往台大讲课。在那个年代,大学里不准弘扬佛法,更不准出家人在校园里讲演,但他们却能接受这许多具有名气的教授讲学论道,因此,我特意邀约当代的大儒前来讲说。

尤其,水野弘元教授是以日本出家人的身份站上讲台,我对于能突破学校不准出家人上台授课的限制感到欣慰;但同时,我也对于台大认为远来的和尚才会念经,却不接受中国的出家人在学校讲演的差别待遇,大感不解。欣慰的是,这许多学者教授,都与我们共同写下了一些令人怀念的纪录。

数十年后,我受台大张亚中教授和校方的邀约,分别在该校做过两次讲演。其中一次,还是由校长李嗣涔博士亲自主持。我感到时空因缘在变化,总算学界对出家人的看法有些进步了。

阎路

说到邀请教授讲学授课,我在一九六四年创办寿山佛学院,一九六七年在佛光山创办丛林学院,各界的教授都是我网罗的对象,例如:台湾大学的杨国枢、李亦园、胡佛、陈鼓应,以及中兴大学的王淮、成功大学的唐亦男教授等等,都是我们佛学院的师资。

其中,成功大学的总务长阎路教授,甚至在佛学院教书之后就跟随我出家,法名为慧源。他是一位研究自然科学的专家,上课时,深获学生的喜爱。虽然是佛教学院,对于自然科学,我觉得,这也是现代佛教徒所应具备的知识。

他在数年的教学中,每堂课的教材笔记都是一张表解。从上课钟一响,他就开始在黑板上画图表解,一直到下课钟响,刚好一个讲题结束,真是堪称一绝。

他告诉我,这是因为他二十六岁时就做了工矿公司的正工程师,那个时候,"教育部"的法规认定,正工程师与学校的正教授是同等资历。有一次,大学请他去讲课,他花了好几个小时准备的教材,没想到,上台二十分钟就讲完了。他急得满身大汗,不知如何是好。后来发愤用功,利用表解分层,从开头到最后,以五十分钟为一课。之后,他讲习惯了,一堂课就是一张表解,包括:力学、电学、专科化学等等,内容非常充实。

出家后的慧源法师,对于佛学研究相当用功,我也希望他对佛教与科学的比较能有所深入。相信以他的聪慧,以及学术上的成就,必定能超越王小徐(著有《佛法与科学之比较》、尤智表(著有《一个科学者研究佛经的报告》)等这许多科学家。可惜,没有数年,他就溘然长逝,哲人其萎,实在令人叹息。

寿山佛学院首届开学典礼。第一排右起:达和法师、何伯超、钟锦德、方伦、阎路、戴麒、唐一玄、慈霭法师、煮云法师、本人、广元法师(一九六四年九月一日)

郑金德

再有就是西藏佛学专家郑金德博士。

郑金德博士,一九四二年出生于台湾嘉义,曾经在佛光山文教基金会的资助下,前往大陆自助旅行,参访、考察两百多座寺庙。据他表示,每到一个地方,都深深地感受到大陆人民对佛法的渴求,许多寺庙都收有《普门》杂志,却不愿示人,藏之如秘宝。那时,郑教授对于我在大陆的弘法,也给了几点建议:一、赠送寺院佛书及录音带。二、在当地设立道场。三、要有资讯联络办法。四、成立永久基金会。现在想来,这许多意见,有的已经实现了。

因为和他有过这样的因缘,我也邀请他在考察空档,为佛光山丛林学院授课。郑博士欣然应允,并且欢喜地计划要开设"英文佛学选读"、"藏传佛教"、"中国佛教现状"、"印度佛教史"、"佛教社会学"等课程。之后,他还将多年收集的数十本佛教书籍,致赠给佛光山。很感谢他,以得来不易的法宝与佛光山徒众结缘。

张澄基

在我的学人朋友当中,通达中英文,以及汉传、藏传佛教的张澄基教授,应该算是第一人,他同样也在佛光山佛教学院上过课。

张澄基教授,湖北人,出生于一九二○年,是前湖北省主席张笃伦将军的公子。他与民国元老于右任先生的第四女公子——于念慈小姐结为夫妇,在一九四九年迁往印度,辗转又赴美国侨居。之后,就在美国宾州大学(University of Pennsylvania)等担任教授,讲说佛学,和纽约商业巨子沈家桢先生成为要好的朋友。说来,早期以华人学者居士身份在美东地区弘法的,张澄基先生算是少数的了。

沈家桢先生的虔诚学佛,与张澄基教授有很大的关系。沈家桢先生对台湾的佛教也很有贡献。例如,他支持李炳南居士在台中成立"明伦学社"。这个社团主要在培养传统文化人才,推动中华文化伦理,他希望李炳南居士能多成就一些青年人才。另外,一九七○年左右,沈家桢先生在美国成立"译经院",将佛教经典翻译成英文,当时张澄基教授也参与编辑工作。接着,又在新竹成立在台分院,起初是沈居士自己兼任院长,一九七三年就由回台讲学的张澄基教授继任。

张澄基教授写过《佛学今诠》上下二册,又译有《密勒日巴尊者传》等著作。尤其《密勒日巴尊者传》这一本书,到现在仍然流行在台湾学佛的大专青年学生当中,影响可谓至巨,也让密勒日巴尊者在台湾比宗喀巴大师、班禅、达赖还要有名。

一九七二、一九七三年左右,张澄基先生曾在佛光山小住,夫人于念慈女士也陪同上山,在佛教学院讲授佛学课程。他精通中华文化,尤其精于佛学,所以,以他曾经在西藏苦修苦学的愿力,加上受美国西方新思潮的熏陶,他的教学很受学生欢迎。也曾有一段时期,受中国文化大学创办人张其昀先生的邀请,在文化大学授课,后来才又回到美国。

可惜,张澄基教授在一九八八年,以六十八岁之龄逝世,令人不禁为佛教痛失英才,感叹不已。

谢冰莹

而在这许多的名学者当中,有一位深为大家所熟知的文学教授,那就是谢冰莹女士。

谢冰莹教授,出生于一九〇九年,湖南新化人,她以一本《女兵日记》名闻遐迩。当时,她在师范大学任教,皈依慈航法师后,经常在佛教的刊物上发表文章,因此我和她也结了一些因缘。

那个时候,在台北佛教界的圈子里,一些官员像"立法委员"、"国大代表"等,都有人学佛。有些学者,就是自己学佛,也很少参加寺院的活动。但是,像谢冰莹、李恒钺等人,他们却没有什么顾忌,打起招牌,表明自己就是佛教徒。尤其,谢冰莹教授还是一位非常虔诚地参与法会的学者。

这是因为在一九六〇年代左右,由于蒋宋美龄夫人重视基督教的关系,大家都不敢表态自己是佛教徒。因为一说出自己信仰佛教,就没有职业了;资料上一填写佛教徒,就不能出境留学、出境旅行。那个时候,佛教很可怜,受到种种压抑,佛教徒好像是三四等的公民一样。所以,对于一些名学者,他们肯在手上挂着念珠,口中宣扬佛法,毫不顾忌外缘势力,实在令人钦佩。

我和谢冰莹教授,常在一些法会中碰面,谈论佛法。她对我这样一个年轻的出家人,能谈经说道,却没有学历,感到可惜,因此也想帮助我在师范大学里,取得一个大学的学历。但是,我既没有高

应邀参加"文学女兵"谢冰莹教授赴美饯行餐会,于台北县净律寺前合影。与会者有:丁中江(左三)、谢冰莹(左五)、陶寿伯(左六)、莫淡云(右一)、本慧法师(右四)、广元法师(右五)等(一九七八年十月二十二日)

中的毕业证书,也没有初中的文凭,怎么忽然就可以去念大学了呢?因而婉拒了她的好意。不过,我有一位同道浩霖法师,后来倒真的做了谢冰莹教授的学生。

我虽然没有大学毕业,但后来文化大学、东海大学都请我去担任客座教授,感到自己以一个没有进过学校的人,能站上大学的讲台,也觉得稍堪自我告慰了。

高希均

我和学者教授往来,相谈最为热络的,就是高希均先生了。

高希均教授,南京人,一九三六年出生,中兴大学毕业后,先在

我和华人学者们的互动

应邀出席由国际佛光会暨远见·天下文化教育基金会共同举办之第一届"星云人文世界论坛创办会",于佛光山佛陀纪念馆大觉堂举行。与会的有远见·天下文化教育基金会董事长高希均(左一)、美国哈佛大学荣誉教授傅高义(左二)、天下文化事业群发行人王力行(右二)、财团法人台北论坛基金会董事长苏起(右一)(二〇一二年六月十六日)

美国密歇根州立大学(Michigan State University)获得博士学位,后来在威斯康星大学(University of Wisconsin)任教,成为终身荣誉教授。他专精经济,是世界著名的经济学者。

我们最早结缘在一九八九年,当时我应《远见》杂志之邀,讲述"我的大陆行",探讨两岸文化、宗教、教育等交流事宜。那次之后,我们就经常往来,交换意见。

一九九三年时,高教授想为我出一本传记,对于他的盛情,我实在却之不恭,勉强应他所望。一九九五年,由符芝瑛小姐撰写的《传灯——星云大师传》就这样出版了。承蒙高教授的大力推荐,多次在全台的书店如金石堂等,进入畅销书的十大排行榜。

后来,继《传灯》之后,他又再请符小姐为佛光山的一些比丘、比丘尼,如心平、慈庄、慈惠、慈容、心定、依空法师等人,撰写成《薪火》一书。尤其数年前,天下文化出版了满义法师所写的《星云模式的人间佛教》,不但一时洛阳纸贵,而且为我们所提倡的人间佛教定下规章、打下基础,后来甚至被山东省的一所大学指定做为教科书。

高教授一心想为社会的文化教育尽一份力量,成立了"天下文化远见事业群",二十多年来,不惜成本、择善固执出版许多脍炙人口的书籍,带给社会大众许多重要观念的影响。比方,一九七七年他以《天下没有白吃的午餐》一文影响台湾朝野,勉励大家要"读一流书、做一流人",要台湾推动"执行力",发挥"软实力"等等。我敬佩他这份对社会公益的坚持,后来,每年天下文化寄来为我出书的版税,我都叫书记们寄还给他,表达一点对他在推动文化事业方面的支持。

前几年,天下文化出版了《蓝海策略》一书,其中提出的理论,一时在企业组织之间蔚为流行风气。承蒙高教授说,数十年来,我提倡的"人间佛教"改变了人们的生活,改变了大众的思想观念,进而改变遍及了这个世界,像一场宁静革命,在海内外和平崛起;"人间佛教"的推广,佛光山早已默默地在运用。承他说我一句:"是'蓝海策略'的先行者。"其实,我们和高教授一样,也是一本初衷想为社会服务,奉献一点心力。

高教授为人坦率热忱,拥有政经各界许多好友。过去以来,他经常邀约一些知己友人,如沈君山、张作锦、王力行等,或在台北,或到高雄,一两个月总要聚谈一次。在佛光山参观时,我们总是各述见闻,彼此毫无拘束,畅快淋漓。这几年农历春节期间,他也多次陪同夫人刘丽安女士,邀约好友夫妇,一起上山度假过节。

记得有一次过年,我们就在言谈之间,高教授忽然问我:"什么是人间佛教?"被他这一提问,倒让我在刹那之间想到,我讲了一生的人间佛教，竟然还是第一次被问到这个问题。不过，我也很快地就回答了高教授。我说："佛说的、人要的、净化的、善美的，凡是有助于幸福人生之增进的教法，都是人间佛教。"我看到高教授听闻之后，高兴得抚掌叫好的样子，自己也不禁跟着欢喜起来。

二十余年来，我与高希均教授的往来，每一次见面，彼此就是这样交心欢喜。我从来没有问他信仰什么？或者要他信仰佛教。听说，他一个儿子是牧师，夫人刘丽安女士是基督教徒，但始终也没有听说高教授加入任何信仰。但是，在他几次表达对"人间佛教"高度的肯定中，想来，应该可以算是"佛教之友"吧！

柴松林

除了高教授和我成为挚友之外，与我关系密切的，应该就是《人间福报》的总主笔柴松林教授了。

柴松林教授，一九三四年出生于辽北。他是统计学的专家，做过多所大学教授，提倡终生学习。后来创办台湾消费者文教基金会，为消费者主持公道，对保护消费者的权益贡献很大，其后，更是环境保护、残障教育、公共利益组织的开创者，我称他为"社会的良心"。

一九八五年，我从佛光山住持退位的时候，他在报纸上发表评论表示肯定，甚至表达说："……见其退位之智慧与退位后之修持，益增心中崇敬之情，而萌生终生师法之念。"后来，他真的成为我们的护持者。

二〇〇〇年四月，我创办了《人间福报》。一份初创的报纸，在台湾现有的《联合报》、《中国时报》两大报的夹缝中，实在说，生存的空间有限。那时候，心定和尚担任发行人，由永芸法师担任总编辑，邀请柴松林教授担任总主笔，他的社论铿锵有力，对社会现象提出针砭，对《人间福报》有相当的助益。而我，也随其从创刊

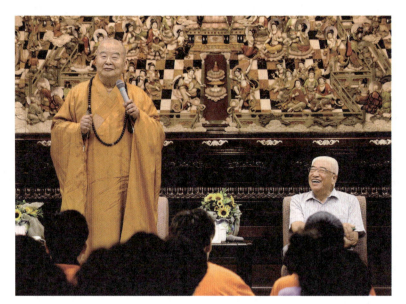

《人间福报》总主笔柴松林教授(右一)是环境保护、残障教育、公共利益组织的开创者

开始,每天为《迷悟之间》专栏撰写文章,整整三年,一共一〇九五篇。接着《星云法语》,到后来《人间万事》、《星云禅话》,也都以三年为期,各写了一千多篇。到现在,已经写到第五个"三年"《星云说偈》,至今从未间断。

《人间福报》撑持了十几年,柴教授辞去"国策顾问"的职务,也辞掉很多大学的教职,但一直与《人间福报》同在。他从创刊担任总主笔至今,一直给予《人间福报》最大的支持。期间,也曾担任数年的社长,给予我在《人间福报》服务的徒众们各种的指导和提携。此外,他也参与由人间卫视与《人间福报》共同提倡的"媒体环保日";为了培养学生阅读风气,积极推动校园读报教育;担任我们"公益信托教育基金"举办的"卓越教师奖"执行长;或出席相关读书会、文化讲座等;我对他这种种的盛情,真是感激不已。

二〇一一年九月下旬,我应徐州市委书记曹新平先生之邀,在斜风细雨中,为当地有一千多年历史的"茱萸寺"重建落成说法。其实,在此之前,对方单位多次联系,弟子们担心我年迈的双腿沉重不便,几番推辞。后来,得知柴教授希望促成这个因缘,感于他过去的情义相挺,我也就义不容辞地奔赴前往。

其他的教授,如唐一玄、方伦、钟锦德、郑石岩、王邦维、杜维明、沈海燕、翁思再、阎崇年、康震、黄夏年、葛兆光、张新鹰等,还有许多外国的学者、教授们助我推展佛教,于佛学院授课,有的用文字宣扬,有的以口说传述,还有许多的人,无法一一详记,总之,我心中对他们真是充满了无限感谢。

由我题写寺名的徐州茱萸寺落成典礼(二〇一一年九月二十八日)

我与国际学者的因缘

冢本教授见到中国的出家人,一定会鞠躬。
曾经他的学生问:
"为什么一定要向中国的学僧鞠躬呢?"
他说:"因为昔日的恩惠不可忘啊!"
学生再问:
"可是时代不同了,那已经是过去的事啊!"
冢本善隆教授回答说:
"事情虽然是过去了,但恩情还是在呀!"
所以,在当晚的宴会中,
冢本先生一直都以中国佛教的人和、
宽大为主题,不断地叙述,
让我感觉到这一顿餐会,
是仗着老祖宗长久以来施予的恩惠,
在今天得到了回报。

我自觉学问不足,因此非常尊重有学问的人,尤其对于一些佛教学者,我总是不惜一切地给予延揽或支助。这当中,和我往来的两岸学者教授,有另文叙述,在此只略述几位与我有因缘接触的海外学者。

冢本善隆

当初因为佛教信仰的关系,我结识了日本的冢本善隆教授。他是一位佛教学者,我读过他许多的作品,尽管我日文程度不好,一知半解,总觉得他的思想、见解非常新颖,佛教深奥的道理一经他讲述,似乎都变得很容易了解,因此很自然地对他生起一份崇拜之情。

冢本先生,生于一八九八年,日本爱知县人。我和他结缘是在一九六三年,我到日本访问的时候,记不起当时是什么样的因缘了,他透过一位日本友人传达,邀请我到大阪一家饭店见面。对于这么一位我所敬仰的学者,能受到他的邀约,我觉得受宠若惊,便欣喜地依约赴宴去了。

当天,是由饭店派了一部车子来接我,抵达后,我们在一间特别的餐室中见面;会面时,只有冢本先生和一位中国和尚仁光法师。仁光法师是神户关帝庙的住持,已旅居日本数十

日本佛教学者冢本善隆教授

年,我想,冢本善隆教授找他来,必定是要请他翻译。巧的是,仁光法师是我的读者,我在编《人生》杂志、《觉世》旬刊时,订户的名单里,每期都有他的名字。

和冢本先生才一见面,我就感觉到他是一位可敬、可爱的老人家。当我们分别坐定之后,他便开始述说中日两国长久以来的历史情谊,谈话中,可以感受得到,他对中国有着一份浓厚的感情。例如他说,从唐朝开始,日本就有出家人到中国求法,但从来都没有听说过中国的佛教要向他们收取费用,可是现在中国的青年到日本来念书,学费之昂贵,实非中国清苦的年轻僧侣所能负担。为此,他表示深深地感到惭愧。

其实,早在和冢本善隆教授见面之前,我从他的著作及日常行谊里,就已看出他对中国佛教的这一份深情。例如,他见到中国的出家人,一定会鞠躬。曾经他的学生问:"为什么一定要向中国的学僧鞠躬呢?"冢本教授说:"因为昔日的恩惠不可忘啊!"学生再问:"可是时代不同了,那已经是过去的事啊!"冢本善隆教授回答说:"事情虽然是过去了,但恩情还是在呀!"所以,在当晚的宴会

中,冢本先生一直都以中国佛教的人和、宽大为主题,不断地叙述,让我感觉到这一顿餐会,是仗着老祖宗长久以来施予的恩惠,在今天得到了回报。

冢本教授在日本佛教界的声望很高,佛学素养深厚,望月信亨教授编纂的《佛教大辞典》就得到他的诸多助力。只不过这位老人家丝毫不介意个人的声誉,一点名闻利养的心都没有,所说的每一句话,听来都是那么的谦虚,犹如春风冬阳,令人尊敬。

那天宴会的第一盘菜,盘子之大,是我生平仅见。不过那一餐的饭菜,实在说,是食不知味。因为我只想注意听冢本先生讲话,毕竟,能遇到这样一位佛学前辈、知名教授,应该要好好地恭敬谛听。

继冢本善隆教授之后,我和日本佛教大学前校长水谷幸正先生、大谷大学前校长安藤博士,也都有过多次往来。

水谷幸正

水谷幸正先生,一九二八年生,日本三重县人。专研大乘佛教思想,认同人间佛教的弘扬,曾任日本佛教大学总务长、校长等职。

我和水谷校长结缘得很早,他曾经为拓展佛教大学在台湾设立分校,特地到佛光山拜访我,对我办佛学院、学术会议,乃至佛光会的会务推动,也都以实际的行动来表示对我的支持。

在他担任国际佛光会世界总会副总会长期间,对于我组织的国际佛光会,曾感触良深地说:"日本佛教由于宗派色彩浓厚,迟迟找不出一个能代表日本佛教的团体。但是国际佛光会不一样,因为它超越宗派、种族、地域,所以在国际间也就能得到认同了。"后来,东京、大阪成立佛光会,他也一起共同参与。

水谷校长曾多次来台湾佛光山访问,也在东京佛光山寺演讲,

于佛光山传灯楼会见日本佛教大学前校长水谷幸正博士（慧延法师摄，二〇一一年三月十日）

他以幽默、生动的方式讲述佛学，深受听者喜爱。二〇一一年初，和我认识四十多年的水谷校长，以八十四岁高龄再度来山和我见面。见他动作敏捷，中气十足，还真是丝毫感觉不出他已是年过八旬的老人！

今年，佛教大学适逢建校一百年，我请慈惠法师、慈怡法师代表我前往祝贺，并送"百年吉庆"一笔字，略表我与水谷校长以及佛教大学长久以来友好的殊胜因缘。

安藤俊雄

安藤俊雄先生，一九〇九年生，日本爱知县人，是天台学的专家。慈惠法师就读大谷大学研究所期间，安藤校长是慈惠在日本的生活保证人，经常勉励她要好好读书。慈惠获得文学硕士学位后，他还特地前来佛光山访问。

慈惠法师告诉我,安藤校长曾说:"你师父心量大,房子建得也大,什么都大,佛光山未来的发展,真是看得出来的啊!"事实上,那时候佛光山没有现在这么多建筑,假如说安藤校长能再来佛光山一趟,想必会更为惊讶吧!

在我认为,日本这许多职掌教育的学者,都是高才博学、实至名归之士。所以,佛光山的慈惠、慈容、慈嘉、慈怡,后来跟随他们学习,我也觉得所谓"学人",就应该如此探求名师。

水野弘元

为日本京都佛教大学百年校庆题"百年吉庆"祝贺(二○一二年十月)

在日本学者当中,让我印象深刻的,应该是水野弘元、中村元以及平川彰三位教授了。

水野弘元教授,一九○一年生,日本佐贺县人。开山初期,佛光山的留学僧大部分都在京都求学,后来依空要到日本深造时,我就希望她到东京大学就读。按照依空的实力,应该可以进得去,但也总要有一个人推介。因此,我在台湾就联络了水野弘元教授,感谢他一口承担下来,使得入学的事情也就更为顺利了。

为了表示感谢,我便如同送子入学般,和慈惠带着依空亲自到他府上拜访。后来承蒙水野弘元教授热诚、亲切地帮助,依空得以顺利入学。由于诸多的善因好缘,因此,在依空得到学位后,我就邀请水野弘元教授来到台湾。他是东京大学和驹泽大学的名誉教授，但自称是曹洞宗门下的僧侣，由此可知他对佛教的信心。

当时，水野弘元教授除了在佛光山丛林学院做过多场讲座，我也邀请他对信徒讲演。像他这样的名教授，我们不要以为他的学问高深，就不容易亲近。实际上，越是有学问，就越能深入浅出，让人接受。尤其，他撰写的《佛教基础知识》，我几次要佛光

日本大谷大学校长安藤俊雄（右二）访高雄寿山寺

山学习日文的徒众，把它翻译成中文，不知什么原因，至今这本书都没有出版，可能已有别人翻译了吧。

犹记得当年政府明令禁止宗教进入校园，政府办的台湾大学自是摆明不欢迎出家人到学校讲说佛学。但我觉得佛学也是中国的文化，为什么大学要排拒呢？

所以当水野弘元教授来台时，我就特意邀请他以僧侣的身份，在台湾大学进行一场讲座，那时，能获得校方的允准，也是让我觉得非常得意的一件事情。

日本驹泽大学水野弘元教授受邀于"中国佛教研究院"讲授"南北传佛教的基本差异",由慈惠法师翻译(一九七八年四月六日)

中村元

在当代的日本佛教学者当中,中村元教授可以说是一位备受推崇和敬重的伟大学者。

一九一二年生于日本岛根县的中村元博士,是东京大学教授,也是《广说佛教语大辞典》的主编。他的学识广博,思路清晰深远。有一次,我到日本参访,同行者都出外参观了,我一个人留在旅馆里,打开电视,正好看到中村元教授和另外一位学者正在谈论生死问题。从八点钟开始,连续讲了三四个小时,都没有间断,我静静地听他们讲说,虽然未能全部了然他们言谈的内容,但因为所谈的都是关于佛教的生死问题,所以还是听得出一些端倪。

我只感觉到两位老教授,是那么样的安然、从容,一点火气都没有,一点激动的言语也没有,各自叙述着对生死的看法。只是很可惜,假如我能通达日文的话,一定更有收获。

一九八一年,我也曾邀请中村元教授到佛光山,为丛林学院的同学上课。像中村元教授与水野弘元等这类许多日本学者,都是以僧侣自居。尤其,他的身材不高,就和中国一般所谓的"小老头"差不多,这么形容他,实在说,我是有所失敬,但是,他身材虽然不高,却是学富五车,著作等身,令人深为崇敬。

日本国宝级佛教学者中村元教授(慈容法师提供,一九九五年七月二十四日)

中村元教授虽是研究印度原始佛教的专家,但由于对佛教有坚定的信心,所以从不会因为是学者的身份,就随便议论佛教的长短,总是站在一位信仰者的立场,维护佛教的尊严,这是十分难能可贵的。

平川彰

另外,东京大学名誉教授平川彰先生,在日本也是伟大的佛教学者之一。他一九一五年生,日本爱知县人,曾在佛光山参加过多次的学术会议,也为佛光山丛林学院的学生上课。

日本东京大学平川彰教授（中）来山讲学。右一为博士依昱法师（一九九〇年三月二十九日）

他送我一本他的著作《法与缘起》，并表示愿意将全部著作及版权交给佛光山翻译和出版，实在说，很感谢平川彰先生对我的信任。有一年，他担任"日华佛教文化交流协会"来台访问团的团长，一抵台湾，首站就直奔佛光山，对于他对推动两地佛教交流的热心和友谊，我也全力陪同接待。

平川彰先生非常关心日本佛教的发展，记得一九九六年，佛光山举办第一届"宗教文化国际学术会议"开幕典礼时，他致词说："佛光山是以佛法实践和教化为中心，如何将佛法弘扬出去，是很重要的一个课题。在日本，发生奥姆真理教事件，真理教信徒均自称自己是佛教徒，日本民众也不觉得奇怪，这是日本佛教对戒律的实践、戒律的奉行欠缺所在，值得日本佛教徒反省。"静观而内省，平川彰先生是一位值得尊敬的大学者。

有一次平川彰先生来丛林学院授课，要返回日本时，我们的学生为他准备一包切好的木瓜作甜点,他在机场吃了一块,觉得台湾的水果实在美味,赞不绝口。他的学生助理大概觉得手上拎着水果嫌其麻烦,就说:"那老师吃完再上飞机吧?"他说:"不行,我要沿路吃回日本。"他实在是一位性情中人。

我之所以提出这几位日本学者,是基于他们对佛教的信心、两地的友谊以及本身的道德修养,因此特别提出一说。当然,在日本,还有很多优秀的教授,如镰田茂雄、前田惠学等,也都是很难得的学者。不过,当前这许多老教授几乎都凋零了,希望现在日本新一代的教授们都能再加油。

话说回来,我之所以和这些日本教授有因缘,是由于早期佛光山的年轻人,大多是到日本留学。那时候,要想研究佛教,唯有到日本去才比较容易。但是后来欧美、中国大陆等地,研究佛学日益兴盛,留学的区域范围才又再扩大。

金知见

除了上述几位日本学者,先后与佛光山结下深厚法缘以外,韩国的金知见教授,也曾经在佛光山协助办理"国际佛教学术会议"。他对学术会议的流程安排,非常老练,不须费力张罗,便能展现应有的水准。尤其,他把佛光山当作是自己的道场一般,对于分内之事,可以说做得完备周详。

金知见教授,生于一九三一年,他具有足够的条件,可以成为一位国际佛教的学者。因为他超越门派之见,超越国界之外,拥有高度的国际观。一个韩国人,能够这样不分国家、不分教派,在众多学者当中,也算是少有的人物了。

透过他的关系,佛光山和韩国也结下了不少缘分。例如,我和韩国曹溪宗的三大道场:代表佛宝的通度寺,代表法宝的海印寺,

受邀在韩国举办的第六届"国际佛教学术会议"上致词,会后与金知见教授(右三)、杨白衣教授(右一)合影(一九八四年七月二十四日)

代表僧宝的松广寺,都建立了很好的友谊。我想,学术会议的举办,他应该功劳很大。甚至于后来,东国大学颁给我荣誉博士学位,彼此之间的访问不断,这些必然也都与最初金知见教授的因缘有关系。

另外,由于金教授的介绍,来自韩国的李仁玉小姐,于台南成功大学中文系就读期间,曾住在佛光山。大学毕业后,在国际佛光会服务过一段时期,还一度担任副秘书长。

佛光山的徒众依恩,也是因为中韩佛教的友好关系,特地到韩国东国大学留学,后来取得硕士学位。到现在,佛光山上每个月从韩国来的团体,仍有八团、十团之多,可见得学术会议播下的种子,只要经过时间的推移,总有一天,都会长出累累果实。

除了我和日本、韩国学者的因缘以外,印度的穆克基、斯里兰卡的阿那努达、意大利的桑地那等,也都曾在本山做过短期的讲学,甚或长住多年。但是,那时候因为我忙于开山,彼此也就少有交流的机会。不过,现在回忆起来,他们对本山的教育也都深有贡献。首先,我就从穆克基教授说起。

穆克基

一九八〇年,我应中国文化大学创办人张其昀先生邀请,到该校担任印度文化研究所所长。那时,我除了让慈惠法师在文化大学执教,并且从印度请来了几位教授,讲说"印度文化"。其中,穆克基(Biswadeb Mukherjee)教授,是德国哥廷根大学(Gottingen University)博士,精通梵文、巴利文,更通晓中文,是印度国际大学(Visva–Bharati University)的中文系所主任,可说是难得的师资。

之后,我又邀请他担任英文佛学院的教席。在本山一住多年的他,曾在佛光山开山二十周年时,写了一篇文章,表达对我们的评价,其中写着:"佛光山在全面现代化的同时,仍成功地保持传统的清纯道德与精神价值,从朴实、诚恳和施舍中,肯定永恒的道德规范;从不求舒适、不求享受的简朴生活中,实践了真正的苦行;更从礼拜、服务、禅坐活动中,修习真实的智慧与无我的悲心,发扬了慈悲、和平、善美的宗教特色。"从这些话,让我觉得,他确实已经看见了佛光山的内涵。

阿那努达

再说斯里兰卡比丘阿那努达(Ven. Kakkapalliye Anuruddha Nayaka Thera)法师,他生于一九二九年,是英国兰卡斯特大学(Lancaster University)佛学博士,曾任斯里兰卡克拉尼亚大学(University of Kelaniya)副校长。我曾邀请他来佛光山讲学,在英文佛学院教授"印度佛教史"、"佛法概论"、"布教学"、"巴利文"

斯里兰卡克拉尼亚大学副校长阿那努达长老

等课程。一九九〇年聘约期满,阿那努达法师将要回国之际,一再表示任课期间受益匪浅,学生尊师重道、活泼又用功的学习态度,让为人师者感到安慰。尤其春节时,目睹全山大众投入对来山者的服务,那种只有常住,没有自己的奉献精神,让他深受感动。

由于斯里兰卡是南传佛教国家,以比丘为主,并不承认比丘尼教团的成立。所以,我曾向阿那努达教授请教,佛在世时,慈悲地度化女众,为什么斯里兰卡现在却不准许比丘尼成立教团?这不仅可惜,更是佛教的损失。阿那努达教授听后,告诉我,因为斯里兰卡根深蒂固的传统观念,许多长老们守旧、固执,不易说服。不过,他会朝这一方面去努力,回国后,希望能邀请三位有名的宗派领袖来佛光山参访。当时,我非常赞成,也觉得凡事只要有心就好办事。

当我送阿那努达教授上车时,他悄悄告诉我,佛光山的素食很好吃。英文佛学院的学生为他饯行,还特地煮了他最喜欢的罗汉菜,这份心意让他很受感动。并表示,下次再回到佛光山,一定要跟学生好好地学中文,以后要用中文与我交谈,不要再透过翻译。我也答应阿那努达教授,下次他要回斯里兰卡时,让他带二三个学生到当地留学。

因缘不可思议,两年后(一九九二年),阿那努达教授当选国际佛光会世界总会副总会长。一九九八年,佛光山在印度菩提伽耶举行国际三坛大戒,来自二十三个国家百余位的女众,前往求受比丘尼具足大戒。其中,斯里兰卡就有四十位杰出女众僧青年求受戒法。比丘尼戒法能在佛陀圣地顺利恢复,真是愿不虚发,有愿必成!

温斯坦

在和众多学者的往来中,我与美国教授比较有多方面接触,在此,就先说温斯坦(Stanley Weinstein)教授。

耶鲁大学(Yale University)的温斯坦教授,一九二九年生于纽约,犹太裔美国人。他研究日本佛教,也著作中国佛教历史的书籍,但是,两者之中他崇拜的是日本佛教。为什么这样呢?因为中国佛教历史的书籍,多半是从公文书里摘录下来的,记载的尽是一些坏事,都是告状、打官司之类的事情,就等于现在的社会新闻一样,好事不会上官府。

但是日本不一样,日本的历史记录相当注重道德。像冢本善隆教授,他是一位佛教史学者,就不会采用这一种社会新闻式的叙述法。所以,温斯坦教授当然是要崇拜日本佛教了。因为在他的眼里,日本佛教比较正派厚道,历史所载中国佛教则好像都是一些污染的事情。其实这种情况,就好比现在马来西亚、新加坡和台湾报道新闻之间的落差,前者报道的都是正面新闻,后者则多是负面的消息,一般人也都可以分辨得出其中的差异。

我曾鼓励徒众依法去跟温斯坦教授学习,因为依法自台大毕业之后,到过日本学习佛学日文,也在夏威夷大学学过日文。因此,由他去耶鲁大学亲近温斯坦教授,我们都觉得非常适合。温斯坦教授对中国的印象不好,在他要退休之前,我便邀请他到台湾一游,参加佛光山文教基金会所举办的"东亚戒律研究学术讨论会",他和夫人率领了学生数十人前来。

耶鲁大学教授温斯坦(前排左四)参加佛光山佛教学术会议,前排左二为博士依法法师(一九九五年七月二十七日)

当他们抵达时,我以家长身份和他见面致谢,并与他们茶叙,也才知道同行的学者,还有来自弗吉尼亚大学的葛鲁挪教授(Paul Groner)、康奈尔大学的马克雷教授(John R. McRae)、加州大学的巴帝弗教授(William Bodiford)、布雷德里大学的葛慈教授(Daniel Getz)、惠灵顿维多利亚大学的徐德教授(Morten Schlutter)、耶鲁大学的山部冈能教授(Nobuyoshi Yamabe)和北卡罗来那州立大学的杰夫教授(Richard Jaffe)。

当时,我赞美温斯坦教授就像中国的孔子,带领学生门人周游列国,又如佛教的释迦牟尼佛,以及基督教的耶稣,带领着弟子们到各处参学、传教,他听了也感到很得意。

之后,温斯坦教授竟然对我说:"我热爱中国文化,尤其中国的佛教,更是令我向往。能到台湾佛教最兴盛的佛光山,我感到非常欢喜,特别是看到佛光山大众的朝气蓬勃,更是非常惊讶。"并且还说,"大师说佛光山比耶鲁、康奈尔大学小,但我觉得以热诚和慈悲来说,耶鲁与康奈尔大学却是无法跟佛光山相比的。"这许多话,一反过去他对中国佛教的不良印象,让我觉得很欣慰。

那时,我也对他提出让依法提早毕业的想法。他说:"依法是一个用功的学生,他的博士论文已经在完稿阶段,预计明年就可以取得学位了。"这一席话,让我放心不少。可以说,温斯坦教授为佛光山培育了一位博士弟子,那就是依法法师。

恰波

这数十年中,能够同时邀请到这么多国家的大学教授到佛光山,无非都是靠着"缘分"。像夏威夷大学宗教系的大卫·恰波(David W. Chappell)教授,和佛光山就很有缘,几乎每次本山举行学术会议,他都会来参加。

恰波教授,一九四〇年生,美国人,为人谦虚,他曾经邀请我到夏威夷大学讲演"禅的生活",也为我英文版的《星云禅话》写书评。佛光大学和夏威夷大学能开始交换教授,就是由于他的因缘。可以说,他是非常维护佛光山学术这一环的。

更难得的是,信奉基督教的恰波教授,也很帮忙佛光山在夏威夷的道场,就像是佛光山的弟子般,全心全意地效劳。他曾说,佛光山是一个具有活动力、创造力的宗教团体,可为宗教界,尤其是佛教界的典范,西方人应该向佛光山学习。后来,他在日本创价学会于美国创办的学校教授佛学,可惜壮年早逝,令人惋惜。

约翰·马克雷

在往来的美国学者当中,还有一位约翰·马克雷(John R. McRae)教授。

约翰·马克雷,一九四七年生,美国人,日本驹泽大学博士,能说一口流畅的日文和中文,是康奈尔大学亚洲学系主任。后来娶了一位日本学者太太,夫妻双双在日本教书。佛光山及位于美国洛杉矶的西来寺,多次举行学术会议,马克雷教授都会参加,只是一直不克前来台湾做长期教学,只能在我们的大学做短暂的授课,觉得很遗憾。

马克雷教授在康奈尔大学教书的时候,曾邀我前去讲说"人间佛教如何生活"。他感慨地说:"美国人学佛只懂得禅坐,美国的佛教都要被坐没了。台湾社团形态的佛教,行解并重的修持法门,才是美国真正需要的佛教。"所以,他每次到佛光山英文佛学院密集授课时,都不忘告诉学生,弘扬正信佛教是大家的责任。

他也一再表示,佛光山在美国设立大学,他和多位专门研究中国语文的美籍教授将会全力支持,师资方面也会给予协助。在美国能有一位教授对佛教这么友好,真是非常难得。只是,就在二〇一一年十月,他以六十四岁之龄,于泰国曼谷去世,让人叹息不已。

诺贝尔奖相关学者

和佛光山往来的学者中,有好几位诺贝尔奖得主或审查人,例如:苏联诺贝尔文学奖得主索尔仁尼琴(Alexander Isayevich Solzhenitsyn),于一九八二年访问佛光山。同是诺贝尔文学奖得主的高行健,于二〇〇一年,在佛光大学开设"灵山讲座"。甚至,美籍诺贝尔奖审查委员桑德士博士,我也曾邀请他到佛光山做了几场讲演,之后还请政府安排他到金门参观。他们的到来,都给佛光山留下了不少话题。

此外,与佛光山因缘较深的,是诺贝尔文学奖审查人瑞典籍汉学家马悦然教授(Goran Malmqvist),和他的高足罗多弼教授

诺贝尔文学奖得主索尔仁尼琴在佛光山（一九八二年十月二十一日）

（Torbjorn Loden），两位都在瑞典皇家学院（Royal Swedish Academy）汉学系任教。

生于一九二四年的马悦然教授，长我三岁，专研中国文学；罗多弼教授出生于一九四七年，则是研究中国历史的专家。我每次到瑞典的时候，他们都请我吃饭，或者邀请我在他们的大学里讲演，所以我也一再邀请他们两位来台湾。

二〇〇五年，他们终于来台访问，我们在佛光山、台北道场各举行了一场对谈，当时由高希均教授担任主持人，我和马教授谈的是"佛教与中国文学"，与罗多弼教授则是谈"佛教与世界和平"。

后来，他们邀请我到瑞典的最高学府斯德哥尔摩大学讲演，以"融和与和平"为题，阐述佛教倡导融和与致力和平的理念。当

与瑞典汉学家马悦然(左二)、罗多弼(左一)教授于佛光山如来殿大会堂进行"当东方遇上西方"座谈会(二〇〇五年十一月十日)

时,罗多弼教授还公开表示,认为佛光山将人间佛教弘扬至全球,以及对世界和平,尤其是增进佛教文化交流,力促两岸和平,有重要的贡献。我自认贡献不敢说,但在服务大众的道路上有此知音,心中也颇感安慰了。

当天讲演结束后,我送给斯德哥尔摩大学《佛光大藏经》中的《禅藏》、《般若藏》、《净土藏》,以及《白话经典宝藏》、《法藏文库》等四百多册本山编辑的书籍,由罗多弼教授代表接受,希望对当地的佛学研究,能够略尽一点绵薄之力。

二〇一二年甫获得诺贝尔文学奖的莫言先生,我与他也曾在北京相见。莫言先生是位博学多闻的谦冲君子,即使获得诺贝尔文学奖桂冠,仍然保持文学人的初衷致力写作、不喜繁华,这样朴实的平常心,实在令人欣赏。我们相谈的片段已写在《我与艺文界的朋友》,在此就不详述了。

其实,不管我到哪里,只要知道有人在某方面具有专才、技能,我都不忘请他们来给学生上课、讲演或举行座谈。尤其几位在佛学上深有研究的旅美学者,例如傅伟勋、吴怡教授,及意大利裔的桑底那教授等,都曾受邀为佛光山丛林学院的学生授课。

傅伟勋

傅伟勋教授,一九三三年生,台湾新竹市人。他是美国天普大学宗教系的名教授,被誉为台湾"生死学之父",多次参加佛光山举行的学术会议。

傅教授具有慈悲的性格,对青年学子指导有方,并且爱护有加,弟子慧开法师就读天普大学博士班时,就是请他担任指导教授。他的夫人华珊嘉教授(Sandra Wawrytko)也是佛学专家,任教于美国加州大学圣地亚哥分校,曾多次获得优良教师奖。他从一九八七年首次到佛光山英文佛学院授课以来,先后讲授了《心经》、《金刚经》、《六祖坛经》、《维摩诘经》、《妙法莲华经》、《大乘起信论》等重要佛典。

所谓"十年树木,百年树人",傅伟勋教授在西来大学、佛光大学设立之初,都曾担任课程委员,尤其为南华大学成立"生死学系",并且为相关课程规划奉献心力,带动日后其他大学要成立生死学系,都会以南华大学为标杆。尤其他一心希望把佛教大学办好。可以说,他和我一样,对教育都抱持着一股热忱,这是我们的共通点。虽然傅伟勋教授英年早逝,但遍布天下的桃李,和他一生的奉献与学术成就,都为"生与死的尊严"下了最佳注脚。

与史学专家唐德刚教授(左)及生死学专家傅伟勋(右)于北京故宫合影(慈容法师提供,一九八九年三月)

吴怡

另外一位和我往来的旅美学者,也就是吴怡教授。他出生于一九三九年,浙江青田人,毕业于台湾师范大学,是中国文化大学哲学研究所的博士,也是我办第一届"大专青年佛学夏令营"的学生。

犹记得开山初期,我有意举办活动,接引大专青年学佛,但是弟子当中,也有人执意反对。认为大专学生没有定性,只会损坏道场设备,更何况他们只是利用活动来度假而已。尽管当时正逢开山,经济拮据,我还是尽力排除各种不同的议论,在台北借用场地,举行大专青年学佛营。《禅学的黄金时代》译者吴怡教授,就是在这个时候与佛教结缘的。

青年是佛教的希望,后来吴怡教授不仅担任文化大学哲学系主任及哲学研究所所长,也是一位禅学的专家,在美国讲学多年。期间,数度应邀在佛光山丛林学院开设"哲学概论"课程,嘉惠许多学子,我们的缘分就从这样一个"小不可轻"的因缘中,一直持续到现在。

桑底那

在社会上,一般大学要聘请任何课程的老师不难,但要找一位懂得英文佛学的教授却不容易。其中,桑底那(Peter Della Santina)教授,可说是相当特殊。

桑底那教授是意大利人,一九五〇年生于美国。他虽然双眼失明,但是并不影响他的教学,对于印度佛教深有研究,尤其长于"中观"。曾在佛光山英文佛学院教授"中观"、"唯识"两门课程,而他美丽的印度籍夫人则教授梵文。当我知道他为孩子就读美国学校的教育费用颇为费心时,为了让他能安心教学,便允诺给予资助,一家人在佛光山安居乐业好些年。

为学生延请好教授,向来是我办学的理念。现在,佛光山创办的佛学院、大学里,有来自美国哈佛大学、耶鲁大学、天普大学、宾州大学、西北大学,德国汉堡大学,英国牛津大学,日本驹泽大学、庆应大学、大谷大学,法国第七大学,俄罗斯圣彼得堡大学等知名大学的教授。

总之,很感谢这许多先后和佛光山有缘的海外学者,他们把生命的一部分奉献给佛教,协助佛教培育僧才,推动佛教学术研究风气,并且开阔了佛学研究的视野,这份美意,将长存人间,散发光彩。

我与大学校长们

在厦门大学九十周年庆时,
应校长朱崇实先生和传播学院院长张铭清先生之邀,
前去和学生们结缘讲话。
朱校长对在场四千多位师生说:
"当我第一眼看到大师,
就想'佛'大概就是这个样子吧!"
在台上的我,一时之间难以说话,
只有合掌以对。
回想这几十年来,不知到过多少大学讲说,
从北半球的瑞典斯德哥尔摩大学、
瑞士苏黎世联邦理工大学,
到南半球的澳大利亚昆士兰大学、邦德大学;
从东方的新加坡国立大学,
到西方的美国康奈尔大学等,
认识了许多有缘的校长。

我十二岁出家,当时因为年龄还小,并不懂得出家的意义;后来随着年岁增长,在青少年时期还在寺院学习的时候,就对佛教的未来有了一些想法。我觉得佛教要走入人间,要让社会大众认同、接受,就要有事业,所以当时就对自己有一份期许:"将来有一天,我要办一所大学,办一份报纸。"后来又再增加一个念头:"我要办一家电视台。"

现在,电视台有了,报纸也办了。原名"佛光卫视",在一九九八年元月一日正式开播,后来更名为"人间卫视"电视台,至今已近十四个年头,每天二十四小时播出,从来没有间断过。

创办于二〇〇〇年的《人间福报》,到现在也过了十余年,同样是每天出版四大张,从未间歇。尤其从当年的四月一日创刊开始,我每天在头版撰写一篇专栏;有人

与联合、华梵、南华、中正、高医等五十九位大学校长合影（二〇一〇年二月三日）

说，我十几年来每天在报纸发表专栏，从来没有一天缺稿，这可以申请吉尼斯纪录了。

开办卫视，乃至出版报纸，在经费拮据的情况下，要持续经营确实是有些辛苦，不过一切都还算顺利。只是谈到办大学，个中就有很多复杂的过程与因缘了。

回想自己初到台湾时的生活，连一张办公桌也没有，甚至连个睡觉的床铺都难求，还奢谈什么办大学呢？所以眼看着别人一个个在建校兴学，自己就很着急。

说起我办学的历程，在一九六三年创办了寿山佛学院，但当时感觉到只是办佛教学院是不够的，应该为佛教办一所社会大学，只是这时政府已经不准许私人设校。为此，我曾当面向蒋经国先生诉请，希望能准许佛教办一所大学。

我认为在台湾，天主教有大学，基督教也有大学，而为什么与中国传统文化相即相融，与人民生活息息相关的佛教，不能创办社会大学呢？姑且不谈当时大陆有十几亿人口，光说在世界各地的佛教徒至少有一亿人以上，每想到台湾没有一所佛教所办的大学，实在为佛教感到汗颜。

虽然我当时向蒋经国先生请愿，希望准许佛教设立一所大学，但是建校土地在哪里？兴学的经费在哪里？从事大学教育的人才在哪里？实在说，都没有着落。因为在台湾没有设立大学的因缘，忽然我的念头就转到了美国，于是在一九八八年，佛光山在美国第一所别院西来寺落成以后，我就思考着要在洛杉矶申办一所大学。一九九〇年，美国加州第一所中国佛教徒设立的国际性大学——西来大学，承蒙政府准许设立，一九九五年通过可核发外国留学生签证立案，二〇〇二年西来大学成为美国大学西区联盟（WASC）准会员，是美国第一所由中国人创办并获得该项认证荣誉的大学。这也是华人创办的学校中，唯一让美国政府及世界认定以中英文共同为教学语言的一所大学。

中国文化大学印度研究所

在讲述创办西来大学之前，我应该先说一说中国文化大学印度研究所。

一九六七年，我在佛光山开山建寺以后，致力推动弘法利生的事业。在那个时候，兴办大学的念头，一直在我心中酝酿着。

我没有教育背景，也谈不上什么知名度，要办一所大学谈何容易？但最早请我参与大学教育，也是第一位与我有缘的大学校长，不容讳言，就是中国文化大学创办人张其昀先生了。

张其昀先生，一九〇一年出生，宁波人。他的学问很好，是教育家、史学家,也是地理学家。他曾担任过"教育部长"、国民党中央党部秘书长,在那时的体制里,有他一定的地位,但筹办中国文化大学,就不是那么容易了。因为"教育部长"和"党部秘书长"的职务,都有国民党做背景,但中国文化大学是独资创办,光在经费上,就不是那么简单一下子就能成功的。

在一九八〇年,中国文化大学创校十八周年的时候,张创办人邀请我到文化大学担任"印度文化研究所"的所长,并且邀请慈惠法师担任"日文"和"原始佛教"课程的教授。他曾比喻:学术是一座五重塔,依次而上是人文、艺术和哲学,最上一层是宗教,居学术界的顶点。因此,必须为社会培养这样的人才,于是成立了"印度文化研究所",成为台湾第一个有关宗教文化的研究所。

我敬佩于他的宏观,但我交不出完整的学历来担任所长,承蒙他对我也不计较,后来就以美国东方大学(Eastern University)颁赠给我的荣誉博士学位,当作是我的学历,在文化大学担任研究所的所长,甚至也是"教育部"博士学位的审查人。

还记得当我准时赴约上华冈的时候,他把校内的一级主管都安排在礼堂欢迎我,并且在致词的时候说:"中国文化大学办在华冈,华冈就是一所丛林寺院,我们今天欢迎丛林的方丈大和尚回来。"

后来,他又聘任我做文化大学的董事,加入董事会。说真的,那个时候,我对大学的教育事务还没有接触,也还不懂。所谓"董事"者,真是不懂事也。

但是,不知道是与张创办人宿世的因缘,还是他的独具慧眼,总是要帮助我、成就我。他曾经拿了一张他写的纸条给我看,他说,要向"教育部"申请设立"宗教学院",请我做中国文化大学第一任宗教学院的院长,并且请慈惠法师担任佛学系的系主任。

受中国文化大学创办人张其昀（右二）礼聘为该校首任"印度文化研究所"所长。图为与诺贝尔奖审查人桑德士（右一）、潘维和校长（左一）、李瑞爽教授（左二）在一起（一九八一年三月十一日）

那时，他已卧病在床，我去探望他，他把那张纸条掏出来想要交给我，意思就等于一张聘书的证明一样。我明白他的心意，但安慰他说："张创办人，您的好意等以后再说吧。"所以也就没有接下他的那张纸条。也因为他到底年老了，在生病之后，就无力经管学校的事务，后来也就不了了之了。

在那同时，他最后对我提出一个要求，希望我在文化大学能设立一个以玄奘大师之名而建的"玄奘馆"，将来宗教学院就设在"玄奘馆"。他说，文化大学要帮助"玄奘馆"募集基金。

但我知道，当时文化大学已经负债累累。当然，张创办人有心要在大学里成立宗教学院，我也要义不容辞尽心尽力去完成。

说来，佛教界的信徒也真热忱可爱，在一九八一年初左右，他们知道我要在文化大学设立"玄奘馆"，便筹集基金七百余万元，光是碧山岩的比丘尼如学法师就捐了一百万元，那时应该是足以筹设一所"玄奘馆"了。

可惜,张创办人一病不起,后来在一九八五年八月,以八十四岁之龄过世,文化大学就由他的公子张镜湖先生从美国回来继任。那时,我把募集"玄奘馆"的基金,全都交给文化大学,但经过一二年,一直还不见动静,我去函向张镜湖先生询问"玄奘馆"的筹建事宜。他和他的夫人穆闽珠二人到台北来探望我,说明没有办法建设"玄奘馆",而且钱已经用掉了,也还不出这笔款项,希望我就把这笔钱捐给文化大学吧!

事情到这个程度,为了表示对教育的热忱,也只有允认。只是,对那些向我与大学校长们出资许多的功德主,实在感到无限的抱歉。

张其昀先生是一个有魄力的政治家,他和蒋中正先生同是浙江人,也是蒋先生得力的左右手、身边的红人。只是那时陈辞修先生担任"行政院长",彼此性格、处事风格有所不同,大开大合的张其昀先生,就不能那么随意施展。后来,他刚好有意办一所中华文化的学校,就辞去"教育部长"的职务,转而去办大学了。

现在回想起来,感谢张创办人的爱护提拔,让我因为担任"文化大学印度文化研究所所长"而提升了知名度,好似这是经过"'教育部长'张其昀"认定的,各个学术界、教育界对我就另眼相看了。

由于张其昀先生对佛教的友善,以及和我的这一番结缘,我在离开文化大学后,东海大学校长梅可望先生也请我担任客座教授,授课了六年。这种种的因缘,让我想要兴办大学的志愿就更加坚定了。

西来大学

话说回来,西来寺自从落成启用之后,就被誉为"西方的紫禁城"。有人说,以西来寺规模之宏伟、建设之完备,本身就可以成为一所大学!但是我不敢这样草率,首先在西来寺向美国政府提出申请,得到准许设立大学,同时还准许我自任校长,于是开始积极着手筹办建校事宜。

这中间当然也经过了一番相当的周折,后来在洛杉矶郡(Los Angeles County)的柔似蜜市(Rosemead City),有一所天主教的大学想要出让,因为要价不高,只需不到二千万元美金的费用,我就可以在美国办大学了。

美国人非常热情,一听说我要办大学,就有好多来自各行各业、各科各系的信徒、学者,自动自发来到西来寺参加建校会议,表示愿意协助我们筹建大学。

那时候我有一个想法,我认为美国人在中国兴办了很多教会大学,站在文化交流的立场,我们也可以回馈美国,在美国办一所大学以示酬谢。不过,据说当时也有华人在美国筹设大学,只是很快都夭折了,并不容易成功。因为在美国办大学,本身是一个很庞大的投资,而且是没有回报的付出。

此时,我对于只需少许的经费就能办一所有规模的大学,感到满心的欢喜。

说到办大学的资金来源,是缘于一个巧妙因缘促成的。有一次,我在台北民权东路普门寺,寺里正举行"梁皇宝忏"法会。看到徒众的办公桌上有毛笔、墨水、砚台,我就顺手在白纸上写字。此时,有一位信徒走近我的身旁,悄悄地递给我一个红包,打开一看,赫然见到十万块新台币。十几年前十万元是一笔很大的数目,我一向不大愿意接受信徒给予红包,便赶紧退还给他,他怎么都不肯接受,并且还说:"这是给您的喔,不是给佛光山的。"我不知如何感谢他,就拿起手边刚写好的字,告诉他说:"好吧!这幅字就送给你,不过这是一张油印纸。"得到这一张纸的信徒,非常欢喜,拿到佛堂里跟人炫耀,他向大家说是我刚才送给他的字。大家纷纷问他是怎么拿到的,他说是用十万元请到的,其他信徒也纷纷要求说:"我们也要出十万块钱,请大师送一张字给我们。"信徒的盛情实在不好拒绝,两天下来,一共写了一千多张。一时之间有那么多钱,我也不知该如何使用,那时,正好要准备筹建西来大学,于是就把钱给西来大学建校。可以说,西来大学是写字写出来的。

但是正当诸事具备,准备将原来天主教的大学更名为西来大学时,美国政府有意见了。他们说旧校舍使用含毒的石棉建材,美国法律已明令禁止,因此不让我更改校名,必须先把硬体设备做好。

这件事给我当头一棒,因为在购买洛杉矶的新校地以前,原先我们在纽约州已购买四百七十五英亩的土地准备来办大学。这里有山有水,甚至还有瀑布从山顶流下,是个极为美丽的地方。旁边还有一条像运河般的河流,据说纽约一千多万人口就是饮用这一条河流的水。

但是,当时感觉纽约和台湾距离很远,必须花十二小时坐飞机到洛杉矶转机,还要经过五个小时以上的航程,才能抵达纽约。从机场再经过二个半小时的车程,才能到达大学的校址,我认为路途遥远。因此我心想,如果能在洛杉矶设校,对居住在台湾的人来说,往来比较方便。

后来这一个心思虽然如愿,得以在洛杉矶柔似蜜市购得校舍,却在付款以后才发现,学校的建筑必须清除含毒素的石棉,甚至必须拆除重建,政府才准许我们在这个地方设立大学。

于是又花了一笔经费,总算把西来大学办起来了。从一九八八年筹备,到一九九〇年终于获得美国政府正式立案通过,于是西来大学成为中国佛教在西方国家创办的第一所大学。

西来大学硕士及博士生毕业典礼，为毕业生加冠及颁授学位证明。前排：古鲁格教务长（左一）、心定法师（左二）、陈迺臣校长（左三）、慈惠法师（右三）、慈容法师（右二）、胡梅子博士（右一）（一九九八年五月二十二日）

　　西来大学创校之初，虽然政府准许我担任名义上的校长，但总要有人坐镇主持校务。这时，有一位斯里兰卡籍的古鲁格先生（Ananda W. P. Guruge），是一位佛教学者，我就请他前来担任教务长。出生于一九二八年的古鲁格先生，还曾经担任过斯里兰卡国家博物馆馆长、联合国教科文组织代表等职务。

　　那个时候，依法法师也即将从耶鲁大学毕业，获得宗教博士学位，我请他的指导教授温斯坦，让他的博士论文能够早一点通过，所以依法也顶着耶鲁博士的头衔到了西来大学。

　　西来大学规模不是很大，师生也不多，但人事意见很多。后来，经过再三考虑，还是必须请一位专任校长驻守校中才能解决问题，我就邀请台湾花莲师范学院院长，同时也是佛光会的理事陈迺臣博士，前往西来大学担任校长。

　　陈迺臣博士，一九四一年生，是美国佛罗里达大学的哲学博士,做过高雄师范大学教育系主任,也和夫人胡梅子女士共同在佛光山丛林学院授课过。

陈迺臣校长在西来大学三年任内,不负所望,校务蒸蒸日上,让学校于一九九五年获得美国政府准予核发 I-20 学生签证,可以正式招收国际学生,更于二〇〇二年通过"美国西区大学联盟"(WASC)认证为准会员,成为美国首座由中国人创办且获得该项荣誉的大学,也写下了中国人在美国办学的历史新页。

但是三年期满,陈迺臣校长一再向我说明,他的愿望是要翻译《大般若经》,已经接近完成阶段,要我找人继任,于是就找来认识二十余年的加州伯克利大学兰卡斯特教授担任校长。

兰卡斯特教授(Lewis R. Lancaster),一九三二年生,美国弗吉尼亚州人,白发苍苍的学者模样。他是威斯康星大学博士,曾任伯克利大学东方语言文化系主任,为伯克利大学佛学博士班创办人之一。他也曾受新加坡教育部聘请编辑佛教教科书。

他本身是藏经版本的专家,对韩国佛教尤有研究。目前,全世界最大的梵文佛典网站,是西来大学的"数字佛教经典"(Digital Sanskrit Buddhist Canon)。网站就是由兰卡斯特校长与尼泊尔龙树正法书院(Nagarjuna Institute of Exact Methods, Nepal)的负责人,明·巴哈杜如·释迦(Min Bahadur Shakya)教授共同指导,而由米洛·释迦(Miroj Shakya)(美国西来大学的佛教学硕士)负责执行完成。

兰卡斯特对西来大学虽有理想、计划,无奈我们的经费有限,难免感到"巧妇难为无米之炊"。因此,他担任三年的校长,并在任内协助西来大学正式成为美国西区大学联盟(WASC)的会员,也是功在学校。

由于学校的发展,一定要有优秀的校长人才,这时有一位黄茂

与西来大学校长兰卡斯特教授

树先生(Allen Huang),在北科罗拉多大学担任近三十年的首席副校长。由于他的教育经验丰富,经常往来美国、大陆、台湾三地,应邀指导各大学的行政。有这样的好因好缘,西来大学可说如鱼得水,对未来的发展,充满无限希望。可惜他的尊翁去世后,只有太太孤单一人旅居在科罗拉多州,他无法安心,只得请辞,返乡陪伴家人去了。

这时候,我又有一个好机会,可以请到国际佛光会世界总会的副会长,也是香港大学副校长的李焯芬教授前来担任西来大学的校长。

李教授是广东中山人,一九四五年出生于香港,曾在加拿大多伦多大学任教,也是地震和水利工程专家。平时热心佛教教育,为佛香讲堂担任香港佛教学院院长指导十余年。我请他继任西来大学校长,他也首肯,表示正逢他在香港大学届满退休。只不过在他退休后,学校却不肯放人,也就无法到洛杉矶就任校长之职了。

在美国办大学,深感校长难求,既要了解东西方文化,也要有娴熟的中英文。正感到万分为难的时候,高雄中山大学的副校长吴钦杉教授,愿意为佛教办学的理念奉献,夫妇决心辞去中山大学副校长的职务,前往西来大学就任。

吴钦杉校长,一九五六年出生,台湾云林人,是美国宾州大学的财经博士。他上任之初,听说美国西区大学联盟的督导、委员们表示,西来大学的校长换得这么频繁,对学校的稳定发展不利,就问他能当多久的校长?吴钦杉校长回答说:"我现在五十六岁,应该可以

西来大学董事依空法师颁发聘书给新上任的西来大学校长吴钦杉博士(二〇一〇年八月十七日)

做到七十岁没有问题吧!"委员们听了都哈哈大笑。至此我也终于可以放下一颗悬挂的心,不必再为校长继任人选的问题而费神了。

两年来,西来大学在吴校长带领下,二〇一一年八月正式被联合国教科文组织聘任为"国际大学校长协会(IAUP)"的会员,随后受邀参加该会年度联盟会议;而驻联合国大使亦将组成参访团,至西来大学参访交流。这可说是西来大学继获得美国西区大学联盟(WASC)认证后的另一个里程碑。

南华大学

正当我在美国全力发展西来大学期间,台湾的教育环境与政策也有极大的改变。一九九〇年代左右,政府全面开放私人设校,于是我在一九九六年就顺势创办了南华大学。

南华大学创办之初,我决意四年不收学杂费,一共有十六个梯次的学生免收学杂费。那时我虽然没有为校长人选而烦恼,却为办学经费而挂念。

说起南华大学的校长,创校之时,我本想邀请曾任中兴大学文学院院长的黄永武先生担任,他是浙江人,一九三六年生。因为我希望办一所以人文为主的大学,必须要有一位对文学、文化学养丰富的人士来主持。但是,经我再三恳请,黄永武先生终因其夫人不同意而无法应允,想到这关系着他们的家庭生活,只得打消邀请。

继而就想转请曾任台北工专英文教授的李武忠居士。李武忠居士是江西临川人,一九一九年出生,他曾为我编印《中英对照佛学丛书》,发行《经典之部》、《教理之部》。但他为人谦虚,一再表示他曾被政府关在绿岛,坐了十年的黑牢,现在虽然自由了,为避免增加我的麻烦,还是要我另请他人。

这个时候,有一天我从台北回高雄的高速公路上,听说"大陆

我与大学校长们

应邀出席南华大学建校十五周年校庆。左三为南华大学陈淼胜校长,右四为副校长慧开法师,右三为慈惠法师(二〇一一年三月十六日)

委员会"文教处处长龚鹏程先生离职了,我久闻龚鹏程先生是台湾文学界的才子,他是台湾师范大学文学博士,著作甚丰。我迫不及待地查问龚先生的电话,然后即刻在高速公路上打电话给他,请他担任南华大学的校长,他也很爽快地立刻答应。就这样,南华大学有了校址,有了校舍,有了校长,在匆忙中,也承蒙"教育部"对我们的信赖,南华大学就这样开学了。

龚鹏程先生,江西吉安人,一九五六年生于台北市。他确实是青年才俊,一时网罗许多有名的教授到南华大学授课,他为教授们提供许多优厚的条件,即使超过一般学校的标准,我都一一答应,因为新设的学校,总要礼贤下士,多一点牺牲,多一点投资,这是必须的。

龚鹏程先生担任三年校长,正逢李远哲先生以诺贝尔奖得主的身份,回台出任"中央研究院"院长,大力改革教育制度,提倡"教授治校",所有校长必须经过遴选。不得已,那时佛光大学在宜兰也准许开学了,我请龚鹏程先生到佛光大学担任校长,南华大学校长就请淡江大学管理学院院长陈淼胜先生担任。

陈淼胜先生,台北市人,一九四九年生,那年正是我到台湾来的时候。陈校长是台湾交通大学管理科学研究所博士,今年六十四岁。由于出身管理学院,长于管理,从他接任第二届校长以来,校务一直顺利推展。在连任三任校长,服务长达十三年之后,二〇一二年七月光荣卸任。在下一任新校长还没正式产生前,副校长慧开法师在董事会的推荐下,暂时接任代理校长。

慧开法师是美国费城天普大学宗教研究所哲学博士,专长于宗教哲学、东西方宗教传统与生死学等。南华大学创校以来,除了担任生死学系及研究所的专任教授,也先后承担生死学系主任、人文学院院长、教务长、学务长、研发长及副校长等职务,对校务的发展很熟悉,在推动学校国际化等方面有不少的建树。

正当我们积极寻觅继任的校长人选时,听闻"教育部"政务次长林聪明先生的任期即将圆满,因为过去有多次友好的往来,推崇佛光山的办学理念,我们便向他提出邀请。就在这样的好因好缘下,林先生于二〇一三年一月,正式接任南华大学的校长。

出生于一九四九年的林聪明博士,台湾云林人,曾担任云林科技大学校长、"教育部"常务次长等职务,长年推动环境教育工作,同时也是素食主义者。据他说,决定吃素的因缘很不可思议。十年前(二〇〇二年),佛光山联合佛教界恭迎佛指舍利来台湾,在台湾大学综合体育馆举行恭迎法会时,他和夫人正好在附近散步,经过法会现场,忽然被法会的庄严殊胜和万人虔敬礼拜的情景震

颁发聘书给南华大学校长林聪明博士(二〇一三年一月二十二日)

憾,情不自禁地泪流满面,久久不能自已。后来他脑海中常出现众人虔诚礼拜的情景,而且只要吃到荤食就开始呕吐,从此很自然地选择吃素了。

二〇一一年,佛光山在海内外创办的四所大学成立"佛光四校一体大学系统"时,他特别到场致意,并对此给予高度肯定。以他对教育的丰富经验与热忱,相信能带领南华大学的校务更上一层楼。

南华大学位于嘉义大林镇,地处"国道"一号和三号交会之处,交通堪称方便,学生曾接近万人。多年来,佛光山从购买土地、兴建校舍到正式招生上课,花了三十亿新台币以上,虽然投资庞大,不过能办一所好的学校,也是足可安慰的了。

从美国西来大学,到南华大学,再到佛光大学,都得感谢慈惠法师,她为了筹设建校,奔波忙碌,所投注的心力最多。慈惠法师年轻时,最初帮我翻译日文、台语,后来受文化大学创办人张其昀先生赏识,邀请他到中国文化大学哲学系及东语系任教,教授原始佛教和日文。后来又在东海大学担任客座教授一段时间,然后为大学的筹设奔忙。甚至为了大陆扬州的鉴真学院,佛光山特别协助捐建鉴真图书馆,也要感谢慈惠法师代表常住跟各方会议,耐烦应对。现在扬州鉴真图书馆每两星期举办一次"扬州讲坛",每次听众都达千人以上,成为大陆有名的常设讲座。

佛光大学

再说到佛光大学,最初聘请龚鹏程先生当校长,但在三年任期届满前,因为发生校内"烤全羊"事件,引起佛教徒关切。我便商之于龚校长,他也自知失当,因此自动请辞,我们只得又开始遴选,结果赵宁先生以高票当选。

与佛光大学校长赵宁博士

赵宁先生是浙江杭州人,一九四三年出生在西安。他为人幽默风趣,但学校初创,又逢龚先生离开,学校的教授及学生意见颇多。赵先生是个君子,处身在人事的意见之中,甚感难为,所以在即将约满之时辞职,而于二〇〇六年七月接任德霖技术学院校长。

当时离遴选还有一段时间,感谢时任佛光

会中华总会副总会长赵丽云博士前来代理校长。她出生于一九五一年,新竹人,担任过"体育委员会"主委,其行政经验之老练,对教育工作的热忱,不愧曾为主持政府编译馆的部长级人物,同时也给我们充分的时间,请到曾任成功大学两任校长的翁政义博士屈就,担任佛光大学校长。

翁政义先生是台湾台南人,一九四四年出生,曾任"行政院""国家科学委员会"的主委,可以说都是政府高官。他担任佛光大学校长,真不愧是治校高手,领导有方,很快就让学校步上轨道,正常发展,师生得以安住。

其夫人陈碧云女士是非常虔诚的佛教徒,在佛光大学光云馆佛教图书馆担任义工,陪伴夫君常住学校。翁校长真的是以校为家,在四年任期中,从未请假他去,每天守住学校,关心各种情况。加上前任校长赵宁博士的努力,在翁校长任内,佛光人文社会学院于二〇〇六年八月一日,改制升格成为佛光大学,并增设理工学院和佛教学院,让佛光大学成为一个机制健全的大学,翁校长可以说

与佛光大学校长翁政义博士及夫人陈碧云女士
(慧延法师摄,二〇一〇年八月三十一日)

是劳苦功高。

翁政义校长任内提出私立大学收费公立化的措施,不但减轻了家长负担,也让学生安心地在佛光大学读书与研究,此项政策对宜兰地区教育发展深具影响。尤其他本身曾任"国科会"主委,具有很高的学术素养,亦提升佛光大学教授的研究风气。

对于翁政义校长,以我们的需要、感情及合作关系,应该请他继续连任。但在二○一○年他届龄退休,希望我们遵守这个制度,于是佛光大学又面临必须聘请新校长的课题。这个时候,经验已经让我们知道,必须储备许多校长人才,以配合学校未来的发展。

翁校长届龄退休的时候,我们又遇到一个好因好缘,曾任"教育部长"的杨朝祥先生,当时是"考试院考选部部长",由于我们多年的相处,建立了深厚的感情,因此当我们提出邀请,杨部长欣然同意,并说只要上司准许,他可以即日前往佛光大学就职。为此,我还和马英九先生及"考试院"关中院长联系,恳请他们放人,于是杨校长顺利地在二○一○年八月二日走马上任。

杨朝祥校长,一九四七年生,美国宾州州立大学教育研究所博士,一直在"教育部"的体系里服务。上任以来,贡献良多,如增设校舍,并于二○一一年六月二十八日,佛光大学佛教学院正式获得"教育部"核准设立博士班,写下台湾第一所大学增设佛学研究所博士班的纪录;使得佛教高等教育从大学部、硕士班到博士班,形成完整的教育体系,为佛学高等教育写下了新的一页。尤其佛教学院研究生一概以英文授课,因此来自新加坡、马来西亚、美国、加拿大、丹麦、澳大利亚等地的国际学生聚集在佛光大学,此举,对于未来人才的培养,相信定然可期。

杨朝祥校长对于佛光山所设的大学,最大的贡献,就是把美国西来大学、澳大利亚南天大学、台湾南华大学及佛光大学四校联合

身为美国西来大学、澳大利亚南天大学、台湾南华大学及佛光大学四校创办人,受邀出席成立"佛光四校一体大学系统"会议。左起:西来大学校长吴钦杉、南华大学校长陈淼胜。右起:南天大学人文学院院长约翰·洛克斯顿、佛光大学校长杨朝祥(二〇一一年七月十五日)

组成大学系统,在二〇一一年七月十七日于台大校友会馆召开记者会,宣布成立"佛光四校一体,跨国大学系统",让佛光山四校一体发展,杨朝祥校长担任四校的联合主席,就等于是四校的总校长。这是台湾第一个国际性大学系统,为高等教育写下了历史性的一页。

南天大学

说起南天大学,这是佛光山继西来大学、南华大学、佛光大学后兴建的第四所大学。二〇〇〇年,澳大利亚卧龙岗市政府就捐出八十英亩土地,提供给澳大利亚南天寺创建大学,同时设立佛光缘美术馆。

经过七年的规划,南天大学于二〇〇七年十月六日举行安基典礼,在一千多人的见证下,由驻澳大利亚台北经济文化办事处代表林松焕、卧龙岗市长代表大卫·法摩尔(David Farmer)等贵宾代表动土,我也为此盛事写下"大学命名为南天,青年在此学圣贤;中澳文化交流日,多元种族见太平"的祝词,以兹纪念。

经过四年建设,南天大学人文学院在二〇一一年二月二十七日正式开学,现由约翰·洛克斯顿(John Loxton)教授担任院长,并且邀请原义守大学校长傅胜利博士担任最高顾问。

佛光山多年来为社会兴办大学,如今又率先将西来、南华、佛光、南天四所大学,联合组成跨国系统,可以说在社会大学里已经率先迈进了一大步。不过我也希望,大学系统可以扩大影响力,让其他有共同志愿的学校也来加盟此系统,让佛光兴学的精神,更能让现代热心于教育的人士作进一步的了解。

另外,丛林学院是佛教的专科学院,希望将来也能够获得政府认同,让我们十余个丛林学院都能一起加入,那就真是漪欤盛哉了。

说完上述诸位校长之事,我刚从故乡的扬州大学应邀讲演回来,并且从扬州大学校长郭荣博士手中接过一纸客座教授的聘书。而在这之前,我受邀前去建校九十周年的江西南昌大学访问,也承蒙有"最年轻校长"之称的周文斌博士,颁给我名誉教授的聘书。

回想这几十年来,不知到过多少大学讲说,从北半球的瑞典斯德哥尔摩大学、瑞士苏黎世联邦理工大学,到南半球的澳大利亚昆士兰大学、邦德大学;从东方的新加坡国立大学,到西方的美国康奈尔大学等,也认识了许多有缘的校长。

像香港大学的徐立之校长,曾两度邀我到香港大学的"陆佑堂"讲演,二〇一〇年承蒙他们的鼓励,颁赠给我"社会科学"荣誉博士学位。香港中文大学前后两任校长刘遵义和沈祖尧博士,都与我们经常往来,除了多次到中文大学讲演,他们和佛光山文教基

应北京大学校长周其凤之邀,于大礼堂以"禅文化与人生"为题讲演,并受聘为北京大学名誉教授(二〇一一年四月二日)

金会,共同设立"人间佛教研究中心",希望为"人间佛教"的发展,留下一些成果;偶尔他们也会到我们香港的道场素斋小聚,交换从事教育的心得。

另外,甫到佛光山访问的北京大学周其凤校长,送来二〇一一年三月我在他们校长办公楼大礼堂"禅与人生"演讲时的照片。他说,那是俄罗斯总理普京、美国总统克林顿,甚至是南非总统曼德拉,受邀到访讲座的地点。记得当时我笑着告诉大家说:"这让我感到有点压力,还好我有一点禅的功夫。"

广州中山大学前后任校长黄达人和许宁生先生,分别让我两度在学校的"怀士堂"讲话。他们都告诉我,那里就是国父孙中山先生勉励青年学子要"立志做大事,不要做大官"的地方,这真是让我受宠若惊。

我几次受南京大学陈骏校长之邀,到南京大学讲演,他也曾来佛光山小住。我们讨论中华文化的重要,后来听说校内要设立"中华文化研究院",我也乐见其成,并且随喜助成。

我两度赴上海交通大学讲演,校长张杰博士告诉我,这是中国历史上最悠久的两所大学之一,尤其现在,教育方向不只是教知识、教技能,最重要的是人格的培养,因此特别要我为校友企业家和师生们讲述"财富与责任"。无独有偶的,紧接着我就受澳门大学赵伟博士邀约,去为全校师生做一场"人生与佛教"的讲座。

其他,像台湾"中央大学"校长曾志朗,曾与我同台讲说;台湾大学校长李嗣涔博士和澳门大学赵伟博士亲自为我主持讲座;在厦门大学90周年庆时,应校长朱崇实先生和传播学院院长张铭清先生之邀,前去和学生们结缘讲话。朱校长对在场四千多位师生说:"当我第一眼看到大师,就想'佛'大概就是这个样子吧!"在台上的我,一时之间难以说话,只有合掌以对。

辅仁大学赠给我名誉法学博士学位时,校长黎建球博士喊我"同学",并且告诉我"应该常回母校走动走动",不禁让我莞尔一笑。

尤其,像香港大学首席副校长李焯芬博士和理工大学的潘宗光校长都皈依三宝,成为佛光人。看到佛教可以提升到进入高等学府,真是令人对佛教的未来充满信心。

讲述完与这些大学校长朋友们往来的点滴,深深感到他们令人敬重的地方实在很多,他们不但是饱学之士,还有一本教育的胸

我与大学校长们

香港理工大学校长潘宗光(左)与香港大学副校长李焯芬(右),皆为皈依弟子(二〇〇二年十一月二十九日)

怀,如沐春风的幽默,并且时常给人尊重,给人鼓励。六十多年来,我从校外走到校内,从台下走到台上,从小学走到大学,从故乡走到世界,感觉自己除了有一点进步之外,更因为与海内外这许多大学校长结了很好的缘分,而感到无限欢喜。

慈眼看人
心怀众生

佛教丛林学院的发展与成就

佛光山佛教学院五十年来的教育,
培育出近三千名青年。
数十年来大家无不克尽职责,
各依所长,
从事文化、教育、慈善、
共修等各种社会服务,
成就了种种的善行美事,
将这股清流带入社会,
我想其影响应该是不言而喻了。

我一生虽然没有进过正式的学校念书，但在寺庙的佛学院里学习过多年，念过南京栖霞律学院和镇江焦山佛学院，但都没有毕业，所以常说自己这一生从没领过一张毕业证书。

　　但是，如果参观过佛光山宗史馆的人，也许会发现，里面竟有一张我的焦山佛学院毕业证书。说来惭愧，那是一九五一年在台湾编辑《人生》杂志时，因为要向台湾省新闻处报备，需要有个资格证明，但我没有毕业证书。在此之前，也曾为了要考驾驶执照，监理所要我出具一张哪怕是国民中学的毕业证书也可以，但我拿不出，只有放弃考试。后来应东初法师邀请，主编《人生》杂志，因为这是他创办的刊物，而他也曾是焦山佛学院的院长，因此就说："你要毕业证书，没有问题，我开一张给你。"这就是目前存放在佛光山宗史馆里那张毕业证书的由来。

现在,如果有人说那张毕业证书是伪造的,这也是事实,因为那是木造纸印的。我在大陆焦山佛学院就读的那个时代,还没有木造纸;但是,如果你说那是造假的,可也不尽然,因为

焦山佛学院毕业证书

到底东初法师是焦山佛学院的院长,由他颁发毕业证书,也是名正言顺。

我自己虽然从小所受教育不多,但对文学、教育一直怀抱热忱;到了台湾之后,除了热心于信徒教育、青年教育、幼儿教育以外,一直很想办一所佛教学院。虽说佛教学院比较不需要讲究规模,但终究还是要有一些起码的条件,因此当时我只有想法,并没有能力实现。

后来大约是在一九六一年左右,屏东东山寺圆融法师正要办东山佛学院,她请了道源法师当院长,真华法师为教务主任,同时也邀请我担任教师。那时,我正在兴建高雄寿山寺,心想,高雄和屏东相距不是很远,每周花个半天、一天前去屏东佛学院授课,也不是什么困难的事,不会造成严重的负担,所以就答应了比丘尼圆融法师。

圆融法师是一位内具菩萨心,外现罗汉相的长老比丘尼,对佛教的教育非常热心。记得那个时候,她还兼任屏东县佛教会理事长。我答应圆融法师担任教师的事情以后,没有数日,她又来找我,很正式的以佛教的礼仪,穿海青、披袈裟向我顶礼忏悔。我一

时错愕,不知道发生什么事情。结果她说:"对不起,道源法师不接受你担任教师。"

我听了也没有生气,觉得道源法师身为院长,当然有权力决定请什么人教书,不过这件事情却激励了我的雄心壮志,我想,你不请我没有关系,我可以自己来办佛学院。所以,一九六五年寿山寺初创不久,在条件不是十分具足的情况下,我就勉强地对外宣布,我要办寿山佛学院了。

寿山寺有五层楼高,但建地只有一百余坪,做为进修的寺院可以,但要成为一个僧伽教育的基地,似乎地方嫌小。但我也顾不了那么多,就聘请煮云法师、慈霭法师、常觉法师、会性法师、唐一玄居士、方伦居士,以及高雄女中的教务主任戴麒先生等人教授课程,我自任院长,并请了宜兰的慈庄法师、慈惠法师、慈容法师等诸位来帮忙学务与教务。

第一年预计招生二十名,但来了二十四个学生,并有许多旁听生。据说来投考的学生,中途被他们的关系人抓回去的也有不少。因为,寿山佛学院的教学很创新,一般人不敢让弟子跟随我。但接着往后几年招生,学生就源源不断地进来。

一座规模不大的寿山寺,哪里能容得下百余名的学生呢?所以,在一九六七年便决定卖出在高雄市大圆环中山一路的"佛教文化服务处",得款后购买佛光山的现址,并以办理佛教学院为己志。关于佛光山丛林学院的发展,这是后话,此处不谈,现在就讲佛学院的老师和我的因缘吧!

先说煮云法师,他是江苏如皋人,一九一九年出生,年长我八岁,但他和我是同学、同届,也是很要好的佛门同参道友。我比他先到台湾,他则是从舟山群岛普陀山,跟随浙江大陈岛的居民到台湾来。我们互通往来,彼此患难相助,他刚来台的时候,在军中担

与寿山佛学院第一届毕业生合影。第一排左起：真悟、依道、慈嘉、会钦；第二排左起：真芳、明实、道观、悟证；第三排左起：依严、慧润、绍莹、性光、普晖、慈怡等法师（一九六七年七月）

任布教师。他也没管军中的制度就自封为"军中布教师"，往来军中各大医院教化。不过，虽然这个职务没有被编制到正规的部队里，但在军队里说法，确实也有其需要；因此，我就经常供应书籍杂志给他，做为他弘法的材料。

后来，煮云法师落脚凤山，他笃信净土，每个月都举办精进佛七，非常受李炳南居士的尊敬。我也给他多所赞助，帮他办讲习会，帮他讲经度众。现在换我要办理佛教学院，他就义不容辞地来担任我的教务主任了。

煮云法师是一位非常有修养的君子，但他的生活习气很多，我经常疾言厉色地责怪他，他从未跟我有过反对的语言。现在回忆起来，实在愧对老友甚多。他在一九八六年圆寂时，我正在美国西

来寺闭关,没有办法回台奔丧,只有用一副挽联来悼念他:

你我同戒同参同学同事同弘佛法,人称同兄弟;
相互忍苦忍贫忍谤忍难忍气吞声,谁知忍别离。

除了请煮云法师教授佛学课程之外,教授梵呗的就是大社观音山住持慈霭法师了。

慈霭法师是江苏东台人,一九一八年生,曾经参学金山江天寺等诸大丛林,对于佛教的唱诵佛事无比娴熟。像是放焰口,他可以闭起眼睛来把焰口的经文倒背如流;对佛教的法务能熟悉到如此程度,我一生再也不曾见过像他这样的高手了。

那时候,观音山大觉寺也正在开山发展中,每次来上课之后,我留他吃饭,他都觉得没有时间,匆匆要赶回观音山。因为中午正是游客参访最多的时候,他担心道场的功德箱没有人看守。我就想到佛教的出家人,为了修建道场,劳心劳力,奉献一切,真是难能可贵。

对唯识学颇有研究的常觉法师,则为学院讲授《百法明门论》、《唯识三十颂》、《成唯识论》、《摄大乘论》等唯识课程。他是福建晋江人,一九二八年出生,曾经编辑《狮子吼》、《海潮音》等佛教杂志,并且在《狮子吼》停刊半年后,又接任主编八年。

籍贯台湾新竹的会性法师是客家人,一九二八年出生,从小就依止狮头山圆光寺学习。当年同时出家的数十名沙弥,后来仅存他一个人,独自在佛教弘法的道路上放光。他是台湾佛学院毕业,在狮头山连续闭关九年,对于佛教教理,如:《天台四教仪》、《教观纲宗》娴熟无比,对佛教的戒律也非常精通,著有《大藏会阅》、《菩萨戒本经讲记》等。据他告诉我,后来白圣法师在台湾各处传戒,都是用他的这份戒本。

唐一玄居士

方伦居士

除了这四位法师以外，唐一玄居士更是佛学的专家。他是军医院的院长，江苏青浦人，一八九二年出生，对佛学的专书著作很多，如：《中国古代哲学史条目》、《重订无相颂讲话》、《禅门剩语》、《法华经补述》、《六祖坛经条目》等，是一位佛学素养非常深厚的佛教学者。

同样服务于军中的方伦居士，是福建福州人，一八九六年出生。他是海军军舰的轮机长，每回航海的时候，都把《大藏经》搬到船上研究阅读，所以他的佛学基础非常深厚。著有《大乘起信论讲记》、《禅话与净话》，以及初级、中级、高级《佛学教本》等。

此外，为佛学院教授国文的，是当时省立高雄女中很有名的教务主任戴麒老师。戴老先生，安徽定远人，曾经担任湖南教育厅秘书、"教育部"科长，主要教授"中国文学"。

虽然我们佛学院的规模不是很大，但是因为有这么多名教授、名家担任老师，学生进步很快，程度都很相当，如慈嘉、慈怡、心如、依严、慧哲、性滢、普晖等,都是非常优秀的学僧。

从寿山佛学院,到后来佛光山东方佛教学院、丛林学院,邀请来院授课的老师,陆续还有水月法师、慧天法师、杨白衣居士、张培耕居士等。

水月法师常住台南湛然寺,他是河北昌黎人,一九二八年生。他对因明的研究十分了得,在学院为学生教授"因明学",也曾编辑过《因明》杂志,并有《因明文集》、《古因明要解》等著作出版。而做过陆军军官学校教育处处长职务的慧天法师,则给同学教授"国文"、"佛教应用文学"等。

获得日本佛教大学博士学位的杨白衣居士,则是教授《俱舍论》,有《俱舍、成实宗史观》、《印度佛教概说》等著作出版。他是台湾高雄人,一九二四年生,夫人杨林宝璧女士,曾经参与佛光山的编藏工作,协助日文资料的翻译。

除了佛教名家外,曾担任过县长、校长的钟锦德(湖北广济人),也来教授"中国通史";信仰天主教、毕业于国防医学院的孙辉医生(湖南新化人),教授"理则学"、"逻辑学";还有陆军官校陈义明教授英文,以及同校的一些老师等,都替学院教授"世间学"。

另有各大学的教授,也曾来佛教学院授课。如台湾大学的杨国枢、陈鼓应、李日章、李亦园、林正弘、游祥洲等,东海大学的蓝吉富,中兴大学何伯超、王淮,成功大学的唐亦男、阎路,高雄师范学院国文老师黄静华,以及著有《中国思想史》的韦政通教授讲《四书》。师范大学的吉广舆,不仅为学院授课,还曾担任佛光出版社社长。政治大学的郑石岩教授,从小就在宜兰雷音寺进出,听闻佛法,并且担任佛光会檀教师,有多本禅修、心灵咨商的著作。

除此,还有多年在佛光山教书的加州圣地亚哥州立大学华珊嘉教授,专长"中观"的意大利桑底那教授,长于"文献学"的美国

为培养人才,礼请多位教授至学院授课。与钟锦德(左一)、熊养和(右二)、戴麒(右一)等教授合影(一九六五年)

兰卡斯特教授,译有《禅学的黄金时代》的吴怡教授,日本诸大教授如:镰田茂雄、平川彰、中村元、水野弘元,以及斯里兰卡凯拉尼亚大学(University of Kelaniya)副校长阿那努达法师等等,其中阿那努达法师还曾于一九九二年,当选国际佛光会世界总会的副总

于丛林学院女众学部圆门对同学开示（慧延法师摄，二〇〇八年九月十八日）

会长。

因为办佛教学院而请来的诸位老师们，他们对于推动人间佛教也多所助力，如北京大学楼宇烈教授、中国人民大学方立天教授、四川大学陈兵教授、南京大学赖永海教授，以及复旦大学王雷泉教授、上海师范大学方广锠教授等等，一时之选都集中在佛教学院。那时候为我接待老师、处理学生学务的助手，都是慈惠法师，可以说，她从年轻到现在，对台湾佛教的学院教育所付出的心力，应该是劳苦功高，贡献良多。

五十年来，还有好多的老师，如月基法师、圣严法师、净空法师、熊养和、萧武桐等百多位，都与我们的佛教学院结下殊胜的因缘。

佛光山分布于海内外弘法的弟子,都是经过丛林学院的教育养成。图为参加"二〇〇三年主管讲习会"的海内外徒众,大家合影于佛光山丛林学院四十坡。我左侧为:慈惠、慈容、依严、依敏、永平、依培、永富、满益等法师;我右侧为慧宽、慧龙、慧法、慧同、慧义、慧光、慧昭、慧得、慧延等法师(二〇〇三年五月十八日)

那个时候,一般的佛教学院,大都是一所寺庙发心,三年办一届就结束,甚至有的寺院是隔三年后,再继续办一届,这就如同中国私塾教育,只做阶段性的传授,要像现代教育有规模的方式教学,一年级、二年级、三年级循序渐进,有次第的进阶升级,恐怕其他学院难与五十年弦歌不断的佛光山丛林学院相比了。

佛光山丛林学院,后来又分为男众学部与女众学部,并从本山延伸出去,有:台北女子佛学院、基隆女子佛学院、彰化福山佛学院、嘉义圆福佛学院、屏东佛学院等。甚至发展到海外,有印度佛学院、香港佛学院、马来西亚东禅佛学院、澳大利亚南天佛学院、美国西来佛学院、北海沙弥学园、英文佛学院、日文佛学院、非洲佛学院等,佛光山对于佛教教育的推动,可以说,一直是不遗余力地在关心、奉献。

如今回忆起五十年来佛光山所办的佛教学院,应该是有些微的成就,尤其对人间佛教的弘扬,应该也发挥了一定的影响与贡献,现在只约略举出几点。

人才培养的成就

佛光山五十年前开始办的第一所佛教学院,在最早期,大部分学生是国小毕业,国中程度的很少,只有一位道观是高中毕业。但是五十年后的今日,佛学院的学生几乎都是大学毕业,很少有高中毕业的。

从佛光山佛学院毕业的学生,继续深造的七八百人当中,取得硕士、博士学位的,就有两三百人。而硕士、博士毕业生散布于澳大利亚、智利、巴西、加拿大、美国、英国、马来西亚、新加坡、日本等国家及大陆、台湾的学校。他们不仅提升了佛教界的学历纪录,也拥有实际的学力,对于佛教的传播都发挥了很大的贡献。

现在,这许多人已经在世界各个大学执教,分别担任教授、副教授、讲师不一。除了在大学任教的这许多人才以外,还有担任人间佛教读书会执行长的觉培,人间通讯社社长的妙开,人间卫视的总经理觉念,佛光出版社的永芸、满济,《普门学报》主编满果,国际翻译中心总编辑依超、公益信托教育基金执行长觉元,国际佛光会世界青年总团慧传,人间佛教研究院妙凡,国际英文弘法讲师妙光等,以及至少有数十种以上的语言在全世界讲说佛法,其他也在全世界七十多个国家的各个别分院分任住持、监院。

当然除了本山派下的徒众外,友寺道场派遣来学习的学生,毕业后也在海内外各有发展。像尼泊尔籍的毕业生本连法师,二〇一二年十二月,她的常住道场尼泊尔加德满都圆满大寺(Shree

Pranidhi Purna Maha Vihar）举行僧寮落成典礼,她表示,记得十余年前在佛光山参学时,曾在开学典礼中听我期许外籍学生一段话:"你们每个人都是一颗种子,将来要成为一棵大树,回到自己的国家弘扬佛法。"听闻的当下,她发愿要返国弘法。如今,她果然将佛学院所学应用,协助常住道场复兴,实属难能可贵。

因为人才的培养,扩大了弘法的功能,菩提种子可以说遍满全世界,真正实践"佛光普照三千界,法水长流五大洲"。

僧信教育的普及

由于佛光山重视办教育,因此僧众当中,像慧开、依空、依法,他们当初并非一开始就是佛教学院的学生,而是来参加"大专佛学青年夏令营"的活动,因为这样的因缘,而到山上接受佛法教育。时至今日,已成为佛教界重要的中坚分子。

除了前面所说,从佛光山本山丛林学院分布出去的分院,多达十六所外;现在佛光山主办的社会大学有西来大学、南天大学、佛光大学、南华大学;另有普门中学、均头中小学、均一中小学、慈航托儿所、慧慈幼稚园、小天星幼稚园等,目前都由佛教学院的毕业生担任驻校董事,配合校长们发展校务,或者在大学中任教。如慧开法师,担任南华大学的副校长、代理校长,并且应佛光大学杨朝祥校长之请,专任佛教学院院长。

从一九七〇年开始,佛光山成为第一个创办中华学校的佛教团体。目前,无论在西来寺、南天寺、中天寺、新西兰佛光山等,共有八十所以上,不只让海外华侨子弟有学习中文的机会,同时也成为当地文化交流的重镇。

当初创办寿山佛学院的时候,打破传统佛学院不成文的规定,让在家徒众可以入学,即使不出家,也可以学习佛法。因此,佛教

学院的许多人才,更能普被于社会。

此外,在教育的推广上,还有两千多个读书会,不计其数的佛学班,更设有胜鬘书院、社区大学、人间大学、都市佛学院、电视佛学院、网络佛学院、远距教学,及专为长者开设的乐龄大学,乃至开办各种短期培训班,如行政秘书、生活美学、社会福祉、蔬食餐饮以及佛陀纪念馆培训班等。

对于徒众的进修,我也非常重视,每年举办的徒众讲习会,全世界各地的徒众都要回到佛光山充电学习,进而再次出发,承担如来家业。而定期举办的职事进修课程、全球同步佛学会考,更是提供大家充实佛学涵养的机会。

从传统佛学院走到都市佛学院,以及因应时代需求的多媒体

与马英九先生及佛陀纪念馆培训班的佛光小姐们,在礼敬大厅三楼合影(二〇一二年一月二十五日)

教学和培训班,僧信教育随着社会变动而转型,但并不离开佛法,不离开接引青年入佛门。

青年参与的活跃

五十年来,前来佛教学院读书的学生们,具有多元的学习背景,如:医生、护士、教师、警官、艺术家、建筑师、会计师、空中小姐等,也涵盖来自世界各个国家的人士,俨然成为一个小型联合国。

学生们各有专长,无论是国际会议的召开、文化书报的出版、梵呗唱诵、行政规划、急难救助等等,他们在佛教的弘法事业上,都发挥了各自的长才。他们跟随我到处参与上万人的讲座,五十年来至少办了上百场,从台北"国父纪念馆"、香港红磡体育馆、新加

身为国际佛光会世界总会总会长,于台北"国父纪念馆"讲经,佛光会员、青年团与童军团合唱(二〇〇二年十一月一日)

坡国家体育馆到马来西亚莎亚南体育场等,都有他们的身影。

目前在全世界将近有两百个佛光青年团,在台湾几乎每个大专院校也都有佛光香海社团。佛光青年团曾经在马来西亚办过八千人的青年大会,每年的青年夏令营、生命禅学营、国际青年会议等活动,更是吸引世界各地上千人次的青年参加。

早期在台湾举办的青年公益服务,现在更是扩大至海外,举凡菲律宾、印度、巴西等国家,每年寒暑假,都有佛光青年行佛的足迹。尤其,青年团的青年们还曾在日内瓦联合国总部举办"二〇〇七年国际佛光青年会议",这在佛教史上,可说是前所未闻的事。

此外,青年服务组织、青年舞蹈团,以及青年体育活动等,也热烈地在各地展开。如:妙素法师带领的佛光女篮队,成立未久,屡获佳绩;觉诚法师在巴西如来寺成立的"如来之子"足球队,甚至普门中学体操队,更是全台体操竞技的常胜军。

一九九六年时,我曾提议在世界各地别分院成立"佛光童军团";到了二〇〇〇年,"佛光童军团"终于正式挂牌成立。这是佛教首创的全球性童军团,目前已扩展到世界各地。

现在,在佛光山上,青年集会活动的年龄层,大约都在二十岁至三十岁左右,有数千人之多,并且经常举办,几乎一年都有几十次。青年的活跃,在各种弘法活动中发光发热,也可以说是佛教学院的成就之一。

艺文布教的影响

在佛光山所创办的佛教大学设有艺术研究所,本山徒众也有不少人是从其他大学艺术系所毕业,因而负责佛教艺术的推展、舞蹈的活动等。如:佛光大学艺术研究所毕业的如常,现在担任佛光缘美术馆总部的总馆长。徒众之中曾经学习漫画、书法及其他艺术专业的,亦不在少数,例如曾在东京学习的道璞,以及曾在北京学习的慧宜等,对艺术绘画都有所长。

由于有这许多佛教的人才可以广为兴办佛教的艺文事业,如扬州鉴真图书馆、佛光缘美术馆、佛教文物陈列馆、各种文教基金会等,使得佛教的艺文得以弘扬,而能展现出佛教内涵的多元性。

为了鼓励社会大众的阅读风气,一九八一年,佛光山设立了民众图书馆,让来山参访的信众能借阅佛教的书籍,让入宝山的人皆能得到法宝而归。后来,只要是佛光山的别分院道场,都会设立一间或两间的图书馆、阅览室,乃至因应时代而产生的"云水书坊"行动图书馆,让民众可以随车借阅图书,随时阅读。

目前佛光山在全世界计有上百间的图书馆,大大提升了社会人文的气息。尤其,佛光山佛光大学的图书馆"云五馆",藏书丰富。此馆因王云五先生的公子王学哲先生,慨然捐出王云五先生八万余册藏书而命名。

云水书坊行动图书馆授旗启动典礼于台北大佳河滨公园举行,现场有五十部书车及八部云水护智车共同宣示启程,将智慧送到偏远地方,让小朋友从小阅读扎根(邓淑明摄,二〇一二年十一月九日)

此外,佛光山在大陆扬州所捐建的"鉴真图书馆",采中国唐式建筑风格,加上定期举办的"扬州讲坛",邀请名家演绎中国古典、文化、历史、教育、当代议题等,五年来场场爆满,座无虚席,亦成为当地一景。

呈现佛教真善美的佛光缘美术馆,从一九九四年开始,陆续在台北、台南、高雄、美国洛杉矶、法国巴黎、澳大利亚悉尼、新西兰,大陆的苏州、扬州、宜兴等地成立,目前全世界共有二十多所美术馆,相继邀请上百位的艺术家、画家展览其作品,并巡回世界展出。如:高尔泰的"禅画系列"、李自健的百幅"人性与爱"画作、杨惠姗的琉璃佛像展等。我们尤其鼓励当地艺术家,能多加利用佛光缘美术馆,让美好的艺术增添世界的美丽。而我的"一笔字",也承蒙大家的爱护,已在佛陀纪念馆内的美术馆常设展出。

一九八八年设立的"财团法人佛光山文教基金会",是佛光山为庆祝开山二十周年时,举办念佛行脚托钵法会,所得净款悉数用以成立的。多年来举办各种文化活动,回馈社会,像是公益性的演讲、国际性佛教学术会议、奖助佛学书刊发行、辅助佛教人才出去进修、弘法等,不胜枚举。在二〇〇五年,佛光山文教基金会更与香港中文大学合作,成立"人间佛教研究中心",专门研究人间佛教的发展与成果。

以上这许多美术馆、图书馆的馆长,以及基金会的执行长,也都是由佛教学院毕业的学生来承担。

佛教音乐的提倡

多年来,佛光山经常以音声做佛事,鼓励青年以音乐弘法。因此,从佛教梵呗的赞颂,到佛教歌曲的普遍传唱,佛教学院毕业的人才都参与其中。

一九七九年成立的"佛光山梵呗赞颂团",结合了佛教的梵呗、敦煌舞蹈、中国国乐,从传统到现代,融和东西方文化,呈现佛教梵呗之美,把佛教音乐推向了国际舞台,如美、加、澳、新等三十多个国家,数度巡回于世界五大洲,在世界著名的音乐厅演出。包括:洛杉矶柯达剧院(Kodak Theater)、纽约林肯中心(New York Lincoln Center)、澳大利亚悉尼国家歌剧院(Sydney Opera House)、伦敦皇家音乐厅(London Royal Theatre)、德国柏林爱乐厅(Berliner Philharmoniker)、科隆大教堂(Kolner Dom)、日本山多利音乐厅(Suntory Hall),以及北京中山音乐堂、上海大剧院、香港红磡体育馆等,香港著名艺人梅艳芳、谭咏麟、郭富城等,也曾于现场献唱佛教歌曲。

佛教音乐的提倡,是为了让佛曲更加普遍,佛光山自二〇〇三

佛光山自二〇〇三年开始,每年举办"人间音缘"征曲比赛,著名歌手潘越云、陈晓东、江淑娜、萧煌奇、坣娜、J.S.乐团等皆曾演唱过"人间音缘"佛教歌曲

年开始,每年皆举办"人间音缘"征曲比赛,著名歌手潘越云、陈晓东、江淑娜、萧煌奇、坣娜、J.S.乐团等皆曾演唱过"人间音缘"佛教歌曲。目前全世界已有三十多个国家地区,以三十余种语言在传唱"人间音缘"的佛曲,不但遍及世界舞台、校园,甚至深入各监狱及看守所。尤其其中一首《和谐》(Hamonize),更成为联合国活动指定曲。

此外,菲律宾佛光山艺术学院师生,虽然多数信仰天主教,但他们将我写的《释迦牟尼佛传》搬上舞台,以音乐剧的方式,巡回演出英文版"佛陀传——悉达多太子",造成相当大的轰动,并受邀到世界巡回演出。

其他各种国乐班、二胡班的设立,"人间音乐梵乐团"的成立,以及南华大学的"雅乐团",不只复兴了快要凋零的中国古乐艺术,也成为全台湾唯一的宫廷乐团。

以佛教音乐推动弘法,不仅唱出生命的慈悲与智慧,也让佛教学院的学生,就这样把佛教梵呗音乐传播十方。

文化出版的发展

早期我们在台北三重创设的"佛教文化服务处",从一九五九年就开始出版佛教相关书籍,并且流通佛教文物。后来,佛光山更成立了佛光出版社、美国佛光出版社、马来西亚佛光出版社、上海大觉文化、香海文化、普门学报、人间福报、如是我闻、人间卫视、佛光山电视中心、人间通讯社等出版单位,致力于佛教文化出版品的推展。

此外,由张少齐居士创办的《觉世》旬刊,一九五七年由我担任总编辑,从发稿、写稿、编排、校对、发行,都一手包办。佛光山成立佛教学院后,学生也开始参与其中的编辑工作,慈怡、依晟、永芸、满光等就曾先后替我担任编辑。尤其每到《觉世》旬刊发行日,学院学生便会一起出坡,帮忙套封套、贴地址、打包、邮寄等,忙得不亦乐乎。

后来《佛光学报》、《普门》杂志、《普门学报》等相关期刊,数十年来持续发行编辑。以及二○○一年编纂的《法藏文库》,汇集海峡两岸的硕、博士佛学相关论文,成为主要的参考文献,这当中,佛学院的毕业生都扮演着重要的角色。

从一九五五年的"影印大藏经环岛宣传团",由我担任领队开始,佛光山始终积极参与佛教大藏经的推广与流通。以前的佛教经典,多数没有分段、标点,因此我开始倡印"每月一经",将经文重新分段、标点,并且印行流通。

之后,一九七七年,佛光山发起成立"佛光大藏经编修委员会",将历代版本经典重新整理,加以校勘考证、分段标点、释译名相,编纂《佛光大藏经》。《佛光大藏经》共分为十六大类,目前已完成编纂的有《阿含藏》十七册、《禅藏》五十一册、《般若藏》四十二册、《净土藏》三十三册、《法华藏》五十五册等。

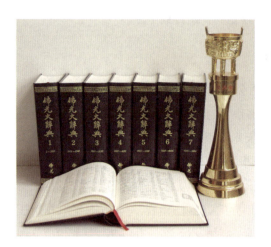

《佛光大辞典》荣获"一九八九年度图书综合类金鼎奖"（一九九〇年一月十一日）

其中，《佛光大辞典》历时十年，广邀名家学者，各国佛教语言专家，共七百万言，由慈怡主编、数十位佛光山比丘尼共同参与，不仅易于使用，方便查询佛教名相，并被誉为"佛教百科全书"，一九八九年更荣获图书"金鼎奖"。

除了纸本印行的藏经，佛光山亦投入将佛典数位电子化的工作。一九九五年"佛光山电子大藏经"正式成立，透过现代科技，利用网络的力量，将佛教经典无远弗届地传播。

此外，"佛光出版社"所发行的佛教图书，《佛光教科书》、《高僧小说》、《高僧漫画》，以及一百三十二册的《中国佛教经典宝藏精选白话版》等，都将佛教经典、论述，以通俗能懂的白话翻译，并且注释解说。"佛光出版社"所发行的图书，目前已多达百本得到优良图书、文艺奖、漫画金像奖等，不一而足。

由"香海文化"发行助印的《佛光小丛书》、《人间佛教小丛书》，由于版型精巧，小篇幅的介绍佛教相关内容，易于携带，便于阅读，都让佛法义理更广为流通。

参与各种期刊、杂志的编辑发行，就更多了。例如，上海大觉文化出版的《大觉通讯》、佛光缘美术馆出版的《佛光缘美术馆馆讯》季刊，二〇〇三年八月创刊至今也近四十期。刚落成的佛陀纪念馆也发行了馆讯;而国际佛光会世界各地的协会、分会编辑出版的《佛光世纪》,那就更多,而无法一一去细述了。

至于外文部分,位于美国西来寺的"佛光山国际翻译中心",负责佛教经典翻译工作,文字多达二十余种。而美国"佛光出版社"除了参加美加地区国际书展外,更积极参与国际各大书展,如:法兰克福国际书展、日内瓦国际书展、阿根廷国际书展、美国国际书展等。而其他在葡萄牙、印度、巴西等,也都在别分院设有翻译中心,无形中也促使佛教经典更加广为弘传。

一九九七年"如是我闻"成立,其因缘应可追溯至一九五七年。当时,我带领宜兰"青年歌咏队"灌录佛教音乐,完成六张十英寸的唱片,内容有二十余首佛曲,可以说是佛教空前创举。后来"如是我闻"发行佛教梵呗音乐,让梵音更普遍流传,并多次获得金曲奖的肯定。

在电视媒体部分,一九九七年成立"佛光卫星电视台",传播净化社会公益资讯;后于二〇〇二年更名为"人间卫视"。除了弘扬佛法,并且传播关怀社会、关心世界等议题,目的是希望为社会带来祥和欢喜,成为传播正面讯息的佛教电视台。多年来多次入围,多次获得电视金钟奖。

而二〇〇〇年创刊至今,已持续发行十三年的《人间福报》,每天不只送到数十万个家庭里,也普及到学校、监狱、便利商店,甚至火车、高铁、飞机上,甚至由《人间福报》发起的"素食博览会",已举办多次,广受好评,对社会提倡素食节能减碳的风气,也有一些带动的作用。

二〇一二年底,已成立十二年的佛光山"人间通讯社",终于通过申请正式立案。过去我们一提到通讯社,总是想到俄罗斯的俄塔社,美国的美联社,英国的路透社,法国的法新社,台湾也有个"中央

佛教第一家电视台"佛光卫视电视台"(今更名"人间卫视")于台北林口体育馆举行开台典礼(一九九七年十二月十四日)

社"等,各自代表新闻消息的可靠。现在,我们也期许人间社未来能够跻身到世界有名的通讯社中,为佛教在新闻界里争取一席之位。

这些毕业的学生,无论是个人出版品、编印藏经、翻译经典、编辑报纸、策划书展、录制广播节目、电视制作等,他们发挥所学,将其专长运用在文化出版方面,成为延续佛教文化的一股力量。

慈善事业的推动

这几十年来,也有不少学生毕业后,留在佛光山协助佛教的慈善事业服务,像是大慈育幼院、佛光精舍、宜兰仁爱之家、云水医院、佛光诊所施诊、施药等,以及接受政府委托管理的高雄凤山"崧鹤楼"老人公寓。此外,又设立宗教心灵咨询的服务,并在佛光山万寿园设有六间安宁病房,也有多位毕业生像曾经担任护理长的满益、妙僧,包括早期的慈容法师、依宏法师、依来法师以及在老人公寓服务过的黄美华、萧碧凉师姑等,分别负责慈善工作,带领信徒穿梭在各大医院担任义工。

一九六七年,宜兰县政府请我接办由基督教创办的宜兰"仁爱救济院",后来更名为"仁爱之家"。一九七一年由甫从东方佛教学院毕业的依融、绍觉前往服务,他们一举手发心,就过了三十余年。

佛光山从早期寿山寺的"慈善堂",到后来的"慈善监院室",升格为"慈善院",对于慈善事业的重视,将慈善事业列为佛光山的"四大宗旨"之一。而负责统整所有慈善福利事业的"佛光山慈悲社会福利基金会",则在一九八九年正式成立。从抚孤育幼、敬老安养、疾病医疗到年老往生,让生、老、病、死皆有所怙,发挥佛教慈悲济世的功能。

政府核准立案"财团法人佛光山慈悲社会福利基金会",服务范围遍及全球

此外，海外的别分院道场也各自设立急难救护队、托老中心、松鹤班，包括由马来西亚国家认证的"马来西亚急难救护队"，在巴西设立的"如来之子"，以及在非洲、印度设有孤儿院等。世界重大的灾难救助，如台湾"九二一"大地震、美国"九一一"事件、南亚海啸、四川大地震、日本"三一一"大地震等天灾人祸，也不畏艰难地给予救助。

监狱的弘法教化，让受刑人有学习佛法，改过向善的机会，从台湾到美国、澳大利亚、新西兰的监狱等，几乎都有佛光人施与慈悲喜舍的爱心。尤其台湾的戒毒村，佛光山的徒众长期做辅导工作，这是马英九先生经常赞叹的一件事情。

道场度众的弘扬

关于道场的部分在此就不容赘述，但因为传播佛法的影响，各地兴起了学佛的风潮，现在，佛光山在全世界已有将近三百所道场，最大的是非洲"南华寺"，汽车绕行一圈，需要十五分钟。而在纽约州有"鹿野苑"，每年举办青年、儿童及修持活动；在瑞士邻近联合国之处设有"佛光山日内瓦会议中心"；日本富士山下本栖湖畔则有"本栖寺"等，各别分院道场不只各具特色，发展国际佛教，佛教学院的学生都发挥了弘法利生的力量。

不论是定期法会，或是社教课程，道场的功能已经逐渐扩增。从过去的拜佛、求佛，到现在提升信仰的内涵而成为"行佛"；城市里佛教道场的转型，让工作忙碌的现代人，随时可以闻法礼佛。而佛光山弘扬的人间佛教，一向关心社会发展需求，因此增设了许多服务，像是为新移民的妇女上课，以及在美国设立探亲接待站、陪伴小朋友的月光陪读计划，乃至心理咨询、生命线等，可以说，没有休假日的佛教道场，随时普门大开。

鹿野苑举办三日禅修课程,让学员于山中林间习禅、经行、思维(二〇〇三年四月二十五日)

在澳大利亚,当地政府为感谢佛光山对社会的贡献,特地捐献土地,邀请佛光山设立教育慈善的单位。在荷兰,当地的侨领也吁请政府捐地给佛光山建立道场,因而有了"荷华寺"。马英九先生至荷兰访问时还曾说:"佛光山的别分院不但正派,而且俨然就像一个驻外的代表处。"

义工菩萨的发心

二十一世纪的新世代,影响社会发展最伟大的力量,便是有情有义的发心义工。义工,以仁义的胸怀为人服务,全力以赴地从事义务性的工作,以服务人群、造福社会为目的。而所有佛教学院的毕业生,都是佛教、大众的义工。从各种福利社会的慈善工作、急难救助、道场弘法,乃至为了筹募大学建校基金义卖粽子、月饼、豆腐乳等。尤其,从一九九六年发起"百万人兴学委员会",每人每月一百元赞助兴建大学,而有了"百万人兴学"的滥觞,至今已有超过五十万人的参与。义工们发光发热,展开各种的兴学活动,像是资源回收、义卖、义唱等,无怨无悔的付出,无私无我的奉献,只为佛教事业尽一己之力,为社会净化尽一善美的力量。

此外,道场的法会布置、香灯,大寮的香积菩萨,或者是活动的主持司仪,《人间福报》的推广,捐血活动的推动,急难救灾的援助,以及佛光山每日供应的平安粥(腊八粥),弘法活动中的引导、文宣、服务等等,皆有义工的身影穿梭其间。虽然忙碌,但脸上洋溢着灿烂、光彩的愉悦笑容,是人间最美好的供养。

为此,佛光山针对义工办有专门的培训进修课程,如青年义工、交通义工、知宾义工、编藏义工、导览义工、编采义工、摄影义工等等讲习,鼓励大众参与,并有义工时数认证登记,奖励发心护持的义工,成为佛教的护法。义工在寺院不只可以为佛教奉献,更可以发心当师姑、教士。义工发心的力量,落实为菩萨道的实践,带给大众无限的欢喜。

从经典中,我们可以知道,佛教的诸多菩萨都是我们效法的义工,可以说,诸佛菩萨是众生的义工,而义工则是人间的菩萨。担

佛光山第十三期青年义工研习营开营典礼(二〇一二年七月七日)

任义工可以获得诸多的利益,例如:增加自信、快速成长、结交朋友、广结善缘、发掘才能、勇于承担、解行并重、自利利他等。长期以来,佛光山佛教学院的学生,大家都愿意做个不请之友,并且成为义工的义工。

公益弘法的进行

现在,在全世界近三百所佛光山别分院道场,每个星期六晚上七点到九点,同时举办共修法会,诵经念佛,从不间断。所有的传教师,以华语、英语、日语、韩语、西班牙语、葡萄牙语、法语、德语等数十种语言,在全世界展开传教。这许多传教师,从寺院到社会,从佛殿到家庭、学校、监狱布教。佛法的传播不只限于寺庙道场内,随着弘法活动的拓展,也开创佛教走出去的因缘。

一九九二年在美国洛杉矶成立的"国际佛光会世界总会",是一个由信众组织的佛教团体,属于全世界所有佛教人士所有。佛光会所举办的各种活动,包括慈悲爱心列车、三好运动、成年礼、佛化婚礼、菩提眷属祝福礼等,甚至在香港、马来西亚、新西兰、澳大利亚等地,都曾创下从十几万、二十万到六十万人共同庆祝佛诞节的纪录。

为净化社会人心,匡正社会风气,一九九二年佛光会举办"把心找回来"公益活动,在三个月的系列活动中,陆续邀请名家学者联合举行数十场讲座,呼吁大众关怀生命。

一九九四年,国际佛光会倡导"净化人心七诫运动",举行篮球义赛。此外,从多场的佛学讲座,到校园弘讲,佛法的传扬更为流通普遍。而佛光会的檀讲师、檀教师,更是发挥在家信众弘法的力量,将佛法多元化、通俗化的传布,让社会普罗大众皆能领受佛法要义。

而在二〇〇三年,佛光会更成为联合国非政府组织(NGO)中唯一的华人佛教民间团体。二〇一一年适逢辛亥革命百年,"文建

出席第一届"佛光杯国际大学女子篮球邀请赛",赛后与佛光球员合照。我左侧为佛光大学校长杨朝祥,右侧为三好体育协会会长赖维正(陈碧云摄,二〇一〇年九月二十九日)

会"特于佛光山佛陀纪念馆,举行"爱与和平宗教祈福大会",跨越宗教界线,十多个宗教代表齐聚,为世界和平祈福。

　　佛教对于社会公益一向不遗余力地推动,为了尽一己绵薄之力,我把多年来个人著作的稿费及版税所得三千万元悉数捐出,在二〇〇八年成立公益信托教育基金,鼓励社会公益,推动社会清净善美风气。近年来已陆续举办"真善美新闻贡献奖"、"卓越教师奖"、"三好校园奖"、"全球华文文学奖"、"教育奖"等,积极响应国际佛光会推动的"三好运动",希望借由真善美的三好精神净化社会,甚至在文化、体育、戏剧等各个专业领域具有特殊成就者,皆是公益基金奖助的对象。为了避免基金日益匮乏,我把自己"一笔字"的义卖所得,悉数捐作公益基金使用。

　　佛光山在二〇〇九年申请成立"三好体育协会",发扬体育教育的价值,推广全民体育运动,健全身心,借由运动竞技接引青年学佛,接着亦曾举办"佛光杯国际大学女子篮球赛"、"佛光杯两岸大学女子篮球邀请赛"等。这是台湾第一个由民间公益团体所举办,以女性运动员为主的国际篮球邀请赛。

除了公益弘法活动，佛教学院的学生更是支援、参与了佛教的诸多重要发展。像是二〇〇六年三月，我应邀到享有"千年学府"之誉的湖南长沙"岳麓书院"讲说"中国文化与五乘佛法"，创下第一位出家人到此讲学的纪录。数年后，南京大学为研究弘扬中华传统文化，成立"中华文化研究院"，我乐见其成，捐出个人版税所得三千万建设"佛光楼"，期望弘

应邀至湖南岳麓书院讲学，于院门前留影（石磊摄／佛光缘美术馆提供，二〇〇六年）

扬中华传统文化，成为人间佛教研究中心，为振兴中华文化贡献力量。

此外，多次举办的佛教论坛，像是二〇〇六年于扬州鉴真图书馆举行的"世界佛教大学会议"，以及二〇〇九年举办的"世界佛教论坛"，集聚世界各国佛教大德、学者共同研讨佛教义理，为佛教写下新的一页。

佛光山佛教学院五十年来的教育，培育出近三千名青年。数十年来大家无不克尽职责，各依所长，从事文化、教育、慈善、共修等各种社会服务，领导信徒，鼓励义工，成就了上述种种的善行美事，将这股清流带入社会，我想其影响应该是不言而喻了。

我与佛教学术活动

多少的学术论文,
你议论我的,我议论你的,
他们为了逞一时研究之快,
而让佛教受到莫大的损害。
我不是一个反对学术会议的人,
而是希望"学术会议"能站在佛教的立场,
对佛学是真正有研究、有发挥、有胜解的。
但很遗憾的,我们不容易达到这个目标。
有感于此,
佛光山从一九八二年十一月开始,
每年也开办起佛教的学术会议。

我不知道佛教的学术会议是什么时候开始,由什么人发起的。

所谓的"佛教学术会议",其实我对于"佛教学术会议"这几个字,是不完全认同的。因为佛教讲求的是信仰,在信仰里面,你可以提出心得讨论,但是如果变成"学术会议",有些学者不是站在信仰的立场来研究,反而把很多的议论,加上他个人的解释,甚至批判、比较,就会使圣教受损。

由于他高举"学术"的名义,也没有佛教徒敢跟他抗争,所以多少的学术论文,你议论我的,我议论你的,他们为了逞一时研究之快,而让佛教受到莫大的损害。

我不是一个反对学术会议的人,而是希望"学术会议"能站在佛教的立场,对佛学是真正有研究、有发挥、有胜解的。但很遗憾,我们不容易达到这个目标。有感于此,佛光山从一九八二年十一月开始,每年

佛光山与日本、韩国共同举办第五届"国际佛教学术会议"开幕典礼(一九八二年十一月二十三日)

也开办起佛教的学术会议。

国际佛教学术会议

　　佛光山第一次承办的学术会议,是韩国"大韩传统佛教研究院"的院长金知见博士发起的"国际佛教学术会议"。过去他们曾在韩国、日本召开过会议,到了第五届,金知见博士提议,想到佛光山举办,我有感于推展国际佛教的重要,就欣然答应。

　　会议中,邀请到日本的名学者如中村元、水野弘元、水谷幸正、木村清孝、镰田茂雄,韩国的金三龙、闵泳珪、赵明基、韩钟万,台湾的净心法师、圣严法师和杨白衣、游祥洲等十七位学者,以"亚洲佛教的源流"的主题发表论述。

　　这次学术会议在佛光山的东禅楼举行,虽有十六篇论文发表,但是观礼的人数并不多,所以没有在佛教界引起很大的回响。

世界佛教青年学术会议

佛光山的第二次学术会议,是一九八五年在麻竹园召开的"世界佛教青年学术会议"。

这场会议由泰国世界佛教徒友谊会青年会的会长帕洛普(Phallop Thaiarry)先生主导,委托佛光山筹办,由世界佛教青年会副会长游祥洲先生担任总联络人。

虽然说是"世界佛教青年学术会议",实际上应邀前来的有"世界佛教徒友谊会"的会长善雅达玛萨教授,以及各个国家和区域的副会长,可见其受国际佛教界重视的程度了。

发表人当中,有不少南传佛教的比丘及学者,如:泰国的苏吉比潘亚努巴(Sujib Punyanubhab)、耀康法师,斯里兰卡的维摩拉法师,印度的昆达拉法师;其他还有世界各地的参与者,如马来西亚的玛兴达法师(Rev. Mahinda)、继程法师、许子根博士,奥地利的卓培尔法师(Rev. Gelong Thupten Chophel)、英国的世友先生、日本的松永然道、意大利的士登朱特林法师(Gelong Thubten Tsultrim),以及香港的区结成,台湾的杨惠南、萧武桐、蓝吉富、陈柏达等,一共有二十篇论文发表。

这次会议的主题是"佛教青年对国家发展与世界和平的使命",倡导青年人应该负起复兴佛教的责任,要能走上社会,把佛教推向国际。为了呼应大会的主旨,我在主题演说时提出:"过去很多叱咤风云的领袖,都是青年时期即献身国家,如亚历山大在二十多岁创立横跨欧亚的王国,孙中山先生在青年时期创建中华民国。再从佛教历史上看,佛教事业也大多由青年推动,如佛陀三十多岁即成佛证果,把慈悲和平的种子播撒人间;舍利弗、阿难尊者也在青年阶段,便协助佛陀弘法度生;善财和龙女、妙慧和均头,更是佛

一九八五年世界佛教青年学术会议暨第五届执行委员会第四次会议在佛光山召开(一九八五年七月二十九日)

教青年和平的使者、悟道的模范。玄奘大师二十六岁入印求法,惠能行者二十四岁证悟禅道,他们都是佛教青年的榜样。希望今后佛教的青年,不论僧俗,不分男女,都能以国家发展为家务,世界和平为事业,以弘扬佛法为使命。"

这次的会议从筹备、规划到活动进行,全程都很圆满、殊胜,也因为如此,与会代表们推举我担任"世界佛教青年会"的荣誉会长。其实这些都是大众集体创作的成果,荣誉应该归于会议筹备会及参与这场盛会的所有人士,不过借由这次活动的召开,也促成佛教界与学佛青年有共聚一堂,融洽相处的好因好缘。

举办过"世界佛教青年学术会议"之后,佛光山也将迈入第二十年,我为了更积极推动文教弘法,提升佛教的内涵,就在一九八八

佛光山文教基金会举办"国际禅学会议",这是一场以《六祖坛经》为主的国际学术会议,分别以中、英、日、韩文发表论文(一九八九年一月八日)

年成立"财团法人佛光山文教基金会",请慈惠法师担任执行长,为我筹办各种文化、教育推广工作,其中也包括佛光山的学术研究及相关活动。

国际禅学会议

"佛光山文教基金会"成立的隔年(一九八九年),我们在佛光山的麻竹园举办了一场"国际禅学会议",有来自欧洲、美国、日本、韩国等国家的学者参加,如:美国的兰卡斯特、约翰·马克雷、傅伟勋、巴宙、郑学礼,意大利的桑底那,日本的柳田圣山、石井修道、西村惠信,韩国的真月法师,还有香港的黎惠伦,大陆的杨曾文,台湾的郑石岩、蓝吉富、游祥洲、王熙元、杜松柏、陈荣波、陈清香、姜允明等五十三人发表论文,由美国的耆尼、李奥·普鲁登(Leo M. Pruden),日本的吉津宜英,台湾的郑振煌、赵仪文、慈惠法师、依容法师、慧开法师担任主持人。

由于会议的主题是"六祖坛经之宗教与文化探讨",我们特别在大会的第一天晚上,根据"赵州茶"、"云门饼"的公案,举办了一场别开生面的禅茶会,让这些远道而来的客人,可以一面轻松愉快的品茶,一面谈禅的义理。并且还准备一面墙,让大家可以即兴挥毫题诗填词,吟诵唱和,即兴禅画,现场交流非常热络。后来听他们告诉我,那一场禅茶会,至今仍让这些人津津乐道,难以忘怀!

我之所以要举办"禅学会议",主要是鼓励大家来研究禅学。为什么呢?

两千五百年前,佛陀在灵山会上说法,拈花示众,正当大众一片茫然,只有大迦叶尊者破颜微笑,佛陀当众宣布:"吾有正眼法藏,涅槃妙心,实相无相,微妙法门,不立文字,教外别传,咐嘱摩诃迦叶。"禅就在一朵花和一个微笑之间产生了。我认为现代的人生活紧张忙碌,必须有禅学的智慧、禅的幽默、禅的洒脱与自在,来滋润、美化我们的人生。

现在大陆各界都承认禅学、禅的文化。在日本,禅门的宗派也特别兴隆。即使在韩国,也有所谓二十四家禅门的丛林寺院。尤其铃木大拙先生在美国弘扬禅学,著作丰富,引起欧美人士对禅的认识与学习。因此禅在当代,已经凌驾于佛教的各个宗派之上。禅,可以说是东方的一朵花,是人生的一道光明,是人类共有的宝藏,这就是我提倡禅法的用意所在了。

佛教青年学术会议

举办过"国际禅学会议"之后,我有感于过去的会议,都是邀请国际间的专家学者来发表学术论述,学生只有观摩,没有参与交

佛光山丛林学院举办"佛光山佛教学术会议",此会议纯为学佛青年举办(一九九〇年一月一日)

流的园地,所以在一九九〇年一月,召开一场以"人间佛教"为主题,在学学生为对象的"佛光山佛教学术会议",让青年学子也有参与和学习的机会。

这次的会议,有来自各大学院校研究所硕、博士生及各大专佛学社团、各佛学院所,以及海外大学院校,如:美国夏威夷大学、韩国东国大学等的在学青年,共计三〇〇余人报名参加,提交的论文有四十多篇,二十人发表。会中,特别邀请美国伯克利大学的兰卡斯特教授、日本的中国佛教权威学者镰田茂雄教授、美国天普大学的傅伟勋教授等知名佛学专家来做专题讲演,并针对发表人的论文提出指导。

为了让大家明白人间佛教的内容,我在主题演说时,提出人间佛教具有:人间性、生活性、利他性、喜乐性、时代性、普济性等六个特性。针对"什么是人间佛教"归纳出:一、五乘共法是人间佛教;二、五戒十善是人间佛教;三、四无量心是人间佛教;四、六度四摄是人间佛教;五、因缘果报是人间佛教;六、禅净中道是人间佛教。这些内容,也是我倡导人间佛教的重点纲要。

隔年(一九九一年)一月,又开办一场青年学术会议,主题是"佛教如何现代化",发表者仍以在校的学生为主,共有二十八篇论文,平均年龄二十八岁,百余人与会,放眼看去都是年轻的一代。

我们也邀请美国的约翰·马克雷、兰卡斯特教授来专题讲演,傅伟勋、杨惠南、蓝吉富、郑振煌等名学者担任讲评。

在这次的会议里,我以"佛教如何现代化"专题讲演,提出四点:一、佛法,要现代语文化;二、传教,要现代科技化;三、修行,要现代生活化;四、寺院,要现代学校化。此外,也勉励现代的学佛青年必须团结起来,团结才能产生力量,佛教就能在当代社会发挥净化社会人心的影响力。

佛光山国际学术研讨会

在前面两次以青年为对象的学术会议期间(一九九〇年十二月),我们还办了一场主题为"现代佛教"的国际学术研讨会。参加者来自世界各地,有美国、日本、韩国、加拿大、丹麦、斯里兰卡,以及香港、台湾等地五十多位学者发表论文,海内外研究所所长、教授、工程师、作家、在学大学生及佛学院学生百余人与会。

会议期间,由兰卡斯特教授、平川彰博士和我,分别就"未来佛教所面对的因应问题"、"现代佛教的使命"、"一九七八年至一九

佛光山召开"国际佛教学术会议",有中、日、美、加、韩等四十余位学者、教授发表论文,会议主题为"现代佛教"(一九九〇年十二月二十五日至二十九日)

九〇年大陆佛学研究之研究"及"如何建设现代佛教"发表主题演说。

此后佛光山每年至少举办一到二次以上的学术研讨会,就不再一一列出,仅就性质特殊者,约略叙述如下。

中国佛教插花艺术研讨会

佛光山举办过多场学术会议之后,很快地在佛教界引起学术研讨的风气。由于本山的设备,不论在吃、住方面,乃至开会地点都很齐全,可以说,两三个国际会议在佛光山同时召开都不成问题,所以每年有多场各种不同形态的会议。例如在一九九四年四月,举办一场以"佛与花"为主题的"中国佛教插花艺术研讨会"。为此,我还写了一篇《佛教与花的因缘》,刊登在《普门学报》第十

我与佛教学术活动

与"监察院"陈履安院长及其夫人中华花艺文教基金会董事长陈曹倩女士，共同主持佛光山文物展览馆举办的第十届"中华传统插花艺术展——佛教插花"开幕典礼(一九九四年四月八日)

二期(二〇〇二年十一月)。

　　这场会议是由佛光山文教基金会与中华花艺协会合办。活动当天，前"监察院长"陈履安先生及其夫人陈曹倩女士和我一同主持开幕，在佛光山展览馆也同步展出佛教的插花艺术。

　　参加的学者当中，有研究佛学的，也有研究美术、文学、历史等不同的领域，他们发表的论文都很精彩，相信对于发扬佛教的文化内涵，会有一定的影响。例如：政治大学中国文学研究所的罗宗涛教授，从唐代诗僧皎然、贯休、齐己的作品里，探讨佛门借花悟道的内容(论文：《皎然贯休齐己诗中的花》)；台湾艺术学院美术史研究所的林保尧教授，从东魏石雕佛像的莲花图案里，发现当代民间盛行的《法华经》信仰(论文：《东魏武定元年石造

159

释迦像的莲花图饰试析》);文化大学史学系的陈清香教授,则举出花供养在佛教的历史意义(论文:《花供的宗教涵意与历史源流》)。

由于我们将学术会议结合现场展示的形式,在佛教界、花艺界、学术界来说,都是一种创举,也相当有意义。诚如大会主席慈惠法师说的:"这是一场'美的飨宴',首开学术研讨会的先例,也为佛教花艺打开了一扇门。"

在会议中,我以佛教的"六度":布施、持戒、忍辱、精进、禅定、般若,勉励大家可以从这六点去体会佛教的插花艺术,并学习花的精神,成就世界之美。

我想,过去许多的祖师大德,他们在观看花开花谢的无常变化中明心见性,而我们现代人能够从欣赏花的当下得到启示,也是一种修行。可以说,这就是我办这场研讨会的意义所在了。

佛教音乐学术研讨会

我推动人间佛教,向来主张理论和实践结合,才能事理圆融。除了办过以花为主题的会议,我们也办了几场佛教音乐学术研讨会。

说到音乐,一般对外的表现,不是音乐演奏会,就是学术研究会,很少将两者结合,因此我们在一九九八年二月,于台北"国家图书馆"办一场台湾佛教音乐史上首度召开的"佛教音乐学术研讨会",邀请日、法、英及海峡两岸相关领域的学者发表论文,同时也在台北"国家音乐厅"举办佛教梵呗演唱会。

接着在二〇〇〇年一月,为了纪念佛教东传两千年,佛光山文教基金会与台北市立国乐团,共同在台北剑潭海外活动中心,举办佛教音乐学术研讨会,与此同时,也在台北"国父纪念馆"举办"一

我与佛教学术活动

佛光山文教基金会与台北市立国乐团联合主持"佛教音乐学术研讨会",开幕典礼由执行长慈惠法师主持。左起田青教授、台北市立国乐团王正平团长、慈惠法师、林谷芳教授(二〇〇〇年一月二十四日至二十六日)

日梵呗千禧法音",邀请日本净土宗、韩国松广寺、中国五台山的佛教团体与佛光山梵呗赞颂团共同演出。

　　值得一提的是,这些演唱者几乎都是出家僧侣,从他们唱诵中,展现出佛教梵呗的气势宏伟,威仪俱足,相当摄受人心。再者,佛教从印度传到中国,再传日本、韩国,同样的偈颂如《赞佛偈》:"天上天下无如佛,十方世界亦无比;世间所有我尽见,一切无有如佛者。"但是透过不同地域国家的文化表现出来,其曲调快慢、唱腔就大有不同。由此也可以看出佛教音乐包罗万象,佛教的发展是多么多彩多姿了。

　　由于我们一连举办过几次的音乐研讨会,受到社会各界的注目与好评,也间接带动学界及宗教界研究佛教音乐的风潮。

佛光学论文研讨会

以上提到的研讨会,都是针对佛教的各种议题,期间我又想到,佛光山开山之后,从台湾本土到世界道场的创建,从全球佛光人到国际佛光会的成立,已有不少人来向我们索取资料,希望能作为研究佛光山的参考。因此,在佛光山开山三十周年时,也举办一场由佛光山僧俗二众弟子联合发表的"佛光学论文研讨会"(一九九七年五月)。

我们的佛光人虽然散布在全世界,参与的情况却很踊跃,有:德国的车慧文、美国的欧阳庆晓、东京的西原佑一、澳大利亚的李锦莲、英国的沈昭吟,国际佛光会檀讲师汪元仁、洪锦雄、李虹慧、邱耀民、林宗贤等近百人发表论文。

会议中,我以"佛光学的意义"为主题演说,提出四点:一、菩萨丛林是佛光学;二、般若生活是佛光学;三、法界融和是佛光学;四、人间欢喜是佛光学。勉励我们的佛光人,都能依这四点作为修持行谊的方向。

麦积山石窟艺术与人间佛教学术研讨会

有关佛教艺术的学术会议,除了上述的花艺、音乐,二〇〇四年十二月,佛光山麻竹园也举办一场"麦积山石窟艺术学术研讨会",同时在佛光缘美术馆总馆举办为期三个月的"麦积山石窟艺术特展"。在这场会议中,邀请海峡两岸及日本、韩国的专家学者,就"麦积山石窟艺术与人间佛教"的主题进行讨论,共有十四人发表论文演讲,百余人与会,为佛光山学术会议结合艺术展出再添一例。

禅与人间佛教学术研讨会

二○○五年起,在佛光山举办三场以"禅"与"人间佛教"为主题的学术会议,有来自世界各地的人士参与交流。

为了让大家认识禅与人间佛教的内涵,我在致辞时说:禅是大众,是我们自己;禅不是谁所有,也不是释迦牟尼佛所创造,"禅心"是每个人的本来面目,是最民主、平等的。而"人间佛教"是从出世与入世当中去扩大升华,是以人为本的佛教,是回归佛陀本怀的佛教。现今社会动乱,如果人人都能向自己的禅心追求,就能找到自己、升华自己。这就是我们为什么要举办"禅"与"人间佛教"的用意了。

扬州鉴真图书馆开展学术交流活动

海峡两岸开放往来之后,我们在大陆扬州的鉴真图书馆也先后举办过两次学术会议。首先是二○○七年五月的"佛教教育论坛",邀请国际二十几所大学校长及教育专家与会,参加的有:日本佛教大学的田中典彦、水谷幸正,大谷大学的大内文雄、龙谷大学的木田知生,韩国金刚大学的成乐承,美国西来大学的史密特(Roger Schmidt),泰国玛谷德大学的特巴里亚地维摩法师(Ven. Phra Theppariyattivimol)、朱拉隆功大学的达摩哥萨湛(Dharmakosajarn)、法身寺开放大学的巴拉摩诃宋柴他那武多(Ven. Phra Maha Somchai Thanavuddho),香港大学的李焯芬、香港中文大学的许敬文、香港理工大学的潘宗光,大陆北京大学的湛如法师、南京大学的施建军、中国人民大学的冯俊、扬州大学的郭荣、中国佛学院的学诚法师、鉴真佛学院的传印长老(今任中国佛教协会会长)、苏州灵岩山寺的明学法师、河北佛学院的净慧法师、代表鉴真图书馆的慈惠

"中国扬州佛教教育论坛"于鉴真图书馆举办(二〇〇七年五月十七日)

法师,台湾佛光大学的翁政义,南华大学的陈森胜、慧开法师,华梵大学的修慈法师,佛光山丛林学院的心培和尚、慈容法师等三十余人参与交流。

接着在二〇〇九年三月,又开办"人间佛教的当今态势与未来走向"学术研讨会,有海峡两岸学者近七十人发表论文。承蒙当地政府的关心支持,开幕当天,有时任江苏省政协主席张连珍、国家宗教事务局叶小文局长(今任中央社会主义学院第一副院长)、江苏省宗教事务局局长王军(今任江苏省委党校常务副校长)、扬州市市长王燕文(今任江苏省委宣传部部长),以及数百位来自海峡两岸的学者、法师出席。

我在会上提到,未来人间佛教的发展,应具备四点目标:一、人间佛教要以家庭为本;二、人间佛教要以社会为对象;三、人间佛教要以世界佛教的弘扬为法则;四、人间佛教要以圆满为目的。同时也衷心祝愿,人间佛教可以为社会和谐、国家安定做出贡献。

江苏扬州鉴真图书馆，二〇〇

八年元旦落成启用

扬州鉴真图书馆

　　由佛光山捐建的鉴真图书馆，坐落于扬州平山堂，占地六万余平方米，为仿唐式四合院建筑。建筑主体气势宏伟，设有阅览室、书库、讲坛报告厅；四周厢房依次有美术馆、滴水坊、抄经堂、教室等。馆藏以佛学类图书为主，收录《大藏经》达二十余种版本，涉及英、日、巴利文等十余种文字；提供文、史、哲、医、经济、军事等学科著作及重点期刊，包括《四库全书》、《永乐大典》、《敦煌遗书》等珍贵典籍。

　　在国家宗教事务局、江苏省宗教事务局、扬州市委及市政府领导下，二〇〇五年六月安基，二〇〇八年元旦落成启用。所举办的"扬州讲坛"自开坛以来，每月举办两次讲座，邀请各界名家主讲，每场皆达千人以上。至今主讲者已逾百人，二〇〇九年二月，荣获"江苏优秀讲坛"，并有"南扬北百"（即南有扬州讲坛，北有百家讲坛）的赞誉。

"人间佛教的当今态势与未来走向"海峡两岸学术研讨会合影(二○○九年三月)

国际佛教大藏经学术研讨会

举办了各种不同性质的学术会议之后,我也想到佛教的大藏经,在佛教学术上占有重要的地位,所以二○一○年十一月,我们在佛光大学举办了一场"国际佛教大藏经学术研讨会",邀请国际间研究佛教大藏经的专家学者如大陆的方广锠教授、日本的松永知海教授、韩国的朴相国教授等人共聚一堂对话交流,有十四篇论文发表。

这次的会议中,承蒙现在在大陆主持编修《中华藏》的方广锠教授,特别带来最早的汉文大藏经《开宝藏》卷轴相赠,由慈惠法师代我接受。此外,主办单位也别出心裁地制作一本《大藏经小学堂》,赠送与会参加的大学生,这对于推广佛教的大藏经,也有一定的帮助。

说到大藏经,早在三十多年前,我就有心编修一套人人能读能懂的《佛光大藏经》,于是成立"佛光大藏经编修委员会",邀请专家学者参与编修。借由这次会议的因缘,我们也请与会学者们为《佛光大藏经》的编纂工作提供指导建言,唯愿《佛光大藏经》能早日完成,发挥续佛慧命之功,让佛光法水长流法界。

其他

除了以上列举的会议,佛光山还举办过"佛教现代化学术研讨会"(一九九四年)、"当代中国文化发展研讨会"(一九九五年)、"宗教文化国际学术会议"及"亚洲宗教与高等教育国际学术会议"(一九九六年)、"人间佛教学术研讨会"(二○○一年、二○○九年)、"佛教与当代人文关怀"(二○○八年),以及为培养佛光山学术人才,具教学及指导性质的"人间佛教学术研讨会"等等。可以说,从佛光山开办学术会议以来,至今已经不下五十场。

委托学术研究

另一个与学术有关的行事,就是委托学术研究。过去我们曾委托学者到云南考察大理佛教(一九九○年七月)。记得那一次是由台湾的蓝吉富教授领队,有大陆昆明、大理,以及台湾研究佛教、艺术及历史方面的专家,将近两个礼拜的时间,走访云南省博物馆、龙门石窟、大理博物馆、云南民族学院、鸡足山,以及许多有历史的寺院,如:崇圣寺、金顶寺、祝圣寺、感通寺等。回来之后,他们整理出版一本近六○○页、约三十万字的《大理佛教论文集》。据他们告诉我,这是台湾第一个到大陆做实地考察的学术活动,现在也成为佛教学术上极具历史意义的资料了。

此外，佛光山也曾邀请大陆知名学者如：杨曾文、麻天祥、洪修平、吴言生、王尧、谢重光、陈兵、许抗生等人，针对大陆地区"佛教未来前途之开展"提出中肯意见，这些论述都收录在《一九九三年佛学研究论文集》里。各个学者提出的论点与发展方向，涵盖文化、教育、慈善、社会福利等各个层面，可说是别具时代意义。

我创办的学术刊物

除了上述学术活动，接下来要说到我为什么创办学术刊物了。

从过去以来，我感觉到佛教的经律论浩瀚艰深，阻碍佛教的弘扬和发展，所以一直没有刻意去推动佛教学术化。虽然佛光山开山十周年时，我创办《佛光学报》（一九七六年创刊，后辑成《一九七六年佛学研究论文集》），邀请过海内外学有专精的学者如东初、印顺、慧润、达和、杨白衣、张曼涛、游祥洲、松本三郎等撰写论文，但我始终把学术研究规范在少数人的学术会议上，从没有对社会大众热烈地宣扬；甚至佛光山编纂《佛光大藏经》、《中国佛教经典宝藏精选白话版》，乃至资助张曼涛编印《现代佛教学术丛刊》等，也都是低调处理。

其实，在佛法的弘扬上，我一直希望能用大众容易接受的方式，来表达佛法深奥的妙理，因此佛光山出版过不少大众化、艺文类的佛教读物。不过现在佛教的层次已经慢慢提升，学术应该辅助文学的发展。

于是我想到，佛光山的弟子到世界各地留学，所撰写的硕士、博士论文为数不少，与佛光山友好的学者，从台湾到中国大陆，从本土到世界各地，除了以上提到的人士，还有日本的前田惠学，韩国的洪润植，美国的温斯坦、恰波、华珊嘉，大陆的楼宇烈、赖永海、方立天、汤一介，台湾的唐君毅、牟宗三等，他们的学术、思想、理

《法藏文库·中国佛教学术论典》共百册,搜集了近三十年来两岸学者之硕、博士佛学论文(二〇〇一年八月)

念,都可作为现代人治学的典范,学术研究之参考,因此在二〇〇一年元月,我又创办《普门学报》,委由弟子满果担任主编。

与此同时,大陆学者程恭让教授和弟子满耕都曾和我提到,大陆学术界有不少的硕士、博士学位论文,主题多元、视野开阔。我想,大陆在历经"文革"前后的数十年间,还能有那么多人研究佛学,相当难能可贵,于是也请他们帮我收集这些学术论著。虽然里面有很多意见都是对佛教不友善,或者对佛教的义理不甚了解,但是我认为能够留下这个时代的人对佛教的看法,让它存在于历史,也是相当有意义的事,因此还是把这些论著辑成《法藏文库·中国佛教学术论典》出版流通。

佛光山推动佛教的学术文化已有三十多年了,虽然我在前面提过,个人对学术并不太认同,也曾接触过一些只论学术、不论信仰的学者,但是经过几次学术会议下来,与我们成为好朋友的学者也为数不少。他们散居在世界各地,为我们宣扬人间佛教,尤其提携佛光山的僧众到世界各地留学,对于僧众人才的培养有很大的贡献，也可以算是我们办学术会议所衍生出的成果。

讲到这里，我特别要感谢慈惠法师在这么多年来，为我经营佛光山学术这块园地的用心与诸多苦劳。佛光山自从举办学术活动以来，大部分是由她策划、主办，并且将各场会议发表的论文，逐一汇编成《佛学研究论文集》，交由佛光出版社发行，林林总总加起来，而有现在丰硕的成绩。

在此，我衷心期盼，佛教的学术研究能抛开过去玄谈、考究，甚至批判、辩论的形式，将研究论述落实人间，裨益当代社会，回归到人间佛教生活化的本怀，这就是我最大的心愿了！

以聞思修の三摩地

我提倡读书会

读书，
真是滋养了我一生的成长，
启发我做人要有情有义、
要有正义感、要正派。
我们看古今中外一个国家有多大的力量，
就看他们读书的风气。
日本全国上下，
不但在学校里读书、
在家庭里读书，
甚至在火车上、电车里，
都是人手一册。
乃至于到欧美有些国家，
他们的青少年也宁可把买汉堡的钱，
拿来买一本书阅读。

我出生在扬州一个穷苦的农村家庭,因为家里贫穷,从小没有见过学校,也没有进过学校念书,至今连一张小学毕业证书都没有,到了有书真正可以读的时候,已经超过学龄;直到十二岁那年,我在栖霞山剃度后进入栖霞律学院就读,读书成了我生命中的重要资粮。假如说我不读书,现在的情况实在很难想象。

因为对读书的渴望,我向常住争取管理图书馆的工作,借由整理书籍的机会,可以阅览群书;甚至夜晚熄灯后,我还躲在棉被里点着线香偷偷看书。少年的我,也可以说借由这些中国古典小说,如《精忠岳传》、《荆轲传》、《三国演义》、《七侠五义》,及历代高僧传记、历史典籍等,培养了我许多的观念。历代多少的英雄好汉,经历艰难困苦,无形中都激励我要立志、要奋发向上。读书,真是滋养了我一生的成长,启发我做人要有情有义、要有正义感、要正派。因此,我非常鼓励每个人都要养成读书的习惯。

三十多年前,我到日本立正佼成会参观,里面有一个很大的说法殿,我看到三个一组、五个一群,大概有好几百人围成一桌一桌地在谈话。带我们参观的人说:"我们立正佼成会就靠这个法座,大家坐在一起谈论佛法。"

他接着又说:"他们有的从很远地方来,他们来了,就是由寺院里资历比较久的长老主持,十个、八个围在一起,有什么困难、不得解决的事情,大家提出来讨论、商量。在这个读书会里,我们不谈金钱、不谈爱情,其他的事情都可以谈,因为金钱、爱情容易造成是非,谈佛法、谈困难的解决,必定对自己有所帮助。"

所以,我就想到寺院里,假如有信徒来了,那我们也可以跟他们分享一篇好的文章,彼此作心得交流,或许刚好可以解决他们心中的苦闷,相信信徒也会很欢喜。

我一生就希望成全别人读书,甚至经常想着要如何推动读书。也因此,我从小学校长做起,后来办幼稚园、佛教学院、小学、初中、高中,乃至在澳大利亚、美国及台湾创办四所大学,主要目的就是希望让大家来读书;即使集合百万人心血创办学校,也是想号召大家多读书。也由于自己爱好阅读,体会到文字的影响力很大,因此从青少年起,我就欢喜写作,多年来一直持续不断。

在弘法过程中,经常有人问我:"你是怎样在全世界各地,建起那么多个寺庙,办那么多所学校?"简单地说,都是因为书把佛光山建起来的。这是什么道理呢?

像佛光山这么大一块地,我怎么买下来的呢?其实,不是我买的,是玉琳国师买的。大家一定觉得很奇怪,玉琳国师是清朝顺治皇帝时候的人,他怎么会在现代买地呢?实际上,是我写《玉琳国

"二〇一二年全民阅读博览会"读书会家庭在佛陀纪念馆室外共读,心内的世界如同心外一样开阔(二〇一二年七月八日)

师》这本书的版税买的。六十年来,这本书翻印了不只五十版以上。

"那么,大悲殿是怎么建的?"我也告诉大家,那是观世音菩萨建的。因为我曾学了三个月的日文,尝试翻译一本日文的《观世音菩萨普门品》,就取名为《观世音菩萨普门品讲话》,也不晓得印了几十版,我就把所得版税拿来建大悲殿了。

也有人说:"你的大雄宝殿建得不错呀!"连圆山饭店过去的负责人蒋宋美龄女士都曾经看过大雄宝殿,感到非常雄伟高大,她问我:"你是怎么建的呢?"我说那不是我建的,那是释迦牟尼佛建的呀!"人家大概会觉得很奇怪,怎么释迦牟尼佛会建佛殿呢?

这是因为我写了一本《释迦牟尼佛传》,这本书出版也有五六十年了,至少有一百版以上了,我就把版税拿来建大雄宝殿。因此我常常告诉大家,不要把佛光山看成钢筋水泥,要当作是书本,从书的价值来建立一座佛光山。

此外,佛光山早期有一群青年跟随我出家,像慈庄、慈惠、慈容、心平等人,他们是怎么来的呢?也是因为我教他们国文、跟我一起读书,受我的影响,而成为佛教徒。

我们看古今中外一个国家有多大的力量,就看他们读书的风气。日本全国上下,不但在学校里读书、在家庭里读书,甚至在火车上、电车里,都是人手一册。乃至于到欧美有些国家,他们的青少年也宁可把买汉堡的钱,拿来买一本书阅读。

中国古代自从文武、周公、孔子提倡学术、诗书、礼乐以后,改变了社会的风气;甚至唐诗、宋词、元曲、明清的小说,都为中国社会提倡文化建国的伟大力量。

"二〇一二全民阅读博览会"举办好书见面礼活动,一千六百位爱书人拿出好书跟伙伴交换,书香弥漫佛陀纪念馆大觉堂

我们举看历史上的朝代,从唐宋以后,出版物兴起,尤以清朝乾隆敕编的《四库全书》为最,佛教多种的藏经,特别是康熙年间刊刻的《龙藏》,浩浩荡荡涌现到社会民间,成为现存年代最久、保存最完好的历代宫廷御刻的藏文大藏经。

但是,不知从什么时候起,社会流行着"债多不愁、虱多不痒、书多不读"的习惯;甚至过去还有一些不喜欢读书的懒惰人,常挂在口边说:"春天不是读书天,夏日炎炎正好眠,秋天蚊虫冬有雪,收拾书包过新年。"像这样一年一年反复浪费时光,就没有成就。

读书,可以改变气质,可以树立形象,借由读书可以认识自己,也能扩大自己的世界,增广知识与见解,使人明白做人做事的道理。人不读书,不仅肤浅无知,全身充满俗气,活着像行尸走肉一般,又好像吃饭没有菜肴一样无味。

读书就像是在阅读人生,天下远见杂志创办人高希均教授说:"要把家庭的酒柜变成书柜。"这个理想很好,酒会伤害人的身体,让人迷失自己,就是做事情,也是做了以后就没有。唯有读书,知识永远是智慧,读过了,知识永远会存在你的心里,即佛教所说的八识田中。读书的种子,会埋在我们心里,因缘聚会时,它会成长、开花,也就是所谓"开般若花,结般若果"。

二〇〇一年我在澳大利亚弘法,繁忙之余,不曾忘记必须推动读书会。尤其佛教徒没有读书的习惯,整个华人阅读的风气也不盛,虽然自己从小没读过什么书,怎样推动读书会也不是很有经验。不过,总有很多榜样让我依样学样,过去有私塾、书院、补习班、义学等,我想推动读书会只要有人,应该就不难了。

于是在澳大利亚我就提议起草读书会的章程办法,从填表、报名、审核通过后,就可开始运作。其相关章程办法,在此一并提供如下,若有心人看到,有意依此办法成立读书会,我们也乐见其成。

人间佛教读书会章程　　二〇〇一年三月二十八日

一、主旨

"人间佛教读书会"的成立,旨在提倡书香人间,推动全民阅读;本着"学海无涯,学无止境"的认知,养成"活到老,学到老"的精神和习惯,希望人人勇猛向前,追求精神食粮,以提升社会的和谐,促进人间的和平与美满。

二、组织

1. 本会最高指导单位为"人间佛教读书会世界总会",下设总会长一人,由总会长指定各国承办单位。

台湾承办单位为:佛光山文教基金会、人间文教基金会、国际佛光会中华总会、人间福报社。

2. 总会承办单位下设:教学组(人间福报社负责)、总务组(香海文化公司负责)、推展组(国际佛光会负责)。

3. 各会设会长一人,综理会务,并不断地推动成立新会,从一会、二会、三会,乃至若干会。

4. 本读书会不限学历,只依程度分为普通班、高级班、大学班、研究班。

三、方式

本读书会每次上课时间以二小时为限,每星期不得少于一次,每次并分三个阶段进行:

1. 前序半小时:

(1) 由会长或承办者准备香茶一杯,大家可以谈时事,或佛教文化动态。

(2) 准备咖啡一杯、中西名画数张,大家一起评赏。

(3) 准备幻灯或录影短片,介绍一个特定事物。

"二〇〇八全民阅读博览会",与钱文忠教授(左一)、柴松林教授(左二)、觉培法师(右一)于佛光山如来殿对谈(二〇〇八年七月五日)

(4) 准备佛教梵呗、法音清流,或唱诵的录音带,供给大家欣赏。

(5) 各种法语教唱,二胡、手风琴等各种乐器演奏。

(6) 介绍新书、文物,或学习佛门礼仪。

(7) 可以禅坐静心。

(8) 讲说《人间福报》的各版内容。

(9) 讲说参加佛光会的意义。

(10) 讲说佛光山,提倡本山朝山、别分院共修等。

(以上各项内容可以灵活运用。)

2. 中间1小时正式读书:

(1) 阅读:全读、段读、对读、随读、唱读、齐读。

(2) 讲说:全讲、段讲、句讲、喻讲、分讲、引讲。

(3) 讨论:设定问题、举例说明、各抒见解、反复讨论。

(4) 教材:(如后)。

3. 后半小时心得分享：

（1）互相谈叙。

（2）心得分享。

（3）经验交流。

（4）困难互助。

从个人、家庭，到社会的得失，只要不涉及金钱、感情，其他皆可倾诉、互助。

四、教材

1. 普通班：《迷悟之间》、《星云法语》、《佛光菜根谭》、《往事百语》、《护生画集》、《法相》、《敬告佛子书》、《书香味》。

2. 高级班：《佛光教科书》、《教乘法数》、佛教文选(如讲演集)、《成佛之道》、佛光会主题演说、《菩提道次第广论》、《大乘起信论》。

3. 大学班：《佛教丛书》、经典选读(如：《般若心经》、《六祖坛经》、《金刚经》等)、论典选读(如：《大智度论》、《俱舍论》等)。

4. 研究班：《楞严经》、《唯识颂》、《解深密经》、《摄大乘论》。

五、地点

可以到讲堂、教室、斋堂、滴水坊、客厅、走廊、公园树下、山林水边、咖啡小店、郊游凉亭、其他。

六、注意事项

1. 本读书会上课时，当然有一指导者为主，但本会的精神，旨在让所有参与者，人人都是老师，人人都要讲，人人都可以发挥，人人都能实际参与带动大家读书。

2. 各会的会长只是行政事务的联络人；读书会中，会长负有带动大家互讲的责任，以期达到人人是老师的目标。

3. 每一会人数不宜过多，最好三人、五人，乃至十人为宜，最多不超过二十人为好。

4. 本读书会不谈学历，只依程度分班，但成绩合乎标准者，可以晋级升班。

5. 本读书会不一定要有固定的据点，也不必过于重视形式，只重守时、恒心，尤以不缺席为要。

6. 本读书会不一定完全采读书方式，偶尔也可播放音乐、影片欣赏、唱歌、猜谜、烹饪，或者请人讲演均可，但不得超过正课的三分之一。

7. 本读书会偶尔也可举行考试，但考试方法不同于一般学校的试卷考题，可以采口述录音，让大家发表学习的心得，或者速读一篇文章后，即刻测验速记能力。

8. 本读书会以三个月为一期，每周上课一至二次为好，一期结束后，由各会自行颁订，可以放假一周乃至数周后，再行开班。

9. 本读书会是一种联谊性质，旨在传达佛光山常住的资讯、立场、宗风、思想之传播。

10. 本读书会的推动成果，隶属佛光协会的读书会，要向佛光总会报告；隶属人间福报社的读书会，要向人间福报总社报告；隶属佛光山的读书会，要透过各别分院向本山报告。由佛光山总本山每年一至二次，举办各处读书会联谊大会，并于会中表扬优秀读书会，颁发奖状、奖品，乃至奖金。

11. 所有报名参加本读书会的会员，必须是国际佛光会会员、《人间福报》读者，或是佛光山信徒，并经详细填具报名表格后，始得成为正式会员。

12. 本读书会的教材，由佛光山文教基金会、人间文教基金会、人间福报社、国际佛光会中华总会、香海文化公司、佛光出版社联合提供。

13. 所有报名参加本读书会的会员，不收费用，仅酌收教材工本费。

14. 各会所收取的教材工本费，一律于《人间福报》征信之。

15. 本读书会由星云大师所创办，顺理恭请星云大师担任本会世界总会总会长。本章程所列事项，如有不周之处，可以随时建议，并得恭请星云大师指导、裁决。

读书会设"会长"一名，以综理读书会务，参加者除了自己所需印制的工本费外，其余一律全免。再者，读书会的人数不宜太多，五个、十个不嫌少，但最好还是不要超过二十人，谈起话来比较能够让大家都有发言的机会。

为了避免流于形式化，我主张读书会的地点不一定要限制在教室里，山林水边大自然也可以是很好的读书环境，而读书会里也可以穿插电影欣赏、唱歌，或听一场专题演讲，但不得超过正课的三分之一。至于多久一次读书好呢？我建议每个月最少要有两次聚会，若能每星期读书那是最好不过，因为日久必能养成读书的好习惯。

对于带领读书会的方法，我订出"三段式"的读书会程序，也就是当大家陆陆续续来参加读书会时，有人迟到，有人还没进入状况前，可以先进行三十分钟的"暖身"，再进入"主题讨论"，然后"心得分享"。

暖身时可以让大家报告最新出版的好书，可以谈谈最近的焦点新闻，也可以学习佛门礼仪或静心禅坐。然后再进入主题讨论，无论读经典，或是佛教艺文、高僧传记，借由阅读培养宗教情操，也可以建立佛法的正确知见。

读书会的带领人，最重要的就是要让人人都能讲出他们自己

的想法与观点。我强调读书会"人人都是老师",带领人其实就是主持让大家发言的关键人物,但不是一言堂的演讲者。经过主题讨论到最后,每个人再进行"心得分享"时,就更能归纳出学习的重点。

澳大利亚回来后第二年,我到南非主持国际佛光会世界理事会,提出"佛教四化"的主张,我呼吁佛教要不被时代所淘汰,就必需走向"佛法人间化、生活书香化、僧信平等化、寺院本土化",我再度提出"生活书香化"的重要,希望大家在世间生活,不能只为了三餐温饱,不能只是追求物质、金钱、爱情等五欲尘劳,生活应该要有般若、知识,要充实自己的气质内涵,要找出自己的真心佛性,要懂得营造生活的乐趣,要重视生活的品质,这其中唯有多读书,使生活有了书香,才能够让自己的人生过得有意义。

"读书与读心论坛"与于丹教授(左一)、高希均教授于台北"国父纪念馆"对谈,提升全民心灵的探索(庄美昭摄,二〇一二年七月二十一日)

我提到"读书会"各种读书方法,可以全读、段读、对读、随读、齐读,让读书像唱歌一样的读,要"读活书,活读书",不要刻板地死读书,平常读完后把重点记下来,常常温故知新,日久,书本上的知识就会融入到自己的身心血液里,成为自己的养分。

从南非回台湾后,我就找到正在佛学院担任教职的觉培。觉培是我在一九九六年欧洲弘法时,把她"捡"回来的。她很有想法,也欢喜问问题;住在阿根廷十四年,一路读书、成长、工作,后来遇到巴西的觉诚,推荐她参加在法国召开的国际佛光会世界大会而认识佛光山。

她在我欧洲弘法期间,一路问了我不知道多少个问题,我想怎么会有人有这么多问题呢？不过她在问完后就回台湾,不久后就跟随我出家了。我想这也很好,把问题都问懂了,出家也就更一心

"二○一○年全民阅读博览会"北部场于台北金光明寺举行,与一千六百位爱书人在书香礼赞中交换好书

一意了。

觉培接任读书会后,就去台中光明学苑成立"人间佛教读书会总部",是时二○○二年一月一日,我跟她说:"你做读书会我可没钱给你,但是会给你《佛光教科书》,出家人忧道不忧贫,人能弘道,非道弘人,如果有一千个读书会,一个读书会十个人,就会有一万人读书;如果二十个人,就有两万人读书,这对社会教化的影响是很大的。"觉培听了我的话之后,就依教奉行到全台各地办读书会去了。

三个月后,她苦恼地回来跟我报告:"师父啊,我办读书会,想不到都市人都说他们'没时间读书';我到乡下去,乡下人就跟我说他们'没有习惯读书';最后我想找退休老师来参加读书会,他们竟然说:'我们做老师的退休后终于解脱,不用再读书了,怎么还会有人想参加读书会?'到底我们读书会要推广给谁啊?"

我想这应该是一般华人社会没有养成阅读风气的现象。不过,我还是勉励觉培:"读书会要给人读得欢喜,还要跟生活结合,读书不限定在室内，可以在咖啡馆、餐厅，甚至走入大自然、山林水边、树下，都是读书的好地方，只要给人读得欢喜受用，就会有人肯来。"

觉培把我的话听进去，才两年的光景，就听到读书会在各地如雨后春笋般地到处展开。先后在海内外成立"山水读书会"、"社区读书会"、"好邻居读书会"、"嬷孙读书会"、"婆婆妈妈读书会"，还有"经典读书会"、"艺文读书会"、"双语读书会"、"空中读书会"，我还听说在台湾最高峰玉山，成立"玉山读书会"，而在学校推广的"班级读书会"就更多了。这两千多个读书会，成为全球华人社团里，最庞大的读书会群。这些不同类型的读书会，都是觉培带领读书会总部的成员：妙宁、满穆及多位讲师们，在各地所举办的读书会培训的成果。

这段期间，因为读书会而结为盟友的有：二○○一年于台北金

山水读书会

由我创立的"人间佛教读书会"与高希均教授(左一)创立的"天下远见读书俱乐部"于佛光山如来殿结盟,共同提升社会书香气息(二〇〇三年)

光明寺,与洪建全基金会"PHP素直友会"总会长简静惠女士结盟;二〇〇三年于佛光山寺,与"天下远见读书俱乐部"创办人高希均教授结盟。这些盟友,可以说都是社会上的菁英贤达,数十年如一日,他们在社会各地推动着阅读,也为台湾注入不少阅读的风气。

自从人间佛教读书会在社会各阶层发展后,许多学校、社团、"教育部"、"国家文官学院"等,都纷纷来邀请佛光山提供读书会的推广经验,可以说受到政府的重视与肯定。

每年读书会都会在全台湾各地巡回举行"人间佛教阅读研讨会——经典与人生",结合专题演讲、论坛、阅读感受发表等,阐述人间佛教的精神内涵,让各地读书会友们体悟佛法与人生的关系,并且深入经藏,领悟人生的要义。

我提倡读书会

出席"人间佛教读书会"创立十周年活动并开示（庄美昭摄，二〇一二年七月二十一日）

尤其，一年一次召开的"全民阅读博览会"，让各地读书会得以回来交流分享；借由"读书会带领人培训"的活动，培训了更多有心成立带领读书会的干部，另外，也走入校园推广"读报与生命教育"等等，从每个人热烈参与的情形看来，大家已经渐渐体会到书香味的乐趣。

在带动读书会的过程中，有几件人事让我印象深刻，今略述如下：

其一是远在外岛小琉球的许春发檀讲师，他是小琉球分会的会长，一九六一年师范学校毕业后，就投入国小教育，自愿回到故乡小琉球服务。

一九九六年二月我应邀到小琉球，为当地居民举行三皈五戒，我勉励会员们说，小琉球虽"小"，我希望将来能成为台湾最美丽的岛屿，更期望小琉球有多一点的人，尤其是青年们加入佛光会，除了

187

促进彼此联谊外,也能带动社区活动,进一步还要研究佛法,考取檀讲师,发心弘法或来山读佛学院,这样佛法才能在小琉球落地生根。

七月,许春发会长就带领四十位会员来台环岛巡礼,抵达台北道场时,我特别在海会堂和他们见面。他告诉我,小琉球有四所小学,一所中学,一九九六年参加佛学会考者有一千五百人,应考率百分之百。有一年的元宵节,乡公所举办的猜灯谜活动,还请佛光会出题(题库来自佛学会考考题),答对者由乡公所赠送奖品。这是多么佛化的善居地。可见,"佛化小琉球"不是梦想。

二〇〇二年一月,我成立"人间佛教读书会",许春发会长响应我的"生活书香化"理念,随即在小琉球成立"艺文读书会",每周四晚上的共读时光,成了来自护理界、邮局、电信业、教育界及家庭主妇等成员每星期最期待的日子。

许春发会长从事国小、国中教育,有四十年的经历,深知小琉球地处离岛渔村,过去生活困苦,男人忙于渔业,早出晚归,或出海数月、经年;读书不多,长年身涉大海,出入险境,根本无暇而且无力督促子弟读书;家庭主妇忙于家事、农耕、织作,仰事俯畜,准备渔具及炊煮,有机会读书、升学的人少之又少。他认为提升教育水平、救贫之道,唯有倡导读书,因此积极响应护持读书会。

其二是"渐冻人"陈宏及他的夫人刘学慧女士,靠着读书会,他们共同走过人生最艰困的阶段。陈宏因为罕见疾病,全身只剩下眼睛可以转动,十一年来,以眼眸书写灵魂,眨眼写下三十五万字创作,创造了吉尼斯世界纪录。

二〇〇九年我曾前往探望,肯定他虽身受苦难,仍为人间写历史。我说:"过去我们就常常在报上相遇。"因为我平日勤于阅读书报,当年陈宏担任《大华晚报》主编时,就曾应邀参访佛光山海外的寺院并撰文介绍;《人间福报》创办之前曾推出月刊,也曾受

二〇一〇年全民阅读博览会"世界咖啡馆·佛光法座会"用圆桌会议方式带领讨论议题

邀到佛光山参与三天的研讨会,分享刊物编辑心得,他也是摄影名家,曾经担任各大摄影比赛、影展评审,在世新大学前身传播学院任教二十余年。

刘学慧女士在照顾陪伴陈宏之余,担任了两届渐冻人协会理事长,以大爱之心服务渐冻人病友。为照顾因运动神经元疾病卧床的先生,刘学慧女士毅然自华江高中教务主任职务提前退休。在照顾陈宏的过程,也曾有低潮的时候,她很感谢读书会的成员们不断给予鼓励,带给他们源源不绝的力量。

第三位要说的就是魏训章居士,不识字的他,一生务农,为人纯朴、耿直。一九九二年加入佛光会,改变了他原本平淡劳碌的人生。二〇〇二年员林讲堂住持满舟开办读书会,邀请学校老师、校长亲自带领,成为员林最有书香气息的寺院道场。满舟将每间教室设计为优雅的读书室,门口挂着不同读书会的名字,无论识不识字的人都可以参加,大家在这一间间读书室里阅读畅谈。

　　自从参加了读书会,魏训章就开始跟着习字阅读,老师将佛教诗偈用各种音调的唱法,让大家不仅欢喜唱,还讨论其中的含义,结束后,魏训章就回去哼唱给他所栽植的木瓜听。令人津津乐道的公案,就是他所种植的木瓜,竟然两度经历台风肆虐而屹立不摇。魏训章说,眼看着其他农田的木瓜都倒了,只有自己的木瓜没有倒。他说:"读过书的木瓜,就是不一样。"虽不识字,魏训章却在读书会的高僧诗偈语录里,找到快乐的泉源。

　　第四位是被称为"美发院哲学家"的洪明郁居士,他是熙格沙龙连锁店的老板,年轻有为,在美发界颇负盛名,在台北与宜兰共有十三家分店,每周日上午八点十分,十三个人间佛教读书会在各分店同步进行。

　　二〇〇二年,他在参加读书会培训后,就把我的书香理念推广到自己的企业,以及员工、客户身上。每星期他亲自召集"店长读

"二〇一二年全民阅读博览会"北部场在台北"国父纪念馆"大会堂举行,二千四百多位爱书人互相交流(二〇一二年七月二十一日)

书会",店长回去后则继续带领店员一起读书。

　　他说,一般的美发院员工多是不爱读书的年轻人,员工们刚开始听到他要推广阅读,心里也很排斥。后来,他透过许多巧妙的方法带领,让所有的店长在平日不敢说、不擅说、不爱思考的习惯,通通在读书会里有了开口与交流的机会。

　　这些年轻的店长从排斥、接受到喜欢阅读,再回到各个连锁店里,带领着更多的美发员工读书,没多久,员工们在边洗头边分享自己阅读的精彩内容时,让客户成了喜欢再来的原因,多半是婆婆带着媳妇、妈妈带着女儿的客户们,一来就是十几年。员工们发现:因为阅读,渐渐取代过去边洗头边聊八卦的坏习惯,现在因为有了书香味,不仅增加客户的信赖,还有客户主动加入他们每周一次的读书会。

　　在台中市区,还有一个曾经是"麻将会"转变为"读书会"的故事。佛光会员邱淑惠刚搬进新的社区大楼,在一次大厦管理委员会议中,见到邻居们为各自利害关系,各说各话、没有共识,整个会议吵吵闹闹、互不相让,委员们更是从言语交锋到肢体冲突,摔椅子、翻桌子,几乎要大打出手,那一幕把她吓坏了。有趣的是,这些委员虽然会议中话不投机,私底下却又兴趣相投,晚上聚在一起,聊工作、谈政治、打麻将。

当时也是"快乐读书会"带领人的邱淑惠,就找来几位好邻居共组"好邻居读书会",这几位都是每天抱怨先生打麻将的太太,在这些基础的成员里,一步步说服更多支持的邻居们,加入读书的行列。自从有了读书会,他们在阅读讨论中,重新找到生活的目标、找到教育子女的方法,也拉近彼此的距离,增加彼此的了解,更让社区居民感情融洽,而这群读书会员也都自告奋勇轮流担任社区主任委员,举办许多活动,让社区更有活力。

二〇一二年徒众讲习会,欧洲的满谦报告,读书会凝聚了葡萄牙里斯本的信众。葡萄牙佛光山的读书会,分跨各个年龄层。除了妇女、金刚读书会之外,还有儿童、青少年类型,成员多以葡文进行共读、讨论。读书会为里斯本市中心商圈的华人店家带来丰富的心灵资粮。

另外,"日日是好日"茶禅悦乐的盛会,在欧洲十一个城市巡回后,参加过茶禅文化洗练过的葡萄牙里斯本信众们久久难忘,决定以书香会友的聚会来提升生命品质。

随着这群包括大学教授与佛光会干部爱书人的积极发心,影响力慢慢扩及到市中心的商家。这些店主在忙过生意之后,就会相约在商业大楼内,或在自家商店内进行读书会。《佛光菜根谭》短短几十字,引领他们思考人生多元面向与价值,渐渐地,他们了解人生不是只以赚钱为目的,读书会可以扩大眼界、开拓视野。这些企业读书会,多是由金毅居士所召集,他们每周聚集一起阅读,读书时间成为生活中最快乐的时光之一。

"二〇一二年全民阅读博览会"之主题——"环保与心保",大人小孩一同讨论环保,主张保护地球(二〇一二年七月八日)

特殊的是,由葡萄牙觉心法师和庄寅彩督导带领的葡文读书会,吸引许多当地人加入读书会。葡籍知识分子中,不乏学员每星期不辞辛苦地搭乘火车来回七小时参加。读书会像一座桥梁,促成更多人加入,将我的著作翻译成葡文的行列,于是一本葡文版、一本中文版,对照讲解后翻译,在他们的集体创作下,不但将《八大人觉经》翻译成葡文,甚至将我巴西葡文的两部著作《佛法概论》和《佛教教理》翻译成葡萄牙语,现在已由 Zefiro 出版社在葡萄牙发行,相信会是人间佛教在当地发展的新契机。

随着阅读的书籍越来越丰富,他们渐渐懂得要广结善缘,原本在商圈中彼此有生意竞争的紧张感,透过读书会大家因有共同的理念,相处转为和谐、融洽。后来"坐而言,不如起而行",更进一步投入佛光会的服务,参与社会公益,连儿童读书会的小朋友,都懂得将扑满的储蓄捐出来帮助弱势。

最近觉培告诉我,马来西亚"二〇一二年第一届《智慧创新》

一千五百位读书人,组成世界最大读书会,分享阅读的欢喜(二〇〇七年七月十四日)

全国教师生命教育研习营",在佛光山东禅寺展开三天的研习,共有三百位教师报名参加。由马国教育部副部长魏家祥博士特别指导,全国教师联谊会协办,东禅佛教学院承办,是大马教育部第一次承认研习学分的研习营。

　　回顾读书会已成立十年,琅琅的读书声从山巅到海边,从知识分子到不识字的欧巴桑,也从寺庙里读到社区、公园,乃至家庭,许许多多的人因为参加读书会而获得知识的增长,心灵的净化,气质的改变。有人因参加读书会,忧郁症不药而愈;有人因读书会,夫妻破镜重圆。想不到读书因"会"而拉近人与人的距离,增加自信,提升自己的知识学习,也结识更多的书香之友。

　　感谢高希均教授、柴松林教授、郑石岩教授、陈怡安博士、简静

我提倡读书会

惠女士及方隆彰老师,常常参与读书会总部举办的大型阅读活动及培训课程。十年来,人间佛教读书会总部走过十六个国家、一百七十四个城市,举办四百九十一场培训课程,与近十万个爱书人分享有效带领阅读,善用各种材料方法,阅读的触角从家庭到学校,从寺庙到监狱,从都市到乡村,从台湾到世界。

过去有人说,只要我们中华民族有读书的种子、有读书人,中华民族就会不断地发扬光大,中华文化就会在世界上熠熠生辉,我希望全球佛光人带领起佛教徒爱读书的风气,身为父母要鼓励子女多读书,为人子女也要送书给父母,朋友往来以书为赠礼,让国家因书而富,社会因书而贵,让人人过一个书香的人生。

我与艺术家们

我自己幼年出家的栖霞山寺,
山上就有一个石刻的千佛洞,
最大的无量寿佛,
我们还可以躲到他耳朵里面去捉迷藏。
这许多石刻,历经百千年,有百千个故事,
因此,佛教艺术也成为
我成长的生命里重要的一部分。
我虽不是艺术人士,
既不会梵呗,也不会绘画,更不会雕刻,
但是对于佛教的建筑艺术,
对净土世界的美妙风光,始终向往,
乃至对一些艺术家的风采也很欣赏。

艺术，是会传染、有感受的。我一生并没有爱好艺术的性格，只是喜欢文学，自己也不敢说作一个文学的作家。在栖霞山读书的时候，听到一位同学说，他将来的志愿是要写两本书；刹那间，眼前这位同学的形象突然一下子变得高大起来，让我无限崇拜，"伟大！你竟然想要写两本书，我想都不敢想。"没想到，现在自己也能有著作，大大小小几百本，好几千万言。

文学很浪漫，重于描写，可是我受胡适之先生的影响，他说："文章如讲话，话怎么讲，文章就怎么写。"我就这样地记下来，觉得写文章如讲话，没有困难。所以我的文章、讲稿，整理起来都跟说话一样。

对于艺术，我不敢去想。例如，我生来五音不全，没有音乐的天分，对于佛门里的乐器（法器），我没有节拍观念，铛、铪、铃、鼓等，一概敲不上板，但是其中的原理我是懂得的。例如我教过许多人法器,我能说出一个原理出来,他自然就会敲打,知道它的轻重、快慢、缓急、板位。

又如,我作了很多佛教歌曲,我知道唱歌的旋律、段落。甚至在录音的时候,乐器声音的大小,或者快慢,彼此怎样配合,我都知道一个标准,因为"理"是通达的。

至于与美术、书画的因缘,就要说起在焦山佛学院读书的时候了。焦山定慧寺是焦山寺院的祖庭,前后左右有数十间附属的庵堂,但那许多庵堂都是独立的个体,和祖庭虽有法系的来往,但并没有利益关系。

焦山位在扬子江的中心,四面都是长江,平常不容易有信徒来定慧寺烧香、供养,但它有数万亩的田地租给人家耕作,散在江苏各县市,以收租谷维生。每到收成季节,我都看到会有好几条船,到外乡去把这些道粮运回来。其他的小庵堂就要另谋生活了。

后来我发觉,这几十所庵堂都设有画廊或画室,由自己庵堂里的住持、当家作画出售。在十八九岁的时候,我还很孤陋寡闻,因此只要一有时间,就会跑到他们的画室、画廊去欣赏观摩。

这许多庵堂的僧侣,为了让自己的画能够出售,必得画得美观。我也知道,他们虽然比不上我们扬州的八怪,也比不上八大山人、石涛那许多高僧的作品,但他们的画作如山水、花鸟,一些静态的植物、古寺等,确实出色。我想,焦山这许多各处闻名的庵堂、画院,都会前来跟这些僧侣购买书画,或者将他们的作品拿到市镇的艺术公司,廉价的供给商人交易。

我常常看到这许多作品而心生欢喜,一次,我跟大舅父说起焦山书画之美,大舅父问我:"你什么时候送一幅给我?"这一下把我难住了,因为那是要钱购买的,我哪里有能力去买画?他们等于专业画家,不会送我一幅。为了大舅父的这句话,真是让我为难了很久。

我苦苦地思忖,如何才能有一幅画送给大舅父?他已开口跟我要了,我不能不去履行做到。我想了好几个月,后来遇到一位同学,他正在习作,实在画得还不够精美。但也只得商之于他,你练习的作品是否能给我一幅?好让我送给大舅父刘雨庭先生,以了却这一件公案。

这一位年轻僧侣画的山水,当然我也看出他的功力不够,但我也只能就此勉力给了。此事在我的心中,让我对大舅父不甚满意,你是长辈,我是出家的学僧,你应该想想,我哪里会有钱买画呢?但你跟我讨了,我也送你了,这画怎么来的,你也不问。好在,我们从此就没有再见过面。

因为,在焦山那时候穷,就如人家说的"贫无立锥"、"囊空如洗",当时我真的是一无所有。但我想到我是一个出家人,不能不满人所愿,尤其他已经跟我开口了,即使我确实没有办法!现在想起来,倒有一点自己也感到光荣的,那时候庵堂的画就挂在画室里,既没人看顾、也不得人问,平日供人随意参观欣赏;但我没有动念要去偷或向他们要,只是想尽办法找一幅送给大舅父。当然,我是不会去偷的,也没想过开口跟人要,总觉得跟人家要是一件不礼貌的事,毕竟这些画是要卖的。

一直到台湾和大陆开放来往之后,有一次,我人在美国,他托我三弟李国民把过去我送给他那一幅书画的碎片拿给我,大概有巴掌这么大,一共八张。我问我的三弟:"送给我这些是什么意思?"

三弟说:"大概他要告诉你,他对你很好,你看,你送他的东西,虽然已经烂成碎片,这么多年了,他都还收藏着。"我一听,大舅父真有心人也!后来他在大陆重建房子,我也寄一些美金聊表赞助。

这就是我初次和美术接触的因缘。

到了台湾以后,结交了书法家广元法师。广元法师就是宋元如,他是安徽人,出生于一九二八年,到台湾的时候,他还是一位警官。我被关在桃园拘留所里,有一次他来巡视,眼睛一直朝我看,我看他面容和善,没有像一般警察那种唬吓的架势,就跟他老实说:"我肚子饿。"他真的买了一碗面给我吃。我就这样感念,并且与他定交。

后来,获得黄胪初军长的介绍协助,让他做了陆军的连长,黄胪初就是后来的律航法师,又因为他们同是安徽人,他就跟随律航法师出家了,在台北树林建净律寺,并且担任住持。我们一直相交为朋友,他常常开办书画展,我都会去参观,他的字有许多不同的书体,如草书、篆书等,承蒙他也送过我几副对联。

广元法师在艺文界里有很多朋友,好比《女兵日记》的作者谢冰莹,我也是在净律寺认识往来的。我曾建议谢冰莹写一点佛教的故事,后来我看过几篇她写的佛教文章,如:《仁慈的鹿王》、《善光公主》、《观音莲》等,不知道她是不是听了我的意见才这么做的。

之后,我看到比我晚出家、戒腊比我小的广元法师都建有净律寺,而我自己有多少青年跟我出家都没有一个安身的地方,尤其,跟我学佛的这许多青年,因为我与"中国佛教会"的关系,当时许多佛学院不愿意收他们做学生,我想,我自己必须办一所佛学院。

后来,我就在高雄寿山寺办起佛学院来了,虽然很小,每年只能收一班二十个人,三个班级就六十个学生,但不在名额之内的旁听生很多。不过,我也有个条件,我可以接受你作旁听生,但你要帮我做事,因为办佛学院要经费,我必须给大家生活啊!所以,哪里要念经了,就由这些旁听生去。其实,这也是非常不得已的事。

学生一年一年增加了,总计也有八九十,甚至上百位学生,实在容纳不下,我就想把寿山佛学院再扩大,到山区建设佛学院。一九六七年建设佛光山的时候,我一无所有,自知困难,承蒙广元法师给我建议:"以你的关系,可以邀约书画界的人,为你画一些画来义卖筹措经费嘛!"

那个时候,我也有一个信徒叫作王郑法莲,知道我对世俗物质没有什么特别爱好,只有找些名人的书画给我,表示她对佛教的护持。同时,我也认识不少书画家、撰写楹联的文人,光是于右任的书画,我至少有五六幅;还有前"考试院"院长贾景德、前山西省长阎锡山的字,过去我都收藏过。只是年代已久,都不知这许多东西遗失在何方了。

感念广元法师的提议,但我自觉因缘不够,于是邀请赵恒惕、王云五、马寿华等书画家共同为我介绍、邀约,短短期间,各界人士送的书画,竟然收到二三百幅。包括张大千、溥心畬、吴平、陈丹诚、何怀硕、叶公超、袁守谦、董开章、朱云等人的作品。

我忽然想到,把这许多书画卖了,虽然对建佛学院经费解决了某些困难,但佛学院是建好了,没有内容、没有文化,能算什么呢?所以我一幅都舍不得卖,宁可艰难困苦度日,慢慢等待另外的因缘,这许多字画我也要把它保留下来。

在筹建佛光山期间,非出身艺术家的谢润德先生,为我画了一幅佛光山建设计划图,让我感念至今。当时的佛光山什么都没有,只是在我想象中酝酿这里要建什么、那里要建什么。但是这样子的说法,邀请画家来画,他都不会肯的;若是要找艺术家来画,他也会说"我们的专长是画美术,对实用的建筑图不内行";若是找工程专家,他会跟我要地形的等高线。可怜我根本做不起等高线,因为做个等高线测量,是要花很多经费的啊!

感谢谢润德先生,由于他在石油公司上班,经常画加油站,我商之于他,很快地,他就照我的意思画了一幅佛光山建设规划图,看起来真像灵山胜境。当时,我将这幅图发表在《觉世》旬刊上,没想到,此举对我开山建寺有着重要的影响。大家一看,喔!原来星云某人建的佛光山是这样的内容,捐款因此就增加了。

这一幅图和四十年后比起来,大致不差。我也是本诸这个理念没有什么改变,依最初开山定的方案一以贯之。所以,佛光山不是四五十年后才有的,早在四五十年前,它的图样就已经流行了。尤其,当时彩色印刷的费用相当昂贵,在技术上,必须一次一次套色印刷,不知印几次了。

后来在一九九三年左右,我为了佛光大学建校基金,不得已,还是决定以书画义卖方式筹募。一方面,那时候收藏的书画较多了,另外我也想,等我有了大学,将来还怕没有书画吗?于是先后在台北、高雄、香港、台中等地,陆续举办过多次,当中包括史国良、田雨霖、王壮围、李奇茂、董开章等人的作品。

这些书画的来源多种,有的人出于感谢赠送,有的人发心捐献,有的是大陆人士相赠,也有的人廉价让渡给我们。此外,国际知名艺术家李自健的夫人丹慧女士,她是诗人,也是书画行家,她帮我在大陆收购了一些,再加上我的徒众在各地别分院结交的艺术家,都能提供我部分作品。所以,大学初期的建筑经费,除了靠"百万人兴学"以外,这许多书画的义卖,也是一个重要的来源。行文至此,不禁要对这许多艺文画家说一声"谢谢"。

现在南华大学、佛光大学已经办起来,佛陀纪念馆也落成了,我没有忘记为佛教增加文化艺术的想法。先是二〇一一年,七十六岁的梁丹丰女士(广东顺德人,一九三五年生),画了一幅七米长的大画,将佛陀纪念馆八塔至本馆的全景纳入,秀逸灵动,精彩美妙。目前在本馆二楼美术馆画廊作常设展,成为镇馆之宝。为了画这幅巨作,梁教授还特地到佛光山住了一段时间。

后来,我们出身艺术研究所的如常法师,邀约了百位画家一起画佛馆,如:王恺、王五谢、吴隆荣、周天龙、林胜雄、侯寿峰、柳依兰、洪启元、张淑美、郭掌从、何文杞、许参陆、李毂摩、周澄、吴恭瑞、李奇茂、黄光男、林清镜、陈朝宝、张克齐、林幸雄等,并且在佛陀纪念馆联合展出。这些作品大部分都是油画,内容更加丰富精彩了。

我与艺术家们

与百位画家于佛光山传灯楼合影（慧延法师摄，二〇一二年十月七日）

综观佛教在中国的弘传历史上，除了佛法"因果报应"等解门义理，以及"禅净共修"等行门修持以外，佛教艺术实在占有重要的地位。

提到佛教艺术，第一个想到的就是佛教的梵呗。所谓"渔山梵呗"，有着"此音只应天上有，人间哪得几回闻"的赞誉，可惜这许多庄严缭绕的梵音，过去一直只有僧侣在佛殿里早晚课诵时，唱给佛祖听，真是"民间哪得几回闻"。

为了弥补这样的遗憾，佛光山自一九九〇年在台北"国父纪念馆"举行"佛教梵呗音乐弘法大会"开始，结合梵呗和弘法的特色，将佛教梵呗带到香港和日本、新加坡、澳大利亚、美洲、欧洲等地演出。除了梵呗，同时加入"天女散花"等佛教舞蹈，甚至与少林寺的佛教武术功夫互相衬托，把各类的佛教艺术推荐、介绍至世界

205

各地。

第二个代表佛教艺术之美的就是寺院建筑。过去的寺院,大多兴建在郊区或是深山丛林,不在市区与民争地,所以有谓:"自古名山僧占多。"每一所寺院所规划的空间,除了僧侣的禅堂、法堂、云水堂以外,为在家人所作的设施,包含客堂、讲堂、居士寮等,还是与民间社会保持接触来往。

第三个具有代表性的,就是绘画雕刻了。说到佛教的绘画、雕刻,举凡甘肃敦煌千佛洞的绘画、山西大同云冈石窟、甘肃天水麦积山石窟、河南洛阳龙门石刻、重庆大足、宝顶石窟等,这些地方我都曾经走访。如此的世界瑰宝,鬼斧神工,看了令人叹为观止。世界宗教的文化,有哪个国家、哪个宗教能比得上中国的佛教艺术之美呢?

我自己幼年出家的栖霞山寺,山上就有一个石刻的千佛洞,最大的无量寿佛,我们还可以躲到他耳朵里面去捉迷藏。这许多石刻,历经百千年,有百千个故事,因此,佛教艺术也成为我成长的生命里重要的一部分。

我不是艺术人士,既不会梵呗,也不会绘画,更不会雕刻,但是对于佛教的建筑艺术,对净土世界的美妙风光,始终向往,乃至对一些艺术家的风采也很欣赏。所以在这个章节里,我想谈谈我和一些佛教艺术家结缘的经过。

李奇茂

李奇茂先生是台湾艺术学院美术系教授,安徽人,一九二五年出生。我认识他是在一九五一年初,正在组织宜兰念佛会的时候。当时他是"政工干校"年轻的军官,准备和宜兰铁路局运务段段长张文炳先生的千金张光正小姐举行佛化婚礼。张文炳先生是虔诚

与艺术家李奇茂、张光正夫妇于佛陀纪念馆（慧延法师摄，二〇一二年二月十四日）

的佛教徒，一生主修念佛法门，他非常希望亲友也能跟佛教接近，所以就决定在宜兰举行佛化婚礼。

那时台湾的佛化婚礼还不普遍，被誉为金童玉女的李奇茂和张光正，在宜兰雷音寺佛堂结婚，一时轰动社会。我记得我为他们作了《佛化婚礼祝歌》，对李奇茂期以成为须达美公子，对张光正望她成为玉耶贤少女，古今的婚配，都有相似之处。

后来，李奇茂先生在台湾艺术大学任教，夫妇都成为名艺术家，经常送我一两幅画。我也很感念他们在艺术家里以佛教徒自居，经常创作达摩像、罗汉像、菩萨像。大约在二〇〇〇年代，他还将创作的一幅《罗汉》送给佛光山台北道场的美术馆。

数年前，我在宜兴恢复祖庭的时候，他们夫妇两人在大觉寺和我见面，非常欢喜，表示要把所搜集的四百多个从元朝至今的古董紫砂茶壶，全部送给我，希望我将来成立一个"禅茶艺馆"，弘扬佛法。

现在宜兴的紫砂茶壶享誉全球，但它与佛教的一段因缘却鲜少人知。据说过去有一位沙弥叫作供春，他顽皮好玩，将老和尚遗留下的紫砂细泥捏成一个茶壶，成为现今闻名的"供春壶"，因此沙弥供春便享有"紫砂壶鼻祖"之称。在这两年，大陆各界人士也共襄盛举，陆续有国家级紫砂工艺美术大师徐汉堂、吕尧臣、谭泉海等二十余人来访，举办"紫砂问禅"活动；汪寅仙女士还赠送以"佛指舍利"为主题的茶壶等，可谓是"禅茶文化"交流的一大美事。

从供春壶到近代艺术大家，因为李奇茂、张光正的因缘，我于军政、艺术、学术各界都增加了很多的朋友。现在他们两位年老的夫妻，还是相亲相爱，偶尔和他们见面，他们都非常的乐观开朗，我想乐观也是长寿之道吧！

杨英风

出身宜兰的杨英风先生，一九二六年生，是国际知名的艺术大师。由于我在宜兰弘法时，和杨英风及他的家族交往频繁，尤其在一九五五年，我正在建设"宜兰念佛会"的讲堂，一时不知到哪里去请人雕塑一尊佛像，听人建议，可以请杨英风先生协助雕塑现代的佛陀。不久，一尊高一丈左右的释迦牟尼佛行化圣像，就由杨英风先生亲自送来了。他没有收取任何费用，真正是艺术无价；也很感谢他的艺术无价，如果有价的话，恐怕我也付不起了。

这一尊佛像引起不少艺术家的注意，专程从各地到宜兰来参观。主要是因为在那个时候，台湾的经济条件还不是十分繁荣，要拥有一尊石刻或是木雕的佛像，都非常不容易，这尊佛像是用石膏塑造而成，也就显得格外特别了。

但是石膏做的佛像,供人欣赏可以,若供人礼拜,我觉得不是很妥当,所以便请人为佛像装金。一些喜好艺术的人却认为不是很适合。我想,适不适合,主要还是要让信徒感到欢喜,这才是礼拜佛像的重要意义。就这样,这一尊佛像和"宜兰念佛会"共存了数十年,直到讲堂拆除重建大楼时,才移至慈爱幼稚园继续普照。

后来,我出版《中英对照佛学丛书》的《经典之部》《教理之部》想请杨英风先生设计封面内页。

于宜兰念佛会主持"弥陀佛七",中间供奉的释迦牟尼佛像,即为杨英风先生所雕塑(一九五五年)

他没有让我们失望,很快便交给我一幅《息息相通》中的画作。整幅画看起来是一尊佛像,实际上却是三尊佛像;是三尊佛像,合起来却是一尊佛像,相当的特别。这幅画像原版流落何处,现在已经无从知晓,但在《中英对照佛学丛书》上,还能目睹其神采,也算是历史之作了。

渐渐地,杨英风先生成为世界级的雕塑大师,许多作品都成为各城市重要的地标。比如:纽约曼哈顿华尔街的《东西门》、花莲机场外的《大鹏鸟》、高雄小港机场《孺慕之球》、北京奥运地标《水袖》等。

《中英对照佛学丛书》插图:"息息相通",杨英风居士作(一九六二年)

杨英风先生的女儿出家成为比丘尼,法名宽谦,曾担任新竹斌宗法师的道场法源寺住持。她在弘法之余,也致力推广佛教艺术,二〇一一年佛光山传授国际三坛大戒,还邀请她前来担任尼部正授的尊证和尚尼。杨英风的公子杨奉琛先生也是台湾知名的雕刻家,并且担任"杨英风美术馆"馆长,曾在马来西亚佛光山东禅寺展出他的作品。他们都是对佛教有所贡献的艺术家,与佛有缘,我们也经常为其祝福。

张大千

当今艺术界,张大千的名号可说是如雷贯耳了。他是四川人,出生于一九〇〇年,曾在敦煌千佛洞临摹历代壁画近三年的时间,因而磨炼出的敦煌绘画,震动了全世界,开始名扬国际,并且为各界人士所收藏。在抗战期间,他的画作便流落各处。

大陆解放后,张大千旅居巴西"八德园",听说是个非常美丽的地方。后来巴西政府为了建设水库,不得不牵动到"八德园"。于是,他就回到台湾,将台北顶双溪(今双溪)荒废的养鹿场建造为"摩耶精舍",也就是现今的"张大千纪念馆"。

无论是家人、生活、交友,张大千先生都是一位艺术界的奇人,我无法全面描述,仅就我们往来的情况作一简单述说。

我与艺术家们

素有"五百年来一大千"的世界级画家张大千先生,至佛光山访问,并致送画作墨荷《一花一世界》(一九七八年三月十四日)

　　张大千曾到佛光山访问多次,他以佛教徒自居,还以佛教大礼向我礼拜,自称是"近事男",也就是"居士"的意思。一九七八年到佛光山时,送我一幅大画——墨荷《一花一世界》,除了上款特别题上我的名字外,落款处就是题写"蜀人近事男"。

　　后来为了筹措佛光大学经费,我就忍痛割爱,把这幅画拿出来义卖。先是由一位萧居士标得六千万,后来他又发心,当场再捐出来,被远东企业集团创办人徐有庠先生以六千万购买,总共为我们募得一亿两千万元,可以说是台北艺术界绘画拍卖会上标售最高的价码。苏富比拍画都没有卖过我这么高的价码。

　　很感谢这幅《一花一世界》,因为这一亿两千万元,佛光山再补贴一些经费,才能购得礁溪乡佛光大学的现址土地。后来,佛光山的徒弟们一直感到不舍,希望能有因缘再把它重新买回来,看起

张大千作品"观音像"

来此事难矣！虽然知道现在这一幅画被远东集团所保存，但对于它的未来安置，偶尔也不免会有一些挂念。

我失去《一花一世界》以后，仍陆续有因缘得到张大千先生一些小幅画作，特别是一幅张大千在五十九岁时所画的《观世音菩萨》。有人说，那正是张大千当年生命力最强时候的作品，画风特别丰富饱满。

这一幅画当初是由香港高岭梅先生所收藏，因为他过去在政府担任情报局的重要职务，张大千为了保护这许多画作，因而托他保管。后来张大千逝世，高岭梅先生在香港生病住院，他的儿子高伯真先生打电话给我，希望我到香港去为他父亲皈依三宝。台湾、香港两地虽然不远，但我因法务忙碌，短时间内我也无法亲自前往为他皈依。高伯真就说："师父！您就在电话里面，为我父亲皈依吧！"

我即刻应允，在电话中，就为高岭梅（八十一岁）、詹云白（七十八岁)夫妇,权巧方便皈依了。所谓"皈依",就是皈依三宝:依佛为师,故曰"皈依佛";依法为药,故曰"皈依法";依僧为友,故曰"皈依僧"。皈依后,我为高先生夫妇题取法名"普顺"、"普遂"。

这样结缘以后,高伯真先生为了表示感谢,就送我这幅张大千的画作《观世音菩萨》。我在台北的义卖会上公开这尊观音像的时候,一些人以为我会拥有张大千的画是不可能的,而认为它是赝品。后来张大千的弟子得知是由高岭梅所赠之后,就毫无异议了。

那一次在台北,也曾经有人愿意出价千万元,希望购得此画,但想到过去张大千先生和我的一些缘分,这一点佛菩萨的香火,我不愿意断绝,于是决定把它复印成画轴,让每一个人都能够将观音请回家供奉与珍藏,广为大众所流传,以此纪念我和张大千彼此的因缘。而这幅观音也受到大众的欢喜,像去年有鹿出版社为我出版《人海慈航——怎样知道有观世音菩萨》,大家便推荐以此作为书的封面。

现在几乎到处都可以看到这尊观音圣像,也算是显扬观音菩萨"千处祈求千处应"慈悲普度的精神吧!

曲儒

中国人,什么样的人像"中国人"?什么样的人可以称为"中国人"?

在历史上,孔子像中国人,孟子像中国人,"孔曰成仁,孟曰取义",仁义才是中国人。汉高祖是中国人,唐太宗是中国人,但是汉唐的许多君主,雄才大略是有,但仁慈天下不够;司马迁是中国人,杜甫是中国人,苏东坡是中国人,王阳明是中国人,但这许多文人雅士,他们有多少的苦难难以述说。我所以会这样说,是因为前中国西安文史研究馆副馆长、西安碑林博物馆的曲儒老先生,他就和

大陆微雕大师曲儒,至澳大利亚佛光山中天寺相见,并致赠稀有之微雕精品(一九九五年十月二十一日)

前述的这些人一样,他像中国人。

曲儒先生,一九二五年生,山西人。他曾在多个博物馆任职,当然为保护中华文化而全力以赴。他的微雕功力,真是出神入化,可谓大陆国宝级微雕大师。一粒米,他可以雕刻《兰亭集序》或《桃花源记》;一颗小豆子,他能雕刻一卷《金刚经》。他的作品既快而美,代表作不胜枚举,列举其中数件:

一、《长城》,将巍峨壮观、气势磅礴的万里长城,缩刻在一粒米大的象牙上。

二、《尼加拉瓜大瀑布》,把世界上最宽的瀑布,凝缩在比一粒米还小的象牙上。

三、仿怀素大师手迹《千字文》、仿书法大家于右任手迹《前后出师表》都是刻在一颗黄豆大的象牙上。

四、"发刻",用楷、草、隶、篆锲刻诗词和格言在发丝上,刀笔苍劲,意趣横生。

这种专才,令人惊叹不已。

曲老告诉我,微雕艺术源于中国,至今已有四千五百年的历史,雕刻时全凭手指感觉运刀,是融和书法、绘画、雕刻为一体的微观艺术。他曾经透过温哥华的赵翠慧小姐送我一些微雕作品。那时候,大陆的经济还没起飞,想来他们生活一定很艰困,所以我也透过赵翠慧小姐,在经费上给予他一些资助,略表一些心意与敬佩。

但是,曲儒老先生真的是"滴水之恩,涌泉以报",把他的作品一件件地送给我。我不是欣赏微雕的专家,没有积聚奇珍异宝的性格,实在收受不了他的好意,请他不要再给我这许多珍贵的东西,可是他的诚心诚意仍然源源不间断。

后来有因缘他到了台湾,在佛光山美术馆展出微雕作品。一九九五年在佛光山台北道场皈依。他比我年长,对我却一直执弟子之礼,并且自称是佛光弟子,发心要弘扬人间佛教。几年前在北京,曲儒先生也曾把西安最好的碑记,像唐太宗《大唐三藏圣教序》、《兰亭集序》等,都请人拓印装帧给我。每次收到这许多文化宝物,他那份真诚的心意,都令我感动不已。

一九九五年,由于曲儒老先生的因缘,由赵翠慧女士隐名出资,向陕西博物馆代购"铜马车"一座,特别赠送给了佛光山。"铜马车"是秦代的工艺代表,登峰造极的技术,有世界第八奇迹之称。据闻日本博物馆花了一亿人民币买了一对,美国也花了一百万美金才购得。现在,这座"铜马车"已成为佛光山的镇山之宝。

我若到北京,曲老他们夫妇都会从西安飞到北京看我,二〇一一年四月,西安"世界园艺博览展"邀我前去剪彩,又和他们夫妇在西安相逢。彼此欢喜,溢于言表。在我的印象里,曲儒这位老人家,就像道宣律师形容玄奘大师"言无名利,行绝虚浮",曲老先生大概就像此中之人。

曲老的微雕精湛,曾被日本前首相福田赳夫赞为"人间国宝",只是现在的人,欢喜看动态的、不费力的,一眼看尽天下的事物,已经不是看微雕的时代,也没有办法追求这种微细精致的艺术了。但是,曲儒老先生的微雕作品及其人,真可谓"人间国宝"。我们之间二十年来的交往,他从来没有自我宣扬,没有激进的言论,总是温文儒雅,不卑不亢的君子风范,展现一种真正中华文化的人格特质,却又平凡地表现一己之美,真是名副其实的"中国人"。

曲儒老先生成为佛教徒,诸佛菩萨!你们有了这样的中国人作为弟子,我衷心祈愿,为他祝福。

李自健

在与许多艺术家的来往当中,与我关系最密切的,就是湖南才子李自健先生了。

李自健,湖南人,一九五四年出生。一九九〇年左右,我在美国西来寺弘法,洛杉矶佛光协会会长吴剑雄先生陪同一位中国旅美青年画家李自健先生来访。席间,李自健出示了一些他的画作照片,我一看,惊叹其才,不禁讶然,眼前的这位青年,能画得出这样的作品吗?

他的作品大部分都是一些肖像人物,有的还都是我亲眼见过的人。我形容一句说:"他画得比真人还更像!"

我产生很大的兴趣,问了他一些生活的状况。他告诉我,他出生在湖南,毕业于广州美术学院,穷苦出身,采过煤矿,做过小工等等。虽然如此,但他有一个别人所不及的特点,从小对于施予他恩惠的人,他都会一一报答。

他曾经在身无分文的状态下搭乘火车,不得已只有逃票一途。有一位站长在检查车票的时候,给了他一个助缘,几十年后,他特地回去找到这位站长,回报感谢。成名后的李自健,在家乡捐助很多学校,对父母至孝,对手足提携,对妻儿照顾,都是无微不至。所谓上孝下慈,在他的身上都能看到,而且不只对家人好,对朋友更是讲究义气。

很难得看到艺术界有这么一位青年奇才,我不忍心李自健流落美国,只是当一个街头画家为人画肖像,就对他说:"我有一栋房子提供给你,你就带着家眷搬进去,生活不用挂念,请你安心作画。你可以画一百幅,每一幅以五千美金跟你购买,其他一切随你自由。"我并且提供他"人性与爱"这个创作主题,主要的用意,也是希望他能安住身心,专注在自己的艺术事业上精进。

家书(李自健绘)

李自健不负所望,用一年多的时间,将这一百幅画全部完成,他自己也感到有很大的进步。这一系列"人性与爱"受到热烈的回响,成功后,他又陆续创作了许多系列作品。后来,他在世界各国举办"李自健油画环球巡回展"时,大部分还借我的这些画去展出,我也乐于助成。这位中国人之光,在国际上的声誉,可以说和张大千相媲美了。当他的画作回到北京美术馆展出时,前海协会会长汪道涵先生,都去替他剪彩,显见政府对他的重视。

过去,他替人画肖像,每一张收费美金两千元,但是数年后,他的一幅肖像画,都是二十万美元以上的价码了。全世界的人,包括前联合国秘书长安南、荷兰女王贝娅特丽克丝、南非前总统曼德拉、马来西亚前总理马哈蒂尔、台湾的吴伯雄、长荣航空张荣发等,都曾请他画肖像。

他曾为我画了很多肖像,我就跟他说:"佛教讲'无我相、无人相、无众生相、无寿者相',我不需要这么多的肖像。"他竟也用佛法回答我:"我也知道师父不着相,但是世间还是要有相。"二〇〇三年,他和旅美的雕塑家,现任重庆大学雕塑艺术研究院院长郭选昌先生合作,以我的肖像创作一座高近三米的青铜圆雕像,取名叫《云游普度》。因为他们的合作,铜像姿态飘逸,栩栩如生,获得很多信徒欢喜,所以现在有数十尊我的铜像站立在世界各地。到处看到自己的铜像,让我感到颇不习惯。但弟子告诉我说:"佛祖也不要像,可是'像'却是信徒所需要。"我一听,也只有随他去了。

李自健做人也很成功,他有道德观,齐家孝德俱全,尤其他报恩的观念最为强烈。他到处说我是他的恩人。过去,华视曾经作过一个"点灯"节目,主要是感念过去的恩人替他点了灯,找到未来的方向,李自健竟然要我跟他一起上这个节目,让人感到他真是一位感恩惜福的人。

李自健和我交流当中,最为特殊的是,我请他创作一幅《南京·一九三七》的画作,描述一九三七年日本在南京大屠杀的事件。不久之后,他就完成这幅巨作,仿若真实的场景,震撼了许多人。在欧洲作巡回展出时,一些日本人竟用政治的力量干扰他,不准他展出这一幅画。他用很多的智慧抗拒日本的政治压力,终于如期展出。在荷兰展出的时候,连荷兰女王都前往参观。

转赠佛光缘美术馆典藏李自健(左一)之画作《南京·一九三七》,予南京大屠杀纪念馆馆藏,由南京市府副市长许慧玲(右二)代表接受(二〇〇〇年十二月十三日)

后来,他跟我商量,建议把这幅画送给"侵华日军南京大屠杀遇难同胞纪念馆"珍藏,我毫不犹豫地答应了。赠送的时候,还请我前往出席仪式,由时任南京市副市长许慧玲女士代表接受。

"南京大屠杀",这是近代人类死伤最悲惨而且最丑陋的画面,但是我们应该要记取这样的教训,人间需要和平,人间不需再有残杀。我也希望日本人为"南京大屠杀"事件,像德国人一样,勇于认错忏悔,才能在世界和平里提升人性。

李自健先生的才艺出众,并以有情有义而更加难得。这样的人,成为国际知名画家,可谓青年模范,我希望能有更多像李自健这样的人诞生。

高尔泰

高尔泰先生,江苏人,一九三五年生,被推崇为现代中国五大美学家之一,和朱光潜、宗白华、蔡仪、李泽厚齐名。

我和他认识是在一九九三年,当时他正旅居美国。高尔泰先生有很深厚的美学素养,一九八六年时,还被国家科技委员会评为"国家级有突出贡献的专家"。但是他不会英文,和夫人蒲小雨女士可以说是落难在美国。对于这么一位中国伟大的艺术家,实在不应该受到这样的苦难,我就请人跟他联系,表示我们可以帮助他。过去我让李自健先生住过的那栋"蒙地精舍",没有人住,可以提供给他们夫妇居住,生活费我也可以负担一些,他们夫妇欣然同意。

为了尊重他们的专业与尊严,我鼓励他们把禅门的故事画成"禅画",每幅并以一千元美金向他们购买,希望在半年内完成一百幅。他们夫妇二人都能绘画,因此一百幅很快地就交卷了。现在珍藏在佛光山美术馆中,成为佛光山的馆藏之作。

我不常居住在美国,没有办法供应很多的材料让他们夫妇有新的创作,我就鼓励他们到台湾来。曾在佛光山住了一段时期,也在台北道场美术馆有一些帮忙的助缘,甚至兰阳别院刚刚落成,就请他们夫妇把一些敦煌的风光展现在宜兰。

高尔泰先生不是一位绘画家,而是美学专家,所写的许多美学理论文章,我觉得内容不凡,具有很高的水平。我也很有心想要为他出版,但当时已有出版社与他订约。有一次,他寄给我一篇他撰写美学的文章,看了以后,便拿给一位弟子收藏,后来高尔泰先生想要取回这份手稿,那位弟子却记不得放在哪里了。高尔泰先生急得如热锅上的蚂蚁,强调这份文章是他的心血,绝对不能遗失。

后来弟子终于在他的书橱里找到,并且还给高尔泰先生,但这样的误会插曲,我想,已造成他心里的不舒服。

后来,他还是回到美国,表示不希望住在美西,想住到美东去。我们在美东纽约州有一处"鹿野苑",里面有一些过去的乡居小楼,他就到那里居住了,当时纽约

"禅话禅画"系列之一(高尔泰、蒲小雨绘)

道场的住持依恒法师很照顾他。住了一段时间以后,对当地情况慢慢了解,经济条件也愈来愈好,夫妻两人就自费买了一栋房子,搬回自己的新居了。所谓"金角落,银角落,不及自己的穷角落",自己的房子总是自己的天地。

现今佛光山佛陀纪念馆菩提广场的长廊外,有二十二幅禅门故事,就是取自高尔泰先生的作品《禅画禅话》,这些画作未来将继续发挥佛教艺术弘法的功能。

史国良(慧禅法师)

因为李自健的因缘,让我对绘画产生了很大的兴趣,像贺大田的老屋系列、香港阿虫(严以敬)的漫画作品等,我都感到非常稀

与慧禅法师于扬州鉴真图书馆(二〇〇七年十二月三十一日)

有和难能可贵。

我经常到各个国家购买许多画家的相关画作，整套珍藏在佛光山美术馆，借以丰富馆藏。还记得，我曾在旧金山市购得不少齐白石的画作，没想到竟然都是一些赝品；也曾到温哥华四处走访一些特殊的画家，一九九一年，就在一个小车库里，发现一位年轻画家——史国良先生。

史国良，一九五六年出生，河北人。他是中国美术学院的一级画师，他的画作中富有宗教情怀，尤其西藏民情，流露一股特殊的风味。史国良提到他对宗教的感受："看到每个人都有虔诚的信仰，虽然物质生活欠缺，但是内心富有，不是富商大贾所能比拟，因为他们的精神有所寄托。"

我跟他见面，表示想跟他购买画作，经过两三次来往，他跟我说："大师！您不必买我的画，我的人卖给您，我要跟您出家。"他告诉我，他的心愿就是出家学佛，要把他的专业技术贡献给佛教，以艺术光大佛教。

我很嘉许他的发心，就带他到美国西来寺为他剃度，提取法名

"慧禅"。他的身材和我差不多,我把自己的衣服鞋袜分一半给他穿用。

一九九六年,慧禅到台湾受三坛大戒,成为一位真正的出家人。后来我鼓励史国良回到北京,继续出家,继续画画。

他经常画一些画给我,甚至也在北京帮忙收购古董。有一回,他还特地从北京运送了两座唐朝的古钟到佛光祖庭大觉寺。近年,听说他的身体状况不太好,但每次我到大陆,无论是在扬州、宜兴,他都前来看我,可见他十分珍惜这份师徒之缘。

郭选昌

前面说了李自健先生,就要一提他的好友郭选昌先生了。

郭选昌先生,一九五三年出生,重庆人,现任重庆大学美术博物馆副馆长、重庆大学雕塑艺术研究院院长。他的雕塑作品活灵活现,神韵独特,曾经受美国白宫之邀,为罗斯福、福特、克林顿、布什四位总统雕塑肖像,并获得美国"总统雕塑奖"、"二十世纪杰出人物成就奖"等,被纽约誉为"富有国际声誉的艺术家"。其艺术成就享誉国内外。

十多年前,我是因为李自健的因缘在美国与他结缘,后来也在日本及台湾、大陆多次见面。他们两个人合作,一个绘画,一个雕塑,联袂送我一座近三米高的青铜圆雕的塑像。我也不知道他们什么时候开始合作的,不过海内外的弟子们看了表示肯定,纷纷要他再复制,带回各自弘法的道场。例如:日本本栖寺、美国西来寺,乃至本山的传灯楼一楼客堂等。弟子们告诉我,信徒、访客看了欢喜,经常就站在铜像旁边拍照。我想,这也很好,近几年来,我因年迈,体力、脚力不似从前,无法一一满足信徒的愿望与他们合影,照相的工作,就由这座分身来代劳了。

与美国城市雕塑中心名雕塑家郭选昌于日本本栖湖前(二〇〇二年九月二十六日)

二〇一一年,郭选昌特地来佛光山拜访,赠送由他所创作的"大师手模青铜雕塑"。那是我在二〇〇七年到重庆三峡博物馆展出"一笔字"时,为他留下的手印,他千里迢迢亲自带来给我,这份心意,着实令人感动。

而二〇一一年落成的佛光山佛陀纪念馆,最早佛馆的外观"佛陀立像"即是郭选昌先生的作品。当时几乎就要定案了,后来因为工程结构的问题而作罢。不过,佛馆宝塔上庄严的佛像,则由他所雕塑,李自健先生提供意见,而得到大众的一致认同。承蒙多位艺术家的设计与参与,增添佛光山佛陀纪念馆艺术美学的元素,共同成就了"人间佛国"。

田雨霖

北京国宝级画家田雨霖先生,吉林人,一九四〇年生。从小喜爱绘画,六岁开始跟着父亲学画,有"天才画童"之称。九岁以一幅《拔萝卜》入选为小学课本插图,享誉全国。十六岁时,作品《暑

与画家田雨霖伉俪（右二、左一）、中国美术馆馆长范迪安（右一）、慈容法师合影于北京中国美术馆（二〇一〇年五月十一日）

葵》入选北京市美展，获得极高的评价，是所有参展者中年龄最小的画家。

记得一九九四年，因为加拿大信徒林超先生、温哥华协会会长赵翠慧小姐的因缘，我在温哥华认识了田雨霖先生。我们一见如故，非常投缘。当时，他得知我正在筹建佛光大学而举办书画义卖，便慷慨捐赠自己的数幅画作热心助成。

之后，辗转听赵翠慧小姐表示，每次只要田先生听说佛光缘举办书画义卖，总是捐出他的作品共襄盛举。不只如此，他还主动提供他最擅长的百幅花卉作品给美术馆展览，承蒙他的美意，灵现绽放的花卉画作，就在澳大利亚南天寺的佛光缘美术馆、台北佛光缘美术馆等地方展出了。

田先生对于书画义卖的热情关切与支持,我深表感谢。他前后所捐赠的画作,价值应该不只人民币千万元以上,但是他从未和我计较过。后来,佛光缘美术馆特别将他捐赠的作品编辑成《田雨霖水墨画辑》,这样的美事,我当然乐见其成,便欢喜地为他作序。

田雨霖先生在大陆国画上的成就,创意极高。他的创作理念,与我推动人间佛教的想法颇为相契。他曾说过,国画要"求新、求变",讲究"唯真、唯心",一切都是给人一个充满春意的世界;他也表示"国画应不再是画室里的东西,应该加强国画的功能性,应该为时代服务"等等,这和我曾提过"凡是佛说的、人要的、净化的、善美的,就是人间佛教"的理念,颇有异曲同工之处。

我曾经到北京田先生的府上拜访,他为了避免让我舟车劳顿,还特别到机场接我。他们贤伉俪与我有数次的谈话,两人乐善好施、不拘小节的爽朗性格,给我留下深刻印象。而田雨霖先生甚至在公开的场合中,谦称是因为我给他的开导。其实,我想,应该是田先生的为人和他的画一样,为生活增添了自在美好,为世间增添了色彩活力,这和人间佛教给人欢喜的精神是一样的。

陶寿伯

陶寿伯,江苏无锡人,一九〇二年出生,从小就喜好篆刻,曾经从商过,但最后又回到他热爱的艺术天地。

我与陶寿伯先生相遇是在一九九四年春节期间,那时他已经九十二岁高龄,陶先生擅长篆刻和画花鸟蔬果,尤其是梅花,吴稚老曾盛赞他为"梅圣"。那天一见面,陶先生就兴奋地告诉我,他那幅六十七岁时的水墨作品《冷艳》也陈列于义卖书画之内。他热情地表示，如有需要，他愿意捐赠更好的画作来共襄善举。之后，他真的连续捐出数幅，不断为佛光大学画"梅"；我也经常在各大媒体看到他捐画给其他慈善机构，可见他是一个古道热肠的人。

陶先生非常活跃，在台湾、香港，以及菲律宾、泰国、新加坡、柬埔寨、马来西亚、日本等地举办过二百多次画展。

陶寿伯先生的梅画闻名于世

溥心畲曾赞叹："见君画梅，落纸如风，辄爽然若有所失，君工篆刻，然笔纵超逸，无金石刻画之迹，是能兼之冬心二树枝善者也。"他于一九九七年在台北撒手归去，据统计，他生前创作的梅画有两万余幅，山水花鸟画和篆刻作品也各有万余件。可谓产量相当丰富的艺术家了。

施金辉

十九年前，国际佛光会台中分会的督导沈尤成居士，曾送我一幅半身的观世音菩萨画像，我当时一看，色彩非常柔淡，朦胧中含蕴着一股宁静，给人一种不食人间烟火的感觉。

与画家施金辉伉俪（慧延法师摄，二〇一一年八月十七日）

我看过的佛菩萨画像不计其数，但类似这种风格者并不多见。从沈居士处得知作者是住在台南新营附近的施金辉先生，因此特地打电话给施先生，约好到他府上拜访。

施金辉，一九六二年生，台南人。他和他的夫人林颖英都是美术科班出身，那时候施先生因为生病发高烧，等烧退清醒后，却发现自己连走路都有困难，再也无法自由行走。幸好，施先生个性乐观开朗，他说，或许是因为这样的因缘，他才能静下心来好好作画，真是"塞翁失马，焉知非福"！

他说，平常只在电视或报章杂志上看过我，得知我要登门拜访时，他一直不敢相信，以为是在做梦。"平常并没有培植什么因缘，大师怎么可能会到我家呢？"看到我的出现，施先生感动地说，这都是他画观音菩萨的感应。

后来，我听到人家出二十万跟他买一张画，他不卖，他说，假

与摄影大师郎静山先生于佛光山大悲殿前（洪清霆摄）

如是星云大师要的，我就送他。我很感动，就请他画一百幅画，每一幅画，在那时候是五万块的价码，一百幅画就等于五百万了。

当时，一提到画观音像，施金辉先生的眼睛都亮了起来，他说，每次在画菩萨像时，都会做梦，他笔下一点一画的轮廓，都是他梦中所看到的景象。梦醒时分，下床第一件事就是赶快打草稿，以免太清醒了而记不得梦中景象。施先生说在梦中瞻仰佛菩萨的圣容时，菩萨眼睛就像螺旋似的深深地吸引着他，整个人几乎都要被卷进去，每幅菩萨像皆因有所梦才下笔的。施府客厅已有好几张完成图，每幅观音的姿态手势都不一样，桌上也有好几幅正在打稿中。

我曾建议施金辉先生有系统地收集唐、宋、明、清以来的观

受邀名漫画家暨青铜佛像收藏家蔡志忠做家庭普照(一九九四年十二月二十一日)

音画像,重新整理归类,将来可以作一次"百幅观音展",或一系列的"百幅禅画展",届时佛光山的美术馆一定优先展出这些作品。

我记得,在第一次的书画义卖中,他所捐出的两幅,均被高价争购。毕竟佛菩萨在信徒心目中还是比较有地位。

后来,我们一直维持联系,他的作品也不断在佛光山及佛光山的别分院道场展出,都受到好评。

除了上述数人,与我来往的艺术家们,还有摄影大师郎静山先生(江苏淮阴人,一八九二年生),他曾在开山之初访问过佛光山,还在一百零四岁高龄的时候,特地书写了一幅《大悲咒》提供给我们义卖,为大学募款。

我也收藏有何山先生(湖南湘阳人,一九四一年生)敦煌的绘画一百幅；贺大田先生（湖南攸县人，一九四九年生）的老屋系列一百幅；香港漫画家阿虫（本名严以敬，广东人，一九三三年生）为《星云说喻》画的一百幅作品；小鱼（本名陈正隆，基隆市人，一九四七年生）为《人间万事》画的一百幅作品；还有周澄（宜兰礁溪人，一九四一年生）、蔡志忠（彰化花坛人，一九四八年生）等伟大的艺术家，他们的作品皆成为佛光山佛光缘美术馆的珍藏之宝，在一定的时间，就会安排展出，让民众得以欣赏。

实在感谢这么多艺术家的隆情厚谊，透过艺术家的生花妙笔，可以尽收世界的美丽，也因为有这许多的艺术家以生命创作，才能有撼动人心的艺术之作流传，让人从中体会佛教艺术的奥妙，使佛法更为流通普照，更加深入人间民心。

与佛教有缘的艺术家还有很多，实在不及一一述说，也只有在此心香一瓣，为他们祝福了。

台湾佛教出版界的风云

当年我与智勇法师在宜兴
编辑《怒涛》月刊的时候，
一股为佛教的热忱，
促使我们能勇于订下以春秋之笔，
褒贬佛教人事的约定，
期许佛教人士都能有一种
重视舆论与警觉自己行为的表现。
所以，来到台湾之后，
就希望佛教界也能有这样的共识。
而对于一些佛教的有缘人经营商业，
我总是想，能助其一臂之力，
佛法的事业也才有人肯做。
所以，后来有些人做僧服，僧袜，
乃至开设僧众用品店等，
我也都很乐意给予帮助。

早期台湾的佛教徒,时兴印善书跟人结缘,但因印刷品质不高,获得的效果有限。倒是另外有一些堪称文化人的居士大德,他们热衷写作,发心编辑杂志,出版佛书,甚至重印藏经等,确实为佛教的文化事业,做出了一番贡献。这些居士们和我也有特殊的缘分,在此略做介绍,借以纪念,同时为台湾佛教出版界的过去留下点滴记录。

朱斐(朱时英)

朱斐,江苏吴县人,一九二一年生。"朱斐"这个名字,最初在台湾非常受冷落,大家都以为是共产党的朱德,后来我就请他另外取个名字。实际上他还有个外号,叫做"朱时英"。

朱斐居士和我年龄相仿,大不了我几岁。一九四九年,他在台中市立图书馆担任总务主任。除此之外,他也接任了《觉群》周报的主编工作。

《觉群》周报是一份由太虚大师创办,倡导新佛教的周刊,一九四八年经由大同法师带来台湾复刊,社址在台中宝觉寺。后来,大同法师因为"匪谍"嫌疑远去香港,有人建议由我来担任编辑,所以我就从中坜来到了台中。只是编了一期之后,感觉到周围的气氛怪异,直觉有人跟踪,为了谨慎起见,我便婉谢了这一份工作,回到中坜后,也不敢外出,就经常蜗居在圆光寺里。

《觉群》忽然间又没有人主编,后来就拜托朱斐居士承担编务。朱斐居士笃信净土,是印光大师的弟子,在台中时又和专修净土的李炳南居士结为师友,因此在他接编《觉群》之后,就把《觉群》的宗旨改为推崇印光大师的净土思想,并请李炳南居士担任社长。

这么一来,身为读者的我,看了就感到非常不以为然,于是鼓起勇气,写了一封信给朱斐居士。信中我说明《觉群》这一份杂志是太虚大师所创办,有一定的宗旨,不该用来提倡净土念佛。好比张家的祠堂、李家的祠堂,祖先各不相同,不能忽然间就把祠堂里的祭拜对象给改变了。

当时我很担心这样的意见会引起他的误会,以为我反对净土念佛法门。所以信里就一再地告诉他,我们都是念佛人,我也主张"禅净共修",但因事关大师们对佛教的发展各有理念,实不容他人予以混淆。哪知道这封信寄出去之后,朱斐居士替我全文刊登,说明他们不办《觉群》了,要重新登记,另外再办一份名为《觉生》的杂志,同样是纪念印光大师,发行还是在宝觉寺,也由李炳南居士做社长,他继续做主编。

结果这么一来,我在台湾就有了一个"反对净土"的罪名。其实我一点都没有这个意思,但是后来宜兰念佛会邀请我去领导的时候,由于李炳南居士先我在宜兰弘法,就告诫宜兰人不可以请我

与朱斐居士(右一)应邀赴日,旅日清度法师(左一)、仁光法师(左二)、广闻法师(后排左一)等相会(一九六三年八月)

前去。事实上,这真是莫须有的误会了。

后来过了将近一年,我记得是在《觉生》月刊的第十三期,我写了一篇《当茶花再开的时候》投稿,宣扬一位少校军人信仰的转变,朱斐居士等人看了非常欣赏,也就化解了过去的误会。从此我们便时有来往,甚至于他还邀我继续为《觉生》写稿。

只是,不知经过了多少时日,《觉生》又给宝觉寺的林锦东居士收回,朱斐居士等人只有另起炉灶,于一九五二年创办了《菩提树》杂志。从第二期开始,我就成为《菩提树》的长期作者,和朱斐居士本着同是佛教文化人的想法,相互地尊重、提携,一点隔阂都没有。

尽管我为《菩提树》写稿多年,不曾获得一点报酬,乃至于"菩提树杂志社"出版的书籍也不曾赠送我一本,但是我并不介意。甚至,那时候我人在宜兰弘法,还一直帮助《菩提树》在当地推销,陆续增加了三百多位读者。

当年我和朱斐居士都很年轻,虽有出家、在家的分别,但实际上我们对佛教的弘法热忱都是一样的,只是此中也引起了一些误会。

那时候,我们经常在台湾各地联合弘法、传教,许多年轻人也都很热情地参与。记得有一回,我带了宜兰念佛会的青年,他带了台中佛教莲社的青年,大家一起远征澎湖,与当地的青年会合。但是在一次的闲谈中,朱斐居士却告诉我,他对于忏云法师、净念法师、道宣法师非常崇拜,因为他们平时都不对外走动,只是安居一地修行。此话也就是说,他认为出家人应该安于一处修行,对外弘法的责任交由在家居士担当即可。

当时,我很不能接受他的这个想法,虽然我们没有为此争执,但是在我心里,逐渐地也就对他产生了距离感。所谓"佛法弘扬本在僧",这是太虚大师的名言,何况佛经里也经常提到"僧住则法住",假如僧团没有弘法的功能,那么僧团的作用是什么呢?

所以,后来当我主编《人生》杂志的时候,我就写了一篇文章,叫做《弘法‧护法‧求法》,在我认为,出家众的责任是弘法,在家居士的义务则在护法。不过,后来我也渐渐地警觉到,我这个说法也不对,弘法、护法是每一个佛子的责任,并不需要分彼此。

总之,此事之后,我和朱斐居士虽然还是同在佛教里发心,但是在心态上,我已觉得彼此的思想是有很大距离的。

第二件误会,是我认为对于佛教的人事、言论应该要有褒贬。好,则予以褒扬;不好,则应给予批评、纠正。或许我的想法在他看来操之过急,但是那个时候,我心中只有佛教,没有别的挂碍,我既未想求得名闻利养,也不想做当家住持,一心只有想到佛教要兴隆、佛教要健全。或许这也是因为当年我与智勇法师在宜兴编辑《怒涛》月刊的时候,一股为佛教的热忱,促使我们勇于订下"以春秋之笔,褒贬佛教人事"的约定,期许佛教人士都能有一种重视舆论与警觉自己行为的表现。所以,来到台湾之后,就希望佛教界也能有这样的共识,可惜事实并不如人意。

我在一篇物语《香炉的话》里(后结集成《无声息的歌唱》)提出祝愿,希望一些危害佛教的人士能够早日消灭。朱斐居士看了之后,即刻写信给我,表示大不以为然,批评我出家人不可以伤害别人,并且还提出李炳南居士也同表深深地不以为然。

对于他的说法,不由得让我感叹,并为佛教的前途忧心。每个人若都想要做佛教里的好人,没有正义感,没有公德心,没有公是公非,任由少部分的人在佛教里胡作非为,佛教的未来又该如何是好呢?因此,我觉得朱斐居士太过明哲保身,太过自私了,不得不让我对他心存芥蒂。不过,对于佛门里僧信的处事氛围,我也早已明白并不容易改善。

虽然我和朱斐居士对于某些事情的看法,有一些立场上的差距,但是我们不曾有过正面的争执,至今五十余年来,一直都非常友好。我不仅做了《菩提树》的长期作者,甚至于有一些特殊的文章,不管用什么笔名发表,都是先投稿给《菩提树》。例如我以"摩迦"之名撰写的《国家公园与佛教圣地》,就曾蒙朱斐居士替我在第一期发表;我翻译日本森下大圆先生的《观世音菩萨普门品讲话》时,序品也是交给《菩提树》。

另外,我也帮忙他邀稿。像煮云法师的《普陀山传奇异闻录》,就是我替他约稿的,后来结集出书时,我还写了一篇长序。这一本书在台湾不只发行了数十万册,甚至多达数百万册,一再地再版,说它洛阳纸贵,真是一点也不为过。

乃至于我每次到台中弘法,受到慈善寺、慎斋堂邀请前往讲经,座中也必定都有李炳南老居士和朱斐居士,甚至有时候晚间也还住宿到朱斐居士的府上。

因为与李炳老、朱斐居士的谈话,都是有关佛法的信仰,谈起来也就觉得很够劲。可惜每次话题都只能局限在佛教的教义上,假如论及佛教的人事、事业,我们的意见就大不相同了。所以后来《菩提树》在发行了几百期后,或许也由于我的事业很多,他就交给了一位来自越南的,台北灵山讲堂创办人净行法师(一九三四年生)接办,而没有说要让我继承了。

不过,在朱斐居士还未交出《菩提树》的前几年,我在南部建设佛光山时,为了给佛学院学生精神上的鼓励,写了一篇《怎样做一个佛光人》,这是为"佛光山"的学生所写,故名之为此。听说他对我文中所述"佛教第一,自己第二;大众第一,自己第二"等观点相当认同,认为这岂只有佛光人要这样做,所有佛教徒也都应该如此,所以在刊登时,还没经过我的同意,就改为《怎样做一个佛教人》。

承他的好意肯定,但是佛教那么大,团体、宗派那么多,我也不敢提出这样的要求,只是在佛光的小范围里提倡。等于太虚大师过去"志在整理僧伽制度,行在菩萨瑜伽戒本",他对于僧团的革新理念,从最初《整理僧伽制度论》中以设立八十万教团的目标,到《僧制今论》中减为二十万,再到《建僧大纲》说的四万,到最后缩减为一座道场,创立"菩萨学处"。

我也是一样啊,我哪敢要广大的佛教徒都能听我的意见,我只能要求佛光山的徒众这样想,并且要求他们这样做到就好了。

当然,朱居士的想法也没错,但是我还是为彼此几十年相处下来,在思想上的一点差异,感到很可惜。

朱斐居士除了创办《菩提树》,还创办了菩提医院,成就了慈光图书馆,可以说,当时台中佛教事业的发达,就是借助李炳南居士的领导,和朱斐居士为教的信念所成就的。

后来,他移民到了美国,在我觉得,是应该要让他"移民"到佛光山来的。只是那时我才开山,不具备移居的条件,当然也就无法获得他的前来了。不过事实上,朱居士这个人也有"只为佛教"的发心,并没有想要佛教对他如何优待。再说,他是台中佛教莲社人,当时台中佛教莲社势力很大,其实也就是在照顾他、庇护他了。只是,之后他不知何故,又从纽约跑到故乡上海,大概是由于夫人邓慧心女士去世,失去了老伴的男人,也就想到了故乡吧。

他在大陆生活了多年,偶尔回台也和我小叙。但是那个时候,我正为了佛光山内外的法务,忙得不亦乐乎,也就逐渐地疏于联络了。一直到现在,听说他住在台中的一个养老院里,已经九十多岁高龄。虽然他还是没有来佛光山居住,但是有邀我前去看他,只是我因为法务繁忙,因缘尚未成熟。

由于朱斐居士也算是我的老友故人,尤其对台湾佛教文化有非常重要的贡献,所以在写这篇文章的时候,对于这样一位同为宣扬佛教而努力的道友,不禁心系念之,备感怀念之至。

陈慧剑

佛教的青年居士中,与我同时代,共同为佛教打拼的,除了朱斐居士之外,就属陈慧剑居士了。

陈慧剑居士,江苏泗阳人,一九二五年生,一生更名多次,本名陈锐。早年,他曾以笔名"上官慧剑"在佛教的杂志上发表文章,而"陈慧剑"则是他最常使用的笔名。

陈居士一生的著作有多种,例如:《寒山子研究》、《当代佛门人物》、《维摩诘经今译》等。甚至于一九六一年,他的中篇小说著作《心灵的画师》也在我成立的台北三重埔佛教文化服务处出版。

其时,因为我主编《人生》杂志,非常注意佛教文化人的动态。所以,当我得知陈慧剑居士在花莲一所乡间的小学代课教书,兼任

与《弘一大师传》作者陈慧剑居士

《中央日报》地方记者,加之于太太的护理工作收入有限,生活陷入困难时,曾一度邀请他到台北来发展。但他总是说:"如果没有太太的护理工作,光靠他一个人打拼,是没有办法养家活口的。"因此,他也就始终没能北上。

一直到了一九六〇年,那时候我主编《今日佛教》,最初是朱桥先生做我的助理,后来我发现他是编辑奇才,实在不忍埋没人才,让他再为我这一份小小的杂志屈就,便鼓励他到《幼狮文艺》去担任主编。

当时《幼狮文艺》是"救国团"的团刊,刊物发行都在百页以上,自从朱桥接编以后,扩大篇幅,充实内容,一时之间成为台湾杂志界的龙头老大。朱桥也因此在文化编辑上奠定了崇高的地位。但是对我来说,人间佛教的推展则又缺少了一位人手。

虽然那时候《今日佛教》有八个社委,但是他们都只是挂名,甚少闻问,基本上还是由我一人独自担当。所以有时候杂志出刊了,也只有我一个人卖命地从下午一直包装到隔天天亮。经过了整整一日一夜之后,好不容易把几千份杂志都寄出去了,才好像了却一件大事似的,稍稍可以松口气。

尤其,那时因为我在宜兰、罗东、头城、台北、虎尾、龙岩等地都有念佛会,在高雄还有佛教堂,偶尔总要到场给予信徒鼓励。乃至佛教文化服务处的出版工作,也由我负责策划总编,所以对于《今日佛教》的发行,实在说,是力有未逮。而在这个时候,忽然间又少了一位助手,编务工作当然也就更加为难了。

后来,陈慧剑居士终于来到台北,有他帮我编辑《今日佛教》,我才得以兼顾其他佛教事业。但也或许是他在东部乡间住久了,少了城市的历练,格局并不大,只是一味地在一两篇文章上计较优劣,在发行的业务上,也就一直放不开手去发展。不过,我们还是能够非常友好地合作就是了。

之后,《今日佛教》给原创办人广慈法师收回,我就接办了《觉世》旬刊。那时,还是由陈慧剑居士协助编辑,只是后来他在台北取得了正式的中学教员资格,而我则从台北搬到了高雄,就这样,我们也就各自去为前途打拼了。

多年之后,陈慧剑居士在台北发表了著作《弘一大师传》,受到各方好评,从此也在佛教文化人当中有了一定的地位。之后,他又在台北举办了弘一大师画展,也邀我前去捧场,我应其所请,每年都前往参加。只是,不晓得是他的性格使然,还是那时候他推动佛教发展的能量只能到此,一个弘一大师的画展只是在几十坪的小房子里举行,总觉得未能好好挥洒,颇为可惜。

不过,后来在他的努力下,"弘一大师纪念学会"终于成立,当时我也前去祝贺,并为弘一大师纪念铜像主持开光落成典礼。甚至于香港企业家徐展堂先生送我几幅弘一大师的字,我还捐了一幅送给他，表达对弘一大师纪念堂成立的共襄盛举之意。总之，我也帮助他做了许多事。

其实，在学会成立之前，他还曾出任以出版佛学书籍为主的"天华出版事业公司"总编辑。后来又到慈济功德会，担任《慈济道侣》总编辑一段很长的时间，那时候倒是有他发挥的契机，《慈济道侣》编辑得很好，可见得他还是有才华的。

陈慧剑和朱时英（朱斐）居士同是具有佛教性格的人，他们都是以教为命，虔诚正信，且热心佛教文化的居士。我们知道，一九五〇年代的台湾，佛教文化可谓如沙漠一般，荒凉无比，而他们愿意在沙漠里充任园丁，自是难能可贵了。

刘国香

除了陈慧剑居士之外，同样撰写弘法文章不遗余力的青年代表，应该就是刘国香居士了。

刘国香居士是军中退役下来的战友，一九二六年生，湖南衡山人，和道安法师是同乡，也是道安法师的得力助手。我记得，那时候在台北，他随从道安法师就好像出家的弟子般，亦步亦趋，跟随着道安法师纵横佛教会、文化事业及各种活动。尤其道安法师创办的《狮子吼》月刊，在我的记忆里，发行、编辑等大部分的工作，都是由刘国香居士来担任。甚至于有时候道安法师无法参加的一些会议，也都是由他代表出席。他对道安法师的效忠、恭敬，可以说就差没有出家换上僧服罢了。

此中，他也和我时常往来。记得我在一九五九年成立"佛教文化服务处"后，他就经常到访我们的工作场所。可惜那个时候，因为他的湖南话我听不太清楚，加上他的声音低沉，我也就难以和他畅快地纵横议论。

与刘国香伉俪摄于佛陀纪念馆(二〇一二年三月二十四日)

后来道安法师圆寂,他投身到佛光山来,在佛光精舍里也住了很长一段时间。期间,他曾经参与佛光山《中国佛教经典宝藏精选白话版》的审阅,也在我创办的《普门》杂志上不断撰写文章。而当初我之所以没有邀他参与编辑《普门》杂志,是因为那时张培耕先生担任社长。虽说两人之间不至于会有"一山难容二虎"的窘境,何况他们也没有对立、争斗,不过在我想,他们分属不同类型的性格,在工作上还是不会投机的。

除此之外,他也在"佛光大藏经编修委员会"里服务,只是那时候我决心要将这一套藏经,以比丘尼的名义出版,借此提升比丘尼的地位,因此对于少部分曾经参与编修的比丘、居士,我也就没有特意去表扬他们。在台湾,比丘尼早先是没有地位的,就连出去念经也都没有人要接受,而我能把这种情况改变,说来女众真是要好好谢谢我的。

后来,刘国香居士也在佛光山皈依,并且再三向人强调他是佛光弟子。他的著作很多,有《圣僧玄奘大师传》、《雨花集》、《红楼梦与禅》、《圆觉经》白话译本等,可以说在佛教界里也是著作等身的文化人了。

朱蒋元

在佛教文化出版事业当中,和我因缘关系比较深的,应该算是朱蒋元、朱其昌居士父子了。

朱蒋元是江苏南京人,一九二三年出生。最初,他想要出版《台湾佛教寺院庵堂总录》,特地前来拜托我给予支持。我向来对于佛教公益事业最感兴趣,尤其想到过去出版《中华文化历史系统图》时,实在说,那虽然是我的发想,却是他辛苦工作的成果,而他硬是要用我的名义出版,我也不得不顺从。

《法轮》杂志社发行人朱其昌居士(左二怀抱孩子者)阖家前来拜访(二○○八年三月三十日)

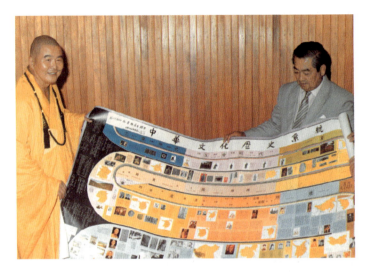

主编《中华文化历史系统图》,在年代中编入佛教大事纪,赠送马来西亚首席部长林苍祐医生(一九八七年七月八日)

据闻后来那一张《中华文化历史系统图》,在各级学校里作为老师教学之用,对教育方面深有贡献。想到他过去的付出,现在商之于我,要求出版《台湾佛教寺院庵堂总录》,我当然极愿意给予帮助了。

此外,他还要我为这一本书订定书名,并且给予题签,我也毫不犹豫地就答应他。只是后来有少部分的寺庙,听说是我题的书名,都不愿意承购这本书。朱蒋元居士则来安慰我说:"即使所有的寺院都不愿意购买,我也是要你在这本书上题签。"

我感动于朱居士的这种义气,也就更加欣赏他了。所以,当初他的许多文化事业,我都尽力给予赞助。例如他是华宇出版社的发行人,因此,凡是华宇出版社出版,与佛教有关的书籍,我都尽力帮他经销、推介。

后来他和我说,想要编一部《现代佛教学术丛刊》以及《世界佛学名著译丛》,希望由我担任编辑,我则委婉地表示,实在没有时间,建议他找张曼涛先生协助。没想到,张曼涛先生一开口,就要他以三十万元作为编辑目录的费用。我记得,那时候的三十万块钱,足以买一栋国民住宅,但是为了这套书出版的意义深远,我也就对他说:"我来帮你负担这部分的费用好了。"后来,张曼涛先生还算有良心,在那套书的编辑后记里提到了这件事情,总算让当时的那笔三十万元新台币,不是白白地花费掉了。

《现代佛教学术丛刊》共有一百册,由于当时朱蒋元居士出版这套书的时候,印刷费很高,为了让他获利,一部一万块钱的书,我就向他请购了两百部。不过我也知道,这种有意义的书,若能在佛光山全世界的别分院或图书馆,一家放一部,也是不为多的。

至于他后来究竟印了多少部,我并不知道,但是当这套书在大陆、台湾的销路渐渐困难时,他曾前来找我,要我第二次、甚至第三次购买。那时,我也都是八十部、一百部地买下来。甚至有一次他对我说,书还有八十余部,没有地方存放,希望我能全部购买,以便就此结束发行。我也二话不说,一次就通通都把它们购买下来。

朱蒋元居士后来年纪渐渐老去,由儿子朱其昌继任文化事业。朱其昌先生经常在海峡两岸推动佛教文化,我也时常购买他印行的书籍,一次也都是几十部、几百部地买。

后来朱蒋元、朱其昌父子在台北建立法轮讲堂,出版《法轮》杂志,我同样尽量给予赞助。尤其朱其昌居士有时一些书籍推销不出去,也都会拜托我包办下来。我之所以要赞助佛教文化事业,对这些文化人聊表心意,只是为了免得发展佛教文化的人过于辛苦罢了。

说到这里,也让我想起一九六〇年代的时候,台南有一位制作僧鞋的叶居士,他一双鞋卖价是二十五元,我对他说:"一双三十元我才要买。"他一听,非常讶异,告诉我说:"人家都与我讨价还价,只肯用二十元买鞋,为什么你要多加五块钱给我呢?"我说:"我并不是在帮你的忙,我是在帮忙我自己,因为僧鞋不容易买到。但是我加你一点钱,让你的业务扩展,让僧鞋的品质提升,日后我买鞋子也就很方便了。"

对于一些佛教的有缘人经营商业,我总是想,能助其一臂之力,佛法的事业才有人肯做。所以,后来有些人做僧服、僧袜,乃至开设僧众用品店等,我也都很乐意给予帮助。

高本钊(刘修桥)

在这几位文化人当中,高本钊居士算是与我关系匪浅、因缘特殊的一位。

他最初来台的时候叫做"刘修桥",后来不知何故回复本名叫做"高本钊"。他是江苏徐州人,一九三三年出生。我和他结缘是在一九五七年的时候。

当时,张少齐长者创办《觉世》旬刊,邀约我担任总编辑,由于我对报纸编务不甚内行,恐难胜任,所以就对他说:"我只能做短期代打,请你在这一段时间里,再物色一位适当人选。"由于这样的因缘,我曾经住在他创办于台北市中山北路二段二十九号的健康书局二楼。

记得那一年,我三十岁,孙张清扬女士在这间书局的餐厅里,用两箱黄金打造的餐具为我祝贺生日,并且告诉我,这些黄金器皿从来都还没有用过。其实我一生最不喜欢过生日,因为这一天是母难日,不值得庆贺,但是孙夫人盛意殷殷,那一天,我也只好很拘谨、尴尬地使用了。只是,如今孙夫人的这许多黄金餐具流落何处,我也不得而知了。

与高本钊伉俪（右前二、一）、王诗礼伉俪（右后二、一）于佛陀纪念馆聚贤堂（慧延法师摄，二〇一三年一月三日）

不过，就在这一场宴席中，孙夫人和张若虚、张少齐父子支持的新文丰印刷公司，邀约我加入股东。犹记得那时候，我出资五千元给予支持，还当选了新文丰出版公司的常务董事，也任职了一段时期。

当年，他们特地从德国购买印刷的机器回来，预备要影印大藏经。可是后来由于大家都不善于印刷技术，只有主其事的高本钊先生有这方面的专长，所以张少齐长者就把这个印刷公司交给他经营了。当然，我们大家也欢喜同意。

想起那一顿斋饭虽然丰盛，但也是用五千块钱换来的。那个时候的五千块钱，相当于今日的五十万元，是一笔很可观的数字。不过，能有因缘参与影印大藏经，我也深感荣幸。

再说，张少齐长者向我们说明，把新文丰公司让给高本钊居士的主要条件，就是要他印行佛经，弘扬佛法，我们也都能接受这样的说法。后来，高本钊居士确实也做到了，在台湾的出版界中，新文丰的佛书可以说是源源不断地在出版。可见得高本钊居士为人

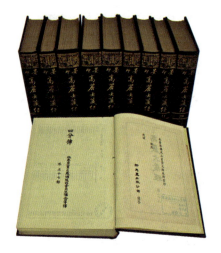

以一部《大正藏》换得台湾第一部《高丽藏》，后来借给新文丰公司影印出版，台湾从此流通

厚道，是一位诚信、有德之人，对于自己承诺的话都会落实。至今数十年来，新文丰犹能屹立不摇，仍然持续地发行佛书，必然是与他的重承诺有所关系。

新文丰公司影印过《续藏》、《高丽藏》、《碛砂藏》、《嘉兴藏》、《乾隆大藏经》等。其中，《高丽藏》就是他们跟我商借复印的。后来，新文丰为了表示感谢，还在每一部《高丽藏》的首页写着：

本书承佛光山星云大师惠借影印　谨此
致谢　　　　　　　新文丰出版公司　谨启

高本钊居士对佛教文化的推展，多所用力。尤其当年，他得知我们筹办的佛光大学正在招生时，就曾将新文丰出版的所有书籍赠送一套给学校。甚至后来他也把全部的出版品，将近四万册，分别捐给鉴真图书馆，以及他的故乡徐州师范大学图书馆等。

前几天，听说他在电视上看到我兴建佛陀纪念馆的消息，寄来五万元赞助。我个人并不计较这许多捐献，只是知道他是饮水思源，也觉得真是难能可贵了。

除了朱斐、陈慧剑、刘国香、朱蒋元、高本钊等热衷佛教文化工作的居士之外，在佛教文化事业上深有贡献的，还有李世杰先生。在台湾发行最早的一本佛教杂志，叫做《台湾佛教》，时任台大图书馆职员的李世杰先生,就曾担任该杂志的主编。

李世杰先生,台湾新竹人,一九一九年出生,曾受李子宽居士的邀请,在台北善导寺附设的太虚佛教图书馆兼差,负责编目工作,在此期间,他发明了"佛教图书分类法"。

早期台湾佛教出版界由于没有美工编辑,也没有人用心编排,所以对于每个月都要按时出版的刊物,只能翻译一些日本佛教的作品,报道一些台湾省佛教会的讯息。尽管如此,那个时候,李世杰先生在台湾佛教界,也算是少有关心佛教文化的人了。对于早期的台湾佛教界而言,这样的热心,也为佛教文化带来了一股生机。

另外,在台北成立大乘精舍印经会的乐崇辉居士,北平人,一九二九年出生。他编辑印行的各类佛书,于出版界里也曾为一时之选。之后他又创办了《慈云》杂志,从一九七七年创刊至今,已经出版了四百二十几期。

除此之外,从事教育的台湾大学教授李添春,一八九八年生,高雄美浓人,曾担任台湾光复前创刊的《南瀛佛教》主编;历任花莲东净寺住持的曾普信,一九〇二年生,高雄美浓人,偶尔也有一些禅门的书籍出版。再者经营社会事业,但兼卖佛教书籍的有:台北健康书局的张少齐居士,台中瑞成书局的许炎墩,高雄庆芳书局的李庆云,台南南一书局的苏绍典,基隆自由书局的黄奎等,对台湾早期出版界都有很大的贡献。

总之,早期就是靠着这些佛教文化人,和这许多流通佛书的书店,以及在我鼓励下,于各地成立的佛经流通处;再加上朱镜宙老居士的"台湾印经处",半买半送大量古版书籍;邱舜亮居士的"普门文库",积极印赠佛学书籍;还有我成立的"佛教文化服务处",及主编的《今日佛教》、《人生》、《觉世》等刊物,才总算撑持了佛教,共同顶下了佛教文化的半边天。

我与艺文界的朋友们

在我这一生中,有三件事情让我感到非常幸运,
第一是我出家为僧,
第二是我能和世界上有缘人士互动来往,
第三就是我喜好文学。
从一九五〇年代开始,
很荣幸地结交许多文艺界的朋友,
如:朱桥、郭嗣汾、公孙嬿、柏杨、刘枋等人,
承蒙他们常赐佳作给我负责编辑的杂志,
给当时保守的佛教注入了一股清新的文学气息,
我也颇以作为文学家的朋友为荣。

在我这一生中,有三件事情让我感到非常幸运,第一是我出家为僧,第二是我能和世界上有缘人士互动来往,第三就是我喜好文学。

我十二岁出家后,在丛林里读书,畅游法海数十年,养成我喜好佛学,也和文学结了不解之缘。我觉得两万多字的《维摩诘经》就像新诗般优美;《华严经》里的善财童子五十三参,情节重重叠叠、意境非凡;而《大宝积经》就像由许多的短篇小说集合而成,精简扼要,特色鲜明;至于《百喻经》就如寓言故事,含义深远,发人深省。民间的小说《三国演义》、《水浒传》、《石头记》,甚至《封神榜》,乃至于《七侠五义》等,都是我在少年时期偷偷阅读的作品,这对我后来喜好撰写文章,有很大的帮助。

二十多岁初到台湾,不知做些什么事才好,一时兴趣,就用文学的笔调写了《释

与姚迺昆居士(左)、笔名公孙嬿的查显琳居士(中)于菲律宾(赵超椿摄,一九六三年八月一日)

迦牟尼佛传》;以一般小说写作的方法,写了《玉琳国师》;之后,又用散文的体裁、以拟人的口吻,写成《无声息的歌唱》。从一九五〇年代开始,很荣幸地结交许多文艺界的朋友,如:朱桥、郭嗣汾、公孙嬿、柏杨、刘枋等人,承蒙他们常赐佳作给我负责编辑的杂志,给当时保守的佛教注入了一股清新的文学气息,我也颇以作为文学家的朋友为荣。我文艺界朋友中,因缘甚深者多,实在难以一一着墨,只有列举几位,略述如后。

朱桥(朱家骏)

第一位应当说起带动佛教杂志进步的朱桥。

朱桥,本名朱家骏,江苏镇江人,一九三〇年出生。他是我一九五三年在宜兰的时候就来往的一位朋友,当时,我年轻,他也年轻。我在宜兰念佛会倡导佛教的教育与文化,他则在"救国团"编

朱桥先生(《文讯》杂志社提供)

辑宜兰《青年生活》月刊。偶尔,我从台北带回《菩提树》杂志、《人生》月刊,都会送几本给他看看,他也只是漫不经心地随意翻阅两下,看得出来他并不想阅读文字,但很注重杂志的封面或编排的美感。我想,他大概看不上那些编排的方式吧!

朱桥什么时候皈依佛教,我并不清楚,只知道他经常在宜兰雷音寺里帮忙。记得我在台北三重埔编辑《觉世》旬刊时,他就到三重埔来协助我。一九六三年,我代表"中国佛教会"出访八十天期间,索性就把《觉世》旬刊交由他和慈惠法师编辑。由于他勇于突破陈年窠臼,每一期出版,我就感受到他的编辑手法比我的气魄要大,也增加了很多美感。

后来,我负责编辑《今日佛教》,他也主动前来做义工。有时候《今日佛教》的文稿、照片,不是那么方便取得,必须要苦苦地找寻、搜集,不是二三个小时就能编好一本杂志。我看他在我北投的普门精舍里,整个晚上绞尽脑汁苦思编辑,不曾有过不耐烦。多少期的《今日佛教》在他的手中出版了,我就感觉到《今日佛教》编排的版面,不但在佛教界的杂志中堪称一绝,甚至比起社会上的杂志,也可以跟他们一较长短,可谓风光十足。

他除了每次义务帮我编《今日佛教》外,也为"救国团"发行的团刊《幼狮》杂志编辑。当时我就认为朱桥应该到《幼狮》去发展,在我想,人才是大众的,我不应该自私据为己有。因此,我一再想把朱桥这位编辑的奇才推荐给读者,透过《幼狮》文艺,他的编辑才华应该能给台湾的出版界认识。

后来,他的才华果然为"救国团"的主管所欣赏,真的就把《幼狮》杂志交给他主编了。没有几个月,《幼狮》从一本可以说是简陋的团刊,一跃成为权威的杂志,也为台湾的杂志掀起了编排的革命,大家开始注重美观,版面上要有留白。我看到朱桥每天沉醉于杂志的编排里,真是乐在其中。

渐渐地,我因到南部筹办佛教学院,比较不常到台北走动,所以就少于和他接触了。一九六七年我来佛光山开山后,也几次想到,应该把朱桥带到南部来,我想我可以给他更大的空间,让他在南部发挥出版品的能量和威力。但又听说那时他和《新生报》社长的女儿正在谈恋爱,朱桥是一个很内向的男士,应该不适合谈恋爱。虽然我和他有师徒之情,但我是出家,他是在家,彼此仅于道义之交,也就未多加询问了。

正当我挂念像他这样单纯的人,在台北那样复杂的环境和复杂的情感,能否应付得了,不久,噩耗传来,他自杀了。在台湾,他无亲无故,这一个时期,最亲的人应该就是我了。所以宜兰"救国团"的负责人杨尊严先生致电给我,要我帮忙处理朱桥的后事。

事到如今,人都死了,还有什么可说呢?我一直自责,假如要他早一点跟着我到南部来,这件事情就不会发生。或者说,在他对人生感到无望无助的那个时刻,我能跟他通个电话,或者一封书信,或许就能改变他的想法。

朱桥像一颗出版界的彗星,可惜陨落了;朱桥像一株出版界的奇葩,可惜萎谢了。朱桥的谢世,不只是他个人一期生命的结束,更是整个出版界一个很大的损失。朱桥不是作家,但是文艺界的作家们,都以他为朋友;朱桥不是作家,但他提携许多后进作家。

女人有才华者早逝,称为"红颜薄命",男人像朱桥者,难道也是"天妒英才"吗?

朱桥去世已经四十多年了,现在很多文艺界的作家,像余光中、郭嗣汾、司马中原等,谈起他来,仍然是念念不忘。当然,我的内心,更是为这一位青年奇才感到惋惜,为出版界感觉到无限的可惜。

柏杨(郭衣洞)

在一九四九年,我初到台湾的时候,每天的精神食粮,除了佛经以外,就是阅读《中央日报》副刊或《中华日报》副刊。郭衣洞(柏杨),就是那时候常常出现的副刊作者。不过坦白说,那时候我看得出他很年轻,知道在艺文界中,有"郭衣洞"这一号人物。

由于我习惯每天看报纸,早期报纸副刊上的文艺作者,大部分的名单都在我的脑海中如数家珍。但是后来忙于弘法度众,实在没有时间去阅读副刊,慢慢地,兴趣也就转到了体育版。

当时,每天一份报纸,就是生活的重点,体育版的体育新闻,就是每天的希望。后来,又因为我们参与的体育竞赛,像篮球等,经常打败仗,明明可以赢的局面,到最后都是以几分之差输了,也曾经气愤得不看体育新闻。于是我又把兴趣转为阅读一些文艺作家新的作品,如笔名邓克保(柏杨)的《酱缸》、《丑陋的中国人》、《异域》等。从字里行间中,我觉得他已经不是我一九四九年认识的郭衣洞,这时,他已经成为大作家柏杨了。

一九六七年佛光山开山后,每天为了工程的进行、经费的筹措而忙碌,我也没有多余的时间去看报上的文艺作品。在开山期间,原来喜爱文学的我,几乎一度成为土木工程师了。

就在这个时候,忽然听说柏杨先生为了一篇连环漫画《大力水手》,被政府逮捕、判刑,后来送到绿岛拘禁。有"原子能之父"之

名作家柏杨参加佛光山除夕年夜饭围炉(二〇〇二年二月十一日)

称的孙观汉教授,一直为他大力奔走呼吁,寻求营救,要求释放柏杨。我觉得当局们的肚量也太小,台湾已经自由民主了,只是一点言论,有这么严重的罪过吗?我也为柏杨感到不平。但是那时候,像孙观汉这样的科学家,对台湾原子能的发展有这么重要的贡献,他十年如一日的奔走呼吁,都没有办法,我们哪里有什么能力呢?

除了阅读他的作品,柏杨先生以往作家的生活我并不了解,只知道他出生于一九二〇年,是河南人。听说他的家庭,因为他被判刑关在绿岛而妻离子散,这恐怕是人生最悲惨的事情了。后来终于经过国际特赦组织的营救,让他提前二三年出狱,恢复自由之身。出狱后,任教于北一女中的诗人张香华女士愿意嫁给他,并且照顾他,我们感到张香华女士的情义,实在令人崇敬。

柏杨被释放了,大家真是欢喜,这也看出台湾的政治进步了。

柏杨获释后，积极推动有关人权事务，他参与国际特赦组织，并且担任台湾分会的会长。他们来商借场地开会，我要台北道场的住持无条件借给他们使用。他希望我参加他们的集会，我虽重视社会关怀，但对于政治性的团体，接触并不多。

他倡导人权不遗余力，在推行人权教育上，发现到一般人把人权当作是政治性或党派问题，但他认为人权是生活的、是伦理的、是家庭的、是社会的，这项权利是与生俱来，跟生命等值。人类生而有自由、平等和尊严的权利，任何人在任何地方，甚至在法律面前，都有完整独立的人格。我也告诉他，佛教是最尊重生命、人权，甚至生权，因为佛陀悟道后的第一句话"大地众生皆有佛性"，就是宣誓"众生平等"的思想。

谈话中，我们对于废除死刑的议题，彼此有不同的看法。他主张要废除死刑，我则认为犯什么罪，都可以不用死刑，但是杀人致死者，若要免除死刑，这并不合乎因果，我不能同意。因为这个思想见解，不是我星云个人的，这是佛法讲的"因果论"。杀死别人，自己不死，这不合因果，我如果也这样子主张，那我就不能依止佛法，我就不是佛教徒了。如同一场辩论，他有他的看法，我也坚持我的意见，不过，我们都是君子之争，大家各自表述而已。

柏杨一生非常的用功，被关在绿岛期间，着手将《资治通鉴》撰成白话文；出狱后，又历经十年时间整理完成，并且出版。我曾经购买几十部送人，因为《资治通鉴》白话版经过他的解释、注释，让初学的人一目了然，值得推荐。我提倡白话，但是要我和他有一样的功力，把佛经典故写成像《资治通鉴》白话文，我就力有未逮了。

自从柏杨先生出狱以后，我因为挂念他没有职业，生活不知如何安排，连续好几年的春节，都请人代为致赠十万元红包给他，这也算我对于文化人、有良心人士，表达崇敬之心。

晚年,他也曾到佛光山来拜访叙谈,甚至有一年春节,他们夫妻也上山围炉,与大家一起过年。那个时候,他的夫人张香华女士必须不断地在旁边提醒,要他这样、那样,我感觉到他已垂垂老矣。

回顾柏老一生,依他的功劳品德,以及他所受的苦难,应该值得让我们社会上有良知的人对他尊敬了。

郭嗣汾

说过柏杨,在文艺圈中,郭嗣汾先生应该是我最怀念、最尊敬的人。

回忆起一九五九年我接编《今日佛教》,需要登记自己做发行人。但是当时的法令,发行人要有大学毕业的文凭,我是连小学毕业证书都没有的人,怎么能登记做《今日佛教》的发行人呢?想来很惭愧,写了那么多年的文章,现在要编一份杂志,竟然连发行人的资格都没有!后来,皈依弟子朱桥跟我建议说:"你可以向台湾省新闻处处长郭嗣汾先生询问,请教他有没有别的方法或管道。"

我听到此言,就直接去找郭嗣汾先生。最初是先写信问他:"我要有什么样的条件,才能做《今日佛教》的发行人?我没有学历,有其他别的办法吗?"

去信后,过两天,他就回我说:"有这么一条资格规定,假如做过五年的杂志编辑委员,就可以担任杂志的发行人。"

我一看,心中大喜。因为我从一九五一年起,就陆陆续续做了《人生》杂志的主编或编辑委员,我赶紧把申请文送到台湾省新闻处去登记。没有几天,我就拿到发行人的执照了。在我的一生中,是一个转折点,它让我感觉到自己有资格发行杂志。我和郭嗣汾定交的因缘,也由此结下了。

郭嗣汾先生,四川云阳人,一九一九年出生,为人厚道,虚怀若

曾任"中国文艺协会"理事长、锦绣出版社创办人的郭嗣汾先生伉俪（右二），造访佛陀纪念馆（二○一二年一月二十七日）

谷,是一位谦谦君子,虽然官拜新闻处处长,但一点官僚习气都没有。和他谈话,让人感到如沐春风,他做的一切事情,都是出于善心好意。如果今天国际佛光会要颁授一个"做好事、说好话、存好心"的"三好人家"奖牌给郭嗣汾先生,我认为是实至名归。

登记成为《今日佛教》的发行人后,我想把这一本杂志发行到教育、文化等各界去,让它成为社会公众的读物,不要完全只是在佛教里谈经论道,因此我想在杂志上连载一篇长篇小说,吸引读者阅读。我想起郭嗣汾先生,他长于写作,从"海军出版社"到台湾新闻处,都有他的著作出版,于是我又再试着邀约他为《今日佛教》撰写小说。没有几天,他就寄来《菩提树下的儿女》前面几章的内容。他说:"你看看,如果可用,你就先用吧!"

我觉得郭嗣汾先生做事这么神速,又这么干脆,收到稿子后,我就想跟他相约见面。当时,我在北投有个杂志编辑、发行和南北来往的联络站,我问他:"我去看你?还是你来找我?"他叫我不要去台中找他,因为路途太远了,横竖他经常回台北,可以到北投来看我。

就这样,我们在北投的普门精舍里,经常一聊,就是几个小时。大多数的内容都是讨论读书、写作、做人处世,好像那个时候我们没有太关心国家大事,也没有什么社会八卦新闻。不过,每次谈话结束,送他回台北的时候,我自己内心总感到满怀喜悦和充实。他后来常常告诉别人说,我讲的"不比较、不计较"理念,影响他一生的做人。其实,他的厚道、他的谦卑,才是让我一生怀念呢!

从《今日佛教》的因缘,就带动我们两人后来常有来往。他为我写过不少文章,也在我们的强力邀请下,访问过佛光山澳大利亚的道场;他介绍刘枋女士到佛光山来居住,我也经常请弟子永芸等前去探望他。

岁月不待人,现在大家都老了,闻说郭嗣汾先生二〇一一年九十三岁依然健康,佛陀纪念馆落成典礼时,他还特地前来祝贺。我就用当初写给吴修齐先生的话祝福他:

"人生六十称甲子,真正岁月七十才开始,八十还是小弟弟,九十寿翁多来兮,百岁人杰不稀奇。神秀一百零二岁,佛图澄大师,还可称做老大哥;多闻第一的阿难陀,整整活了一百二十岁;赵州和虚云,各自活了两甲子;菩提留支一百五十六。其实人人都是无量寿,生命马拉松,就看郭嗣汾先生了。"

刘枋

刘枋女士,山东济宁人,一九一九年出生。她的著作丰富,下笔迅速,在近代台湾的作家群里,应该算是老牌的了。

刘女士他们这一辈的文人,在年轻时候为国家写作奋斗的历

作家刘枋女士（《文讯》杂志社提供，一九九〇年）

程，我是不太了解，但是年华似水，人到了一定的年龄，在公务生涯中也要届龄退休；就是在世俗上，一般人的功名、道德到达相当成就的时候，也都会感觉要隐居了。我不知道刘枋是什么因缘，透过郭嗣汾、司马中原等人介绍，告诉我说："一位老牌作家刘枋女士想学佛，希望上山来亲近佛教。"

我对于文人作家一向非常崇拜，当然乐于给予这个因缘，就如孟瑶女士也在佛光精舍住过相当的时期。刘枋到山上来，应该对于她的写作生涯，还是有帮助的。

"刘枋上山了！""刘枋学佛了！"在艺文界一群作家中，也引起了不小的骚动。不过，刘枋可能自觉自己是老大姐，对那许多小老弟之间的谈论，一点也不受影响。她在山上真的是念佛、拜佛，阅读藏经，虔心学佛，偶尔也会在佛教学院为学生上几堂文学课程。

她一直想要为佛光山做一些贡献，一位女作家除了写文章以外，能为佛教的道场做些什么贡献呢？那时候的佛光山，还没有佛光会，也没有创办报纸，也没有设立电台，只有一所普门高中。依她的资历、年龄只到高中教书，对她而言，已经是划不来的了。我看得出她也很着急，因为她的人生充满雄心壮志，充满了活力，还想为这个社会进一步做一些工作。

人生还是需要有舞台的，佛光山到底是一个佛教道场，不是一个女作家的舞台。不过,刘枋很用心,经常把女作家们一团一团、一队一队地带来佛光山参礼。我记得他们大部分都是文艺协会的成员,如:邱七七、丘秀芷、萧飒等;或者她也邀约文艺界合唱团的团员来山唱歌,其中,音乐家萧沪音女士后来认真地为佛光山创作佛曲,这也是受刘枋的影响。

之后,我也请刘枋邀约一些作家到佛光山海外道场旅行,并请他们写一些旅游的文章,表示作家们都与佛教结缘,后来也结集出版。随着时代的转变,那时候的写作世界也慢慢起了变化,大家开始用电脑,逐渐改变阅读习惯。大众渐渐地也不看书、也不看报纸了,书籍虽然如期出版,却已不复他们年轻时候那样洛阳纸贵的景况了。

后来,我请她担任《觉世》旬刊的编务,不过她是自由写作惯了,做编辑并不是她的本行。从一九八三年起,她在佛光山住了将近十年,后来不知什么原因下山去了,是家里的儿子令她挂念?还是家里的长辈要她照顾?总之,家家有本难念的经,我也不知道为什么她要回去。但我知道,回去对她并不利,因为在佛光山有很大的空间可以运动,回到位于永和四楼的公寓里,上下楼对她因糖尿病引起的腿疾,一定会造成不便。但是人各有志,我也只有尊重她,并且常常请在山上与她谈得来的朋友,如:永芸、永忏法师等人前去看她。

刘枋的性格豪迈、坦率、直言,应该不容易和人相处,她可以在僧团里安住身心,大家都很讶异。当大家来看她的时候,她也确实非常融入我们的生活,受到山上大众的尊重。二〇〇七年,她以八十八岁高龄去世,许多的文坛好友都前去悼念,怀念这一位文坛女侠刘枋女士。

司马中原

在最初的文坛作家中,像何凡、林海音、公孙嬿、痖弦等,都曾

与郭嗣汾(右二)、司马中原(右一)等作家,于台北普门寺会谈(一九九○年八月二十一日)

经是我往来的朋友,当时我将北投的普门精舍作为在台北的据点,所以这许多文友就常常到那里聚会,我的厨房锅小,大家也不嫌弃,一碗面招待,其乐也融融。

后来我到了南部,最初在高雄的寿山创办了寿山佛学院,和一些文友还是有来往。例如:撰写《红顶商人》的高阳,我们也多次邀请他前来讲演;又如司马中原先生,他虽然是天主教徒,我也不以为忤,不觉得有距离,我们仍然是朋友,因为学问不分宗教,所以我也请他在寿山佛学院做过多次讲演。

我记得有一次,司马中原先生在讲演的时候提到,他虽是天主教徒,但是身上流有佛教的血液。所以虽是信仰不同,可是我们的友谊没有分别。

司马中原先生,一九三三年出生于南京。他是一个军中的作家,当时军人的待遇非常微薄,似乎他的家累也很重。因此为了维持家庭,他一面服务军中,一面局促在他的小房子里,写出很多的作品，如《狂风沙》、《大漠英雄传》、《乡野奇谭》等，可以说著作丰富。可惜，政府对这许多摇笔杆子的文人，并没有给予特殊的优待鼓励，都是靠着自己的一支笔，苦苦地维持生活，撑持家庭，所谓"笔耕"，实在是不容易。

后来有了电视，司马中原先生在电视节目里谈起鬼故事来，一时，电视的收视率提升，大家都希望听听司马中原讲鬼故事。

说到鬼故事，最让人好奇的就是谈狐说鬼的《聊斋志异》了。文里的狐仙、好鬼，不但不可怕，还很可爱，搞得人心又怕狐鬼，又爱狐鬼。司马中原在电视里谈鬼说怪好几年，我和他见面多次，竟然也忘记问他："究竟你认为世间有鬼？没鬼？"

在佛教里面，对鬼的看法是"人鬼殊途"，因为人有人的世界，鬼有鬼的世界，就等于是虎豹在深山，鸟雀在树林，鱼虾在大海，昆虫在土丘里，所以中国人讲阴阳，阳界是人类所居之处，阴界是鬼的地方，因此"鬼"是茶余饭后可以说一说的题材，至于说真的活见鬼，那就不容易了。

写到这里，最后有一件事情我想要告诉司马中原先生。曾经有一次他跟佛光山的弟子说："星云大师那么多的文章都是他写的吗？他哪里有那么多的时间？"

不过，现在我要说："司马先生，那许多文章都是我写的，只是现在老眼昏花，已经不容易动笔了。有部分的文章，我口述，由徒众帮我记录，这种情况是有的，但每一篇文章必定是出自我手，或是出自我口，这是不容怀疑的。"

林清玄

除了上述早期的作家文友，近代的艺文界，就要谈到林清玄了。林清玄，称他是台湾的才子应该不为过。他是邻近我们佛光山的旗山人士,出生于一九五三年。据他自己说,他在十多岁时,妈妈要他送荔枝到佛光山,正逢山上举行皈依典礼,当下就参加皈依了。所以后来他的著作,许多都引用佛经的内容典故,想来这应该就是来自当初的佛光因缘了。

后来他的父亲过世,佛光山为他的父亲做了一堂佛事,他更加地感谢佛光山的缘分,因此凡是佛光山有什么事情,他都很主动地来服务。他的夫人曾经一度住在佛光山,一住多日,在这里做义工,所以我们知道他的佛缘深厚。只是后来他的夫人身体违和,林清玄不得不再婚。很多的人对他都不能谅解,但是我认为这是人生很正常的事情。林清玄不是出家人,没有那么多的戒律来限制他。他也需要家庭,需要照顾儿女,他也必须要先齐家,才能服务社会。

当然,社会对我也都不能谅解,认为我鼓励人家再婚。我觉得佛教看待男女感情,恋爱、结婚、离婚、再结婚都很正常,只要能正而不邪,凡为法律所承认的,佛教也会承认,我至今仍然觉得林清玄是一个对感情负责的正人君子。

林清玄出版的著作一直都是畅销书,尤其善写一些佛门掌故。佛经里深奥难懂的譬喻,经过他的生花妙笔,读来真是让人感受佛教文学之美。他的好友圆神出版社董事长简志忠先生,替他出版台湾第一套有声书《打开心内的门窗》,曾经轰动一时,这一套有声书,几乎在所有私家汽车里都会播放。

林清玄和我并不常接触,因为我知道他在新闻界服务,又做记者,又做主编,又做主笔,又是自由作家,我从来都不想打扰他。不过,后来他从写作慢慢转到讲演,他的语言简洁,很有磁性,对群众的说服力很强。因此我曾交代美国西来寺的职事,可以邀请林清玄到美国做巡回演讲。后来他确实如约前往美国讲演,轰动全美的华人世界。

参加林清玄《浩瀚星云》新书发布会。左起：郑羽书、林清玄、廖正豪、吴伯雄（二〇〇一年十二月十日）

经过这样诸多的往来因缘，有一天，简志忠先生跟我讲："符芝瑛小姐写的《传灯》是很好的传记，不过，林清玄很想为你撰写另外一种题材的传记。"因为我一直很欣赏林清玄的文笔，我想，凭他多年来跟我在佛法上的神交，就说可以约来谈谈。

林清玄非常聪明，他没有花多少时间做采访，就把文章的主题、脉络弄清楚，之后开始下笔写作。不久，我的另外一本传记《浩瀚星云》就出版了。那个时候，我自己经常在四处奔忙。很遗憾的，直到今天，从符芝瑛小姐执笔的《传灯》到林清玄先生撰写的《浩瀚星云》，我都不敢阅读，古人有"近乡情怯"的心情，我想我是"近书情怯"吧！

就好比我不看自己的照片，也不听自己的录音带，更没有看过自己在电视里的讲话。总之，我并不想认识那个声光文字里人家所说的"星云大师"，总觉得我不是那个样子的。若要勉强说，唐朝香严智闲禅师的悟道诗：

由 PEACETIME(促进和平基金会)举办"让 21 世纪成为没有战争的时代",受邀至台北华纳威秀影城致词。右为圆神出版社社长简志忠先生(二〇〇〇年十二月二十三日)

　　　　一击忘所知,更不假修持;
　　　　动容扬古道,不堕悄然机;
　　　　处处无踪迹,声色外威仪;
　　　　诸方达道者,咸言上上机。

这比较有我的心境了。

后来听说林清玄经常在大陆各个社团、大学讲演,我也交代在扬州鉴真图书馆负责文化讲坛的职事,邀请林清玄去讲说一次,结果风靡整个扬州城。我和他虽然已有多年不见了,但是情谊如故,借此也祝福林清玄先生,再以他的生花妙笔,为佛教多写一些脍炙人口的著作吧!

吉广舆(方杞)

走笔至此,脑海里自然浮现出因为《普门》杂志与我结缘的吉广舆居士。

说到吉广舆,笔名方杞的他,是高雄师范大学中国文学博士,一九五三年出生,河南温县人。一九八三年,当我出版的《普门》想要进行改革,正在寻找合适的人选时,任教于左营高中、曾是中兴大学校刊主编的吉广舆,由于对编辑有相当的专业,弟子依空便推荐他上山来。

挚爱文学创作的吉广舆,在就读中兴大学时,便经常看到他的作品在各种刊物中出现,先后也曾担任《中兴文苑》、《兴大青年》、《中兴风》的社长兼主编。在高中任教后,各类文学创作源源不绝,后来结集出版《觑红尘》、《人生禅》、《生活的清凉》、《禅心人》等书,并多次获得台湾各项文学大奖。

他对文学的热忱,少有人能比。接任《普门》编辑后,除了到学校教课,每周有数天从楠梓家中上山,必须转乘六班车,单程时间就要花费两个小时以上。多年来,风雨无阻,我不曾听过他有半句怨言,我想,若不是对这份工作有相当的热爱,早就逃之夭夭了。后来,我看他每次这样来回很辛苦,实在不忍心,便想买一部车给他代步,他却以《普门》杂志还没有做出成绩而谢绝。

他接任杂志主编后,不但对内容要求严谨,为了增加报道的广度、深度,他提高稿费征稿;接着又增加杂志的页数,甚至突破窠

于"信徒香会"上,颁发"佛光法水"奖给劳苦功高者。右起:萧顶顺先生、吉广舆先生(一九九二年三月十六日)

曰,从黑白印刷改以全彩出刊,我都给予全力地支持。改版后,确实也受到更多读者的喜爱和阅读。

一九八五年,我创办第一届"佛光文学奖",吉广舆推荐了痖弦、余光中二位来担任评审。后来,我邀请余光中先生到"扬州讲坛"讲演,他也欢喜应允,可以说许多文友都与佛教结下了好因好缘。

一九八七年,我有意加强佛光出版社的功能,便邀他接任社长,他直下承担。一九九五年,为了拓展文化教育事业,我将佛光山文教处改为文化院和教育院,并且请他接任文化院执行长,他也勇往直前。八年之间,依照我的嘱咐,坚守"非佛不做"的原则,带领同仁出版各类丛书。甚至为了《中国佛教经典宝藏精选白话版》、《中国佛教百科丛书》等,也多次奔走于两岸与学者们协商。

另外,我借重他的教学专长及佛学知识,邀请他到佛学院授课,至今二十五年,未曾间断,深受学生的喜爱。而他在佛光山也拥有了不少的子弟兵,他的人生,其实与佛教,与佛光山已经密不可分了。

痖弦

提起痖弦,我们其实结缘甚早,在朱桥编辑《幼狮》杂志时,他就曾引介痖弦跟我认识。他们两人年龄相仿,彼此也是惺惺相惜的好友,在朱桥不幸离世后,痖弦接下编辑《幼狮》杂志的责任。据说,他是以"照顾遗孤"的心情接棒,足以见得他和朱桥两人感情之深厚了。

痖弦,本名王庆麟,一九三二年生,河南南阳人。他数次应邀担任佛光山举办的各类文学奖评审,也经常带艺文界朋友来山参访,邀约大家为文写作。我和他见面的时候,总是围绕在文学作品,或者作家满室的文风下会面,形容我们是"以文会友"也不为过。

痖弦

二〇一二年十二月,由公益信托教育基金举办的"第二届全球华文文学星云奖"公布获奖名单,将具重要意义的贡献奖颁给了痖弦,他一生对新诗创作、对文字编辑的卓越热情,是大家有目共睹的,尤其在他担任《联合报》副刊主编期间,多元开放的立场,使得联合副刊成为重要的文学发声地。

由于他长年定居在温哥华,我派弟子觉初特别去探望并恭贺他,痖弦回忆起我和他相处的往事,还称赞我早年在《中央日报》副刊所发表的新诗非常精彩,这也承蒙他不弃。他同时客气表示,文学贡献奖这份荣誉是属于与他一起打拼的伙伴,以及共同完成广大梦想的读者一同获得。

之后,我辗转与他通电话,虽已都是耄耋老人,他的音声宏亮,仍感到他的精神抖擞犹如当年,往事历历在目,不免诸多想念。我邀请他为佛陀纪念馆写首诗,他谦称对佛教不了解,不敢下笔。我表示,只要有信仰,都是一家人,不同的信仰,相互也是朋友,并没有太大的隔阂分别。

短短数语,瞬间拉近彼此的时空距离,一句互道珍重,也只有身为老友的我们能够心领神会了。

黄春明

黄春明先生,一九三五年出生于宜兰罗东。据他自己陈述,从小具有叛逆性格,青少年时期读书,经常被他就读的学校退学,一路从台北念到南部,最后才从屏东师专毕业。他的这些诸多不顺利的过程,让我感觉到,一个学生的成长,应该依个性发展给予适合的学习环境,因为三百六十行,行行有用啊!

后来,我知道他也住在宜兰,并发行《九弯十八拐》双月刊,从事文学教育,散播文学的种子,关照一般人所没有注意的课题。黄春明先生说,他受民初梁启超的影响很深,希望透过文学和小说,对社会进行潜移默化的教育。

有一次,我读到他在报上发表的《吃斋念佛的老奶奶》,印象深刻,后来就建议佛光大学校长翁政义博士,邀请他到我们的大学

我与艺文界的朋友们

于佛光大学怀恩馆颁赠荣誉文学博士学位给作家黄春明先生（周俊雄摄，二〇〇八年六月十四日）

教书。二〇〇八年六月，翁校长以黄春明热爱乡土、从事创意小说文学、儿童戏剧和社会关怀等贡献，要我在佛光大学怀恩馆颁赠学校的第一个荣誉博士学位给他。性格爽朗的黄春明笑说，以他自己的年龄和出身，不敢想会获得博士，倒是可以称他"博土"了，幽默的话惹得大众抚掌一笑。

他成长过程虽然不顺利，却没有影响他乐观、率真的性格。他说，他自己不适合传统的教育体系，所以走入社会。长期以来，他对老人、儿童、基层人士特别关怀，除了写作，还成立"黄大鱼儿童剧团"，把自己对教育的理念传达给世人。最特殊的是，这些演员来自普罗大众，不分老幼胖瘦、各行各业，甚至家庭主夫、主妇，只要愿意带给大家欢喜,都可以来参与表演。从演员与观众互动中,达到寓教于乐的效果。

经营一个儿童剧团是很艰难的,经费的来源也很辛苦,我看他从未放弃对文教的坚持,依然全心投入。因此,我们的公益信托基金也曾给予赞助。据了解,远流出版公司也协助他印过几期的刊物。其实,像他这样私人发心创办的期刊、剧团文化工作者,政府有关单位都应该给予支持和鼓励。尤其儿童是未来的主人翁,提倡儿童文学教育,必定对社会的进步有所助长。

莫言

二〇一二年甫获得诺贝尔文学奖的莫言先生,我与他也曾有过一面之缘。

本名管谟业的莫言先生,有寻根文学作家之称,一九五五年生,山东高密人。二〇一三年的二月二十七日,因为原文化部王文章副部长的因缘,我与他在北京的威斯汀饭店见面,虽然相谈的时间并不长,却留给我很深刻的印象。

莫言先生是一位谦冲的文人,广学多闻,不愧是诺贝尔文学奖的得主。而他言谈中客气自谦,可以感受到他为人低调不喜张扬,以及面对得奖后的平常心,这也是一种中国人的传统典范。

我们见面的时候,他送给我他的作品《生死疲劳》一书,据他表示,这本书的书名,是从佛教经典《八大人觉经》中所获得的启发,作品当中也表述许多他对佛教义理的理解及想法。

我们彼此相谈甚欢,巧合的是,多年前莫言先生第一次来台湾时,便是由我创办的南华大学邀约,来台湾参加学术研讨会,如此因缘,真是妙不可言。可惜的是,由于我的北京之行时间紧凑,他赶了一个多小时的路程前来见面,我们只谈了半个多小时,仅能代

与二〇一二年诺贝尔文学奖得主莫言先生于北京会面（妙广法师摄，二〇一三年二月二十七日）

为转达"远见·天下文化事业群"创办人高希均教授邀请他来台湾讲学的意思，承蒙他首肯允诺，如此儒雅学者，期待下一次会面叙谈了。

结语

屈原、曹植、陶渊明、李白、杜甫、唐宋八大家、罗贯中、施耐庵、鲁迅、老舍、巴金、郭沫若……历史上和这些名字同时代的权贵豪强，我们还记得几个？可是，这些文学家和他们作品的感染力，能穿透时空、永垂不朽，感动一代又一代炎黄子孙的心灵，这就是文学的力量。

与艺文界朋友合影于佛光山台北道场。前排右二起：应未迟、司马中原、姚家彦、蔡文甫，左一为陈宏、左三为李念湖；后排右三为刘静娟，后排左一起为郭嗣汾伉俪、程国强、姚宜瑛、潘人木（蔡文甫提供，一九九五年二月十日）

在近代佛教界中，被胡适之先生赞誉为"二十世纪上半世纪的文学代表"苏曼殊，曾在"支那内学院"教过英文，有《苏曼殊全集》传世，可惜他没有遇到善知识的提携，甚至没有获得一个道场的支持与栽培，为佛教文学留下璀璨的一页，实称可叹。

我没有苏曼殊洋溢的文学才华，也从未进过正规学校，但在持续一生的自学过程里，深受文学陶冶，也以文学写就自己的人生。所以，对文学界人士格外有一份尊敬与亲切。乃至各种文学会议、作家集会等文艺雅集，只要有因缘，我一定尽力促成。因此，世界华人作家协会、美国德维文学协会、亚洲文学作家协会等团体，都曾经莅临佛光山在日本的别院本栖寺召开过文学会议。二〇〇六年蒙"世界华文作家协会"的爱护，还颁给我一个"终身成就奖"，让我这一生也能跻身于"作家"之中，这也是足堪告慰的事了。

我与艺文界的朋友们

"二○一一世界华文作家协会第八届会员代表大会"于佛光山传灯楼举行开幕式，获赠"世界华文作家协会名誉会长证书"。左五为名誉副会长赵淑侠女士，右二为协会秘书长符兆祥先生（慧延法师摄，二○一一年十一月二十九日）

此外，为了提振现代文学的创作风气、发掘优秀作家及作品，并且鼓励在文学方面有卓越贡献者，在二○○八年，我把自己写书的版税和"一笔字"义卖所得捐出，由徒众成立的"公益信托教育基金"中，特别设立"全球华文文学奖"，邀请"中央大学"前文学院院长，现任台湾文学馆馆长李瑞腾教授为我主其事，期待文学的真善美，能发挥净化人心的功能。

几次因缘与文友们相见，我想起二○一一年，"世界华文作家协会"在秘书长符兆祥先生带领下，十一月二十八日在佛光山召开了世界文学会议，诸多许久未见的朋友欢聚一堂。能够以文会友，真是人生一乐也。

我"编藏"的因缘

"编藏"实在是一个艰巨的事情,
由于藏海无涯,
以我们少数人即使穷毕生之力,也难完成。
多少次,我们在报纸上征求同好,
希望广邀有志之士,一起参与编藏的工作。
但时代变迁,古典文学已少人问津,
何况编务工作繁琐,勘校的时间久长,
一部藏不经五年、十年编校,
何能完成出版?
文字工作,寂天寞地,
付出的心力,不易被看见,而且没有掌声。

我童年出家的栖霞寺里面，有一座庄严的藏经楼，楼上收藏佛经，楼下是法堂，平常如同圣地一般，戒备森严，不准人亲近一步。后来好不容易有机缘进到藏经楼，见到那些经书，大都是木刻本，既没有分段又没有标点，有如天书，当然我是看不懂的。一段时间后，听说南京"支那内学院"是个印经的地方，我也曾经参观过，然而他们也大都以木刻本为主，我只能怅然而归。

到台湾后，挂单的圆光寺有一部藏经，大概是日本版，印刷得非常精美，可是它供在橱柜里，是用来礼拜，不是阅读的，所以我仍然无法得知藏经里究竟说些什么。当时，自己既无法看懂藏经，也没有人指导，但我的心里就在想，如何让这许多藏经可以活用起来，不要束之高阁，不要只是供人礼拜，应该要让佛陀所说的法，走向社会、

至有一百年历史的"南京金陵刻经处"参观(慈容法师提供,一九九四年四月四日)

走向民间,甚至走向世界。

我也曾异想天开地想:假如每部经都像《西游记》一样,让民间的老幼妇孺都能耳熟能详,那么,就会有更多的人沾润到佛陀的法益。我也曾感叹佛法衰微的原因很多,如果把藏经太过丰富,列入佛法衰微的原因之一也不为过。民间有一句谚语说:"债多不愁,虱多不痒,书多不看。"因为大藏经里,每藏最多也有九千余部,真是让人望洋兴叹,也望藏兴叹。藏海无边,没有人敢进入藏海里一窥堂奥。所以说,真理为文字所障,佛法又怎能兴隆呢?

回想起来,我在栖霞和焦山两地常住近十年,但我未敢启开藏经一页,反而是栖霞乡村师范学校流落在社会的"活页文选",帮助了我不少。活页文选,许多的文章,一篇一张,随意取阅,虽然花费时间心力不多,也能约略了解其意。反观历代编藏的大德,谁能

旅日华僧二光法师赠佛光山《铁眼藏》一部,共二千六百余本,率弟子们于佛光山不二门虔诚恭请,现收藏在佛光山丛林学院研究图书馆(一九七五年十月七日)

想到读者阅读的方便,并不是求其多、求其大,而是求其简易、方便而已。

后来我慢慢知道,藏经里大概留存了哪些法要。总的而言,佛教教义的流传,靠着"戒、定、慧"三学作为主干,而佛教的命运,也可以说就是戒、定、慧三学。戒,流入到丛林,成为各寺院清规的依据,以及僧众行为的纪律,假如我们翻阅戒律佛教史,就知道戒律对佛教传播的影响。定,流入到高僧大德悟道的世界,翻阅禅宗的佛教史,就知道多少高僧大德参禅悟道,不但光大了佛教,也增加了中华文化的光辉。至于慧学,就成为历代研究佛学者,探讨追求真理的目标。自此,有心人就把佛陀的教法,用当时的文字汇编成一部部的大藏经。所以,一部藏经除了佛陀的说法,结集的经论以外,大部分都是戒、定、慧三学的记录。

由于缺少阅藏的经验,在我青年的生涯里,同学们都批评我

```
                                                                        五乘善惡通義──行十善，除十惡，如非改进，消滅罪源。
                                                    ┌立信願─┬布施──博学好道，而不究义，道必难会，守志教道，乃大觉之道也。（四章至八章）
                                                    │       ├持戒──助人歡喜，飯他一食，可重千倍万倍，修福德无尽。（十章至十三章）
                                                    │       │       浄心，守志，断欲，无求，可舍至道反信命，行道守真，志
                                                    │       │       与道合。（十三、十四章）
                                                    │       ├忍辱──忍者多力，忍者无恶，忍者最明。
                                    ┌經文┬正宗分┬大乘不┤       │     人心如水，能定则能見种々物。（十五章）
                                    │    │      │共勝法├修六度┤禅定──見諦得減無明，而明常存。（十六章）
                                    │    │      │      │       │       在根本智後而得無修無証之道。（十七章）
                                    │    │      │      │       ├般若┬根本智──無常即常觀──能知無常，即得身之道。（十八章）
                                    │    │      │      │       │    │      ┬通觀五欲──五欲之害，如一切法無我，即除我执。（十九章）
                                    │    │      │      │       │    ├加行智┤        妻子舍宅如牢獄，虎口，泥沼，
                                    │    │      │      │       │    │      │別訶色欲──之害。（二十章）
                                    │    │      │      │       │    │      │        火炬，革囊等。（二一至二六章）
                                    │    │      │      │       │    └後得智┬無我如幻觀──知一切法無常，即除身之火，如刃双。（二七至三三章）
                                    │    │      │      │       │           ├披甲精進行──作精進斷欲之修行。（三四、三五章）
                                    │    │      │      │       └精進┬披甲精進──如一人興万人戰，
                                    │    │      │      │            │        如彈琴，不紧不纵，如鏄鐵，去滓成器。（三四、三五章）
                                    │    │      │      │            ├攝善精進──人生難得今已得，佛法難紧今已聞。（三六章）
                                    │    │      │      │            └利樂精進──戒者戒行，乘者定慧，戒定慧齐進，必得道果。（三七、三八章）
                                    │    │      └急戒乘──戒者戒行，乘者定慧，戒定慧齐進，必得道果。（三七、三八章）
                                    │    │      ┌信教解─┬信修行
                                    │    ├總結分┼理修行─┤信作先重明理，
                                    │    │      │解理行─┤知行蛮童合一。（四十章）
                                    │    │      └修行解─┤如行蛮童合一。（四一章）
                                    │    │              └第四十二章總結全經，即以佛智觀察世間，佛法乃應衆生心念而生，遇緣與頭，如四時木，榮謝有時，傳衍無尽。（四二章）
                                    └本經宗旨──本經爲入道之基，僧俗皆可受持，無欲無爭，而爲世間服務，終極走上解脫之道。
```

一九六四年，尚未圓顶的李新桃小姐(慈庄法师)担任寿山佛学院教务主任，当时影印设备不发达，我上课的所有讲义都靠她一字一字刻成钢版，再印出来给学生研读。

佛光山丛林学院读藏指导教材之（十）

《四十二章经》表解

星云大师编

【译经年代】汉明帝永平年间，约当永平十年，岁次丁卯（公元六七年）。

【本经译处】本经是我国第一部佛经，是在第一座佛寺——洛阳白马寺译的。

【本经译者】本经译者为汉明帝时中天竺国沙门迦叶摩腾译，有些地方又标竺法兰者，实因竺法兰和迦叶摩腾同来之故。

【真伪考证】

1. 六朝经论目录有载有不载，尤以道安法师的经录，没有编入本经，故疑来源不明，但此经曾被载藏在帝宫石室文库之中（兰台），故当时未能盛行，或者道安法师经录中以为本经非整体的经典，乃是集录诸经而成，故未编入。

2. 本经形式及内容，相似于「孝经十八章」及「老子道德经」，文体不类，但此经为意译与后世直译不同，而且佛经初传未固定形式，不能因文体不类，即有所疑也。

3. 普通经文有序分，先明时地，后出请问之人。此经皆所阙略，实因迦叶摩腾大师初旅我国，未有整个译经计划。此四十二章经乃择录诸经故未标序分也。如阿含经、游行经、十法经、十上经、须达多经、小品般若经等均可寻出本经之思想也。第一类收在高丽藏、宋藏、元藏之内，约二三六五字。

【本经异译】

1. 华文异译　第一类收在明藏之内，约二六〇四字。
第二类收在守遂常用文字集中，约二三一二字。
第三类收在守遂常用文字集中，约二三一二字。

2. 日文异译　第一类国译佛说四十二章经——山上曹源译。
第二类现代意译四十二章经——里见达雄译。
第三类意译四十二章经——高富宽我译。
第四类其他多种。

3. 英法异译　第一类比儿译英，时在公元一八七一年。
第二类铃木大拙译英，时在公元一九〇六年。
第三类费儿译为法文，时在公元一八七八年。

【本经注疏】

1. 四十二章经御注　一卷　宋真宗
2. 四十二章经注　一卷　宋守遂
3. 守遂四十二章经补注　一卷　明了童补注
4. 四十二章经解　一卷　明智旭
5. 四十二章经指南　一卷　明道霈
6. 四十二章经疏钞　一卷　清续法
7. 四十二章经讲录　一卷　民国太虚
8. 其他日文尚有多种讲话

【本经特点】

1. 辞最简妙，本经只有二千余字。
2. 义最精富，本经包含大小乘经理。
3. 译最古真，本经在我国为最古之译经。
4. 传最平易，本经流传最广，中日英法皆传。

四十二章經表

- 本經譯者 —— 本經譯者為漢明帝時中天竺國沙門迦葉摩騰譯，有些地方又標竺法蘭者，實因竺法蘭和迦葉摩騰同來之故。

- 本經譯處 —— 本經是我國第一部佛經，是在第一座佛寺洛陽白馬寺譯的。

- 本經譯年代 —— 漢明帝永平年間，約當永平十年，歲次丁卯（西元六七年）。

- 真偽考証
  1. 本經形式及內容，諸書云曾被藏在帝宮石室文庫之中，沒有編入本經，故疑來源不明，但此經譯成，諸書目錄載有不載，尤以道安法師經錄中沒有本經非整體的經典，乃是集錄諸經而成，故未編入。
  2. 普通經文有序分、先明時地，而此經初無有序分，未有整個譯經計劃，後世直譯不同，而且佛經初請同之人，此經皆所闕畧，實因迦葉摩騰初旅我國，未有整個譯經計劃。
  3. 本經乃釋錄諸經故未標序分也，如阿含經遊行經、十法經等均可尋出本經之思想也。

- 本經異譯
  1. 華文異譯
     - 第一類收藏在高麗藏、宋藏、元藏等，約二三三二字。
     - 第二類收在明藏之內，約二六○四字。
     - 第三類收在守遂常用文集中，約二三六五字。
  2. 日文異譯
     - 第一類國譯佛說四十二章經 —— 山上曹源譯。
     - 第二類現代意譯四十二章經 —— 里見達雄譯。
     - 第三類意譯四十二章經 —— 高昌寬我譯。
  3. 英法異譯
     - 第一類比兒譯英，時在西元一八七一年。
     - 第二類鈴木大拙譯英，時在西元一九○六年。
     - 第三類費兒譯為法文，時在西元一八七八年。

- 本經註疏
  1. 四十二章經御註 —— 宋真宗 一卷
  2. 四十二章經註 —— 宋守遂 一卷
  3. 四十二章經註補註 —— 明了童補註 一卷
  4. 四十二章經解 —— 明智旭 一卷
  5. 四十二章經疏鈔 —— 明道霈 一卷
  6. 四十二章經指南 —— 清續法 一卷
  7. 四十二章經講錄 —— 民國太虛
  8. 其他日文尚有多種講話

- 本經特點
  1. 辭最簡妙，本經只二千餘字。
  2. 義最精富，本經包含大小乘經理。
  3. 譯最古真，本經在我國為最古之譯經。
  4. 傳最平易，世尊成道已，作是思惟……而順夢勒。世尊成道已，中日英法皆傳。

- 總起分 ——三乘共教行果
  - 修出家行 —— 証出世果（二章）——斷欲、去愛、識心、達理、悟法、守戒、進止清淨、觀四念処、斷愛欲
  - 証四果（三章）辭親、出家、識心、解法、內無得、外無求、去世資財

【经文】
- 总起分——世尊成道已，作是思维……而顺尊敕。
- 正宗分
  - 三乘共教行果
    - 证出世果——辞亲、出家、识心、解法、守戒、进止清净、观四谛、证四果。（一章）
    - 修行出家——断欲、去爱、识心、达理、悟法、内无得、外无求、去世资财、乞求取足、日中一食、树下一宿。（二、三章）
  - 五乘善恶通义——行十善、除十恶，知非改过，消灭罪源。（四章至八章）
  - 大乘不共胜法
    - 立信愿——博学好道，而不实践，道必难会；守志敬道，乃大觉之道也。（九章）
    - 修六度
      - 布施——助人欢喜，饭修道者，举难劝修福德无尽，行道守真，志与道合。（十章至十二章）
      - 持戒——净心、守志、断欲、忍者无恶，忍者最明。（十三、十四章）
      - 忍辱——忍者多力，忍者无恶，忍者最明。（十五章）
      - 禅定——人心如水，能定则能见种种物。（十六章）
      - 般若
        - 根本智——见谛得灭无明，而明常存。（十七章）
        - 后得智——在根本智后而得无修无证之道。（十八章）
        - 加行智
          - 无常即常观——知一切法无常，即得真常。（十九章）
          - 无我如幻观——五欲之害，如危身之火，如刀刃之蜜。（廿章）
          - 别诃色欲——妻子舍宅如牢狱，虎口、泥潭、火炬、革囊。（廿一、廿二章）（廿三至廿六章）
      - 精进
        - 披甲精进——披甲精进相——如一人与万人战。（廿七章至卅二章）
        - 披甲精进行——作精进断欲之修行。（卅三章）
        - 摄善精进——如弹琴不紧不缓，如炼铁，去滓成器。（卅四、卅五章）
        - 利乐精进——人生难得今已得，发心难发今已发。（卅六章）
    - 急戒乘——戒者戒行，乘者定慧，戒定慧齐进，必得道果。（卅七、卅八章）
  - 信教解理修行
    - 信教——信顺佛陀所说。（卅九章）
    - 解理——信仰光重明理。（四十章）
    - 修行——知行者重合一。（四十一章）
- 总结分——第四十二章总结全经，即以佛智观察世间，佛法乃应众生心念而成，随世所需，遇缘兴显，荣谢有时，传衍无尽。（四十二章）

【本经宗旨】

本经为入道之基，僧俗皆可受持，无欲无争，而为世间服务，终极走上解脱之道。

虽有文学的活用，但对佛学总是肤浅。初到台湾时，我也写了一些文章在各种杂志发表，承蒙当时一些人士誉我为"文艺明星"，但我不觉为荣，因为佛学肤浅，总觉愧对"出家"、"僧宝"这个名词！

台湾当时，各地的寺庙也都没有经书，纵使有，也只是几本残缺的木刻版线装的经本，连大陆常州天宁寺发行的《朝暮课诵》都一本难求。我在新竹教书的时候，就凭借着香港严宽祜先生在香港佛经流通处所供应的一些资料，又获得印顺法师主编的《太虚大师全书》，还有朱镜宙先生在台湾印经处一些小本的经书，这样才稍微感觉到台湾的法宝放光。

一九五二年冬末春初，我云游到宜兰一间小庙——雷音寺，当时我很不喜欢这个名词，因为在吴承恩的《西游记》里，也有一个"雷音寺"的名称，我觉得那是神话小说才会出现的场景。我现在住在雷音寺里，那么，也好像一段神话一般。所以，我就改名为"宜兰念佛会"。从那个时候，我就开始思考如何增加法宝了。

当时在台北，赵恒惕、钟伯毅、屈映光、蔡念生、董正之等人，他们发起要重印大藏经，我对他们这许多的居士大德，佩服不已。有一次，我到台中探望"国大代表"蔡念生居士，当时他正打着赤膊、穿个背心，在炎热的夏天里，汗流浃背地在那里编校大藏经。眼见蔡居士对藏经编印的投入、发心，真让我同感藏经的宝贵。于是，我也兴起想要拥有一部大藏经。

四方寻求之下，知道香港佛经流通处流通大陆的《频伽藏》，听说香港优昙法师平时为人热心，深受同道推崇，我就捎了一封信，请他帮我购买一套《频伽藏》。信寄出之后，不到一个月的时间，一百多册的《频伽藏》就从香港寄到了宜兰。我不敢说这是不是台湾第一部藏经的开始，不过，我觉得台湾有了藏经，是稀有难

宜兰念佛会奉请《频伽藏》(一九五四年九月)

得的事,因此特地发动数百位信徒到火车站,列队在中山路,手捧顶戴、香花迎请,把《频伽藏》恭迎到宜兰念佛会。

不过,那个时候真是委屈了这套《频伽藏》,我连供奉它的"经橱"都没有,只能将它平放在桌子上。《频伽藏》是铅字印刷,好像都是宣纸印行,美观大方。幸亏有了这套大藏经,我能写下一本《释迦牟尼佛传》,都要感谢《频伽藏》里的《佛所行赞》作为我最大的参考功用。

记得《频伽藏》供奉在宜兰念佛会的时候,有一些兰阳女中的学生,因为迎请藏经的隆重,也引起她们的信心。有一位高中的美丽小姐,很高兴地到了宜兰念佛会,就说:"我要看大藏经!"我们的总务李决和居士(慈庄之父),就取笑说:"你要看藏经!牛也会看藏经了!"表示一般人要看大藏经,应该要先衡量自己的实力如何了。六十多年的岁月过去了,当年迎请大藏经的那许多人士,如:慈惠法师、慈容法师等,至今都还留在佛门里。

我"编藏"的因缘

影印大藏经环岛宣传访问台南大仙寺。前排左起：林松年居士、本人、龙泉法师、南亭长老、煮云法师、广慈法师（一九五五年十月十三日）

那时候，我在台北见到赵恒惕居士（一八七九年生，湖南衡山人，曾任湖南省省长、湘军总司令、议会议长）所组织的"修订中华大藏经会"，经常召开藏经重印会议，我见他们开会，几乎有二十年以上。

可能受限于经费问题，到最后，虽也影印出一套《碛砂藏》，但由于《碛砂藏》也是木刻版本，只是重新影印，未有新意，不够美观，当然也就引不起人阅读的兴趣。我想，他们一直开会讨论重印大藏经，是因为"中华佛教文化馆"影印了日本的《大正藏》而受到刺激:我们中国人为何要印日本人编的藏经?难道我们不能出版一部自己的藏经吗?

影印《大正藏》的因缘,是由孙张清扬夫人和叶公超先生发起的,他们当时用航空从日本运回一套《大正藏》。为了使广大佛教信徒知道,并且支持此一神圣大事,中华佛教文化馆于是发起"宣传影印大藏经运动",组成一支环岛宣传队。

说起影印大藏经,那时候大家的经济都很有限,没有人有力量承担,最初东初法师商之于我,要我负责到全台湾各地宣扬,邀人预约大藏经,如果能预约到三百部至五百部,那大藏经就能印成了。

但是,当时影印一部藏经的钱,就足以买一栋小房子了,我自忖能力还不够,就商之于南亭长老,请他担任团长,我来领队,带领所有宜兰念佛会青年团的团员们一起参与。承蒙南亭老答应,于一九五五年八月,我们从宜兰上路,途经罗东、花莲、光复、瑞穗、玉里、关山、台东、屏东、凤山、冈山、台南、南投、嘉义、彰化、台中、竹南、关西、竹东,然后才回到台北,总计整整四十天。足迹所至,引起热烈回响,我的弟子慈惠法师,也写了一篇文情并茂的《宣传影印大藏经弘法日记》,以志其盛。

在这四十天当中,我们以讲演、幻灯、歌唱、座谈为主,发动信徒一起来参与,听我们讲说。也承蒙当时有名的寺院共襄盛举,如:花莲东净寺、玉里华山寺、台东海山寺、屏东东山寺、五沟水映泉寺、高雄龙泉寺,到了台南寺院就多起来了,不少当时有历史的名刹,如:开元寺、竹溪寺、法华寺、弥陀寺、湛然精舍等,都纷纷参与请购大藏经。

那时候由煮云法师负责联络,广慈法师负责财务,李决和担任总务主任,林松年担任弘法主任,另聘请宜兰念佛会弘法队觉

我"编藏"的因缘

中华佛教文化馆影印大藏经环岛宣传团一行抵达台中莲社。前排左起：朱斐、林松年、煮云法师、南亭老和尚、本人、广慈法师、李决和居士（一九五五年十月二十三日）

航、慈莲、慈范、慈容等人负责宣传。宜兰念佛会青年团的团员就负责放映佛教幻灯影片（连环图），以及佛曲的教唱。当时台湾还没有电视，对我们这一团的幻灯机、录音机大家都非常好奇，认为我们放映电影来了，争先恐后地来参与我们的布教弘法大会。

尤其，从台东到屏东，要经过五小时石子路的颠簸，那时候我们的录音机至少有六十公分的宽度、二十公分的深度，我舍不得它遭受路途的颠簸而受损，所以一路上都摆在我的两条腿上。记得抵达屏东，在东山寺礼佛的时候，忽然感到两条腿疼痛，后来沿途

289

影印大藏经环岛宣传团至高雄"蓬莱糖厂"弘法布教(一九五五年八月)

隐忍,回到宜兰的时候,宜兰医院的医师说是急性关节炎,必须把腿锯断,差点因此送命。那个时候,我们坐不起汽车,都用火车代步,其间我们坐过糖厂的轻便车,坐过牛车、三轮车、黄包车,甚至在高雄还坐了小船到一个叫"蓬莱糖厂"的地方,因为他们也要订一部藏经,我们就坐船到蓬莱布教一天。

记得在云林斗六,要往溪州台湾糖业公司总糖厂出发的时候,他们开来一部专用的汽油车,就等于游览车一样,带我们这一团人士,让我们感到洋洋得意,觉得宣传大藏经受到沿途的重视。台糖总公司那时候因为逃避空袭,人员疏散,我们在溪州糖厂做起总部办公,有周宣德、陈兴国,以及好几位居士虔诚护持,帮我们宣传大藏经,让我们得到不少支助。同时,我们也获得很多神道寺庙的资助,像台南南鲲鯓代天府、北港妈祖庙都随喜参与,请购大藏经。

我们最热闹的一站,应该就要算台中的接待了。因为台中是李炳南居士早期弘化的地方,那时候信徒已有很多,又加上《菩提树》朱斐居士帮我们宣传,并且借用台中省立商校给我们布教。尤其团员中,慈容法师那时候还没有出家,名叫吴素真,一场讲演十五分钟,获得十多次的掌声,大家的精神都很振奋。总之,我们对台中的李炳南、瑞成书局的许炎墩、《菩提树》的朱斐等,都不胜感激。

弘法布教到了新竹,最后一站——竹东,因为师善堂也要预约一部藏经,所以我们也到那边去弘法结缘。当时遇到一个很大的困难,因为那里是一个客家村庄,要讲客家话,我们全团的人没有一个是客家人,我当时的意思是不必说法了,唱个歌,就算圆满收场了。但是南亭法师坚持最后要说法结缘,没有人翻译,师善堂的堂主叫甘玉叶师姑,自告奋勇说:"我会国语,我替你们翻译。"

南亭法师上去开始讲话:"各位听众!"甘玉叶听了,立刻回头说:"嘛戛?"(客语:你讲什么?)后来南亭法师在黑板上写"各位听众",甘玉叶师姑一看,原来是"各位听众"啊!才用客家话讲,当时情况之尴尬,至今我也回忆不起来当时是如何收场的。八月是台湾的台风季节,我们一团从宜兰出发,四十天都非常顺利,经过潦水、铁座桥,可以说天公作美,我们一滴雨都没淋过,沿途风调雨顺,虽然交通困难,但也都能克服,真是感谢三宝和护法龙天给我们的加持。也由于这次环岛巡回宣传的因缘,台湾许多寺院因此得以把佛陀的智慧佛法带入道场。

回到台北后,总计这次宣传影印的活动,共预约了二百多部,东初法师、张少齐、孙张清扬等一些参与者都非常高兴,热烈欢迎我们,并且举行庆功宴,请我们吃饭。

大藏经宣传过后,陆续有人预约,这时候要筹备印刷,当时台湾各处的印刷厂,印这种大部的书,连存放的仓库都没有。后来我们商量自己来开印刷厂,自己来印。请张少齐居士策划,到联邦德国买了一部印刷机,花了四万多元,就开起"新文丰印刷厂"印刷藏经。开这个印刷厂需要一些开发费用,张居士就鼓励我也参加一份,当时,我拿了五千元台币参加一股,也被选为常务董事。

两三个月后,张少齐居士邀请我们一起吃饭,他说我们不会经营,这个印刷厂就送给年轻有为的刘修桥居士,让他来经营,条件就是希望他今后对佛教书籍要多发心印刷、出版。当然,我们的五千元常务董事也就这一餐作为结束了。我个人一生只有这么一次跟人合股,此外,合伙、世俗图利等,我都未曾参与。当然,我参与印藏的美梦也就停止了。

后来,刘修桥居士恢复他大陆名字——高本钊。有一次,他商榷于我,请我将韩国购得的《高丽藏》给他做蓝本影印,那时候也谈不上什么版权,我乐见其成,就免费让他印刷。所以,在一九八二年出版的《高丽大藏经》四十八册书名页上,都印有"本书承佛光山星云大师惠借影印,谨此致谢"的字眼,数十年来,新文丰印了不少佛教书籍,总算没有辜负张少齐和我们的期望。

宣传影印大藏经后几年,我一直在思索,佛法三藏十二部浩瀚无边,而历朝刊行的佛经原典译著,都没有加以分段标点,而且古文艰涩,名相术语繁多,实在令有心学习之士,望而却步,苦无入道之门。于是,从一九五八年起,我就开始从藏经里,找适合大众念诵的经文,然后将古式编排的经文予以重新标点、分段、分行,甚至有些还做科判表解,以辅助经文义理的理解,如普通小说体裁一

我"编藏"的因缘

于彰化福山寺进行编藏工作(一九八一年一月)

般,整个字体、版面也都重新调整编排,最后再交由佛教文化服务处发行,使佛典能普遍为大众所接受,倡印"每月一经"就是从这个时候开始的。

那时候,每月印行一经,固定在每个月的第一天出版,我们只酌收成本费,每本定价台币一块钱,助印价五毛钱;同时,我们也订了一个原则,每个人至少必须复印五本以上。当时采用二号正楷字排版,用上好的模造纸印刷,庄严美观,供应个人读诵或作讲本之用,我在书的内页天地格留有多余空位,方便大家在听讲时,可作笔记之用;同时,我也把复印者的芳名刊印在经文之后,以为征信和功德回向。

我记得"每月一经",一共出版了三十几本,有《十善业道经》、《劝发菩提心文》、《观音普门品》、《普贤行愿品》、《四十二章经》、《佛说遗教经》、《玉耶女经》、《银色女经》、《佛说七女经》、《妙慧童女经》、《父母恩重难报经》、《盂兰盆经》、《观无量寿经》、《佛说孛经》、《金刚经》、《善生经》、《胜鬘夫人经》、《梵网经菩萨戒本》、《学佛行仪》等等。一九六五年，我创设了寿山佛学院，就让学生每天早晚讽诵一部经典，这样下来，就可以读到不同的经典，也是一种阅藏。

然而，我不因此而感到满意，还是日夜不断地思索、酝酿，认为佛学应有契合时代的方法与权巧，才能中外融和、古今贯通。随着时空的转变，藏经除了亟须保留原有的精粹，更应赋予新的时代意义。

一九七〇年初，蓝吉富（时任东海大学讲师）前来找我，鼓励我编印佛教大辞典，当时自己实在没有条件，后来商之于萧碧霞师姑，她在台北吴兴街有一栋房子，愿意提供给我们作大辞典的编辑部，就由蓝吉富与慈怡分别负责，我就定名为《佛光大辞典》。后来，慈怡把编辑部搬移到彰化福山寺，并且建议我们自己来编印大藏经。虽然我知道自己能力有限，但是想起过去，不论玄奘大师西天取经，鸠摩罗什大师终身以译经为业，乃至历朝藏经汇编之不易，尤其元代法珍比丘尼为法宝流通，毅然挥刀断臂募资刻藏，感动十方信士发心赞助，积三十年始成的《赵城金藏》，所谓有愿必成，有志者事竟成，为什么我们不能呢？

所以一九七七年，我在彰化福山寺成立了"佛光大藏经编修委员会"，指示慈怡法师负责，由比丘尼慈庄、慈惠、慈容、慈怡、慈嘉、依空、依淳、达和等担任编辑委员，因为那时佛光山的男众很少，没有力量参加；再者，当时台湾已有许多优秀的比丘尼，她们的能力、学识都不亚于男众，其中有的人在大学任教，有的人在社会上弘法，巾帼不让须眉，相当有成就。为了提升比丘尼在佛教界的地位，树立比丘尼的新形象，我认为应该让这许多女众

我"编藏"的因缘

与慈怡法师在一起

人才,有所发挥、表现,所以佛光山的编藏工作,就由比丘尼主道。我并呼吁教界:比丘尼要向比丘学习,比丘也要向比丘尼看齐。

之后,在我的带动下,慈怡招募大专青年十余人,佛光山丛林学院学生也由老师带领参与编辑的工作,许多义工也都积极参加讲习,投入《佛光大藏经》的校对行列。我们并邀集海内外僧俗学者,采历代各版藏经,重新整理、校勘考订、分段标点、名相释义,并且有经题解说、索引,以及诸家专文等,我希望能编纂一部"人人能读,读而易解,解而能信,信而易行"的《佛光大藏经》。甚至,我们也不定期邀请许多的专家学者协助,加强学生编辑及义工校对的能力。尤其我最重视分段标点,很多佛经不懂之处,你只要看标点是惊叹号、是问号或是句点,大概就能揣摩到意义是什么了。

295

我将《佛光大藏经》分为十六大类,分别为:《阿含藏》、《般若藏》、《禅藏》、《净土藏》、《法华藏》、《华严藏》、《唯识藏》、《秘密藏》、《声闻藏》、《律藏》、《本缘藏》、《史传藏》、《图像藏》、《仪志藏》、《艺文藏》、《杂藏》。上述十六大类中,《图像藏》、《艺文藏》是历代各版藏经中未曾收纳的,主要是我深感佛经本身深具文学、艺术意涵。佛教东传,丰富了中国的文学、戏曲、建筑、雕刻、绘画,使得佛教文学、艺术留下大量辉煌瑰丽的文化遗产。因此,我期许《佛光大藏经》可以突破传统,将佛教文学、艺术收编入藏,作为佛教传播和弘扬的方便法门。

这之后,编藏的工作与出版的情形,我大概分几项说明。

《佛光大藏经》的陆续出版

一九八三年八月,首先出版了第一套《佛光大藏经·阿含藏》,总共十七册。《阿含藏》出版后,流传很快,有韩国曹溪宗专研《阿含经》的布教师,为此特地到台湾佛光山表达感谢,因为重编印行的《阿含藏》,使得他们原本不易了解的经文,变得容易阅读。人人能读,正是我重编大藏经的心愿。

后来慈怡到日本佛教大学修学博士,编辑藏经的事务就由比丘尼当中的依淳、永明、永进接任。如此又经过十多年,一九九四年十二月,出版了《禅藏》五十一册。分为四大类、一千三百余万字的《禅藏》出版后,也引起诸多回响,例如韩国高丽大学宋寅圣教授就说:"过去研究禅学的重镇,是日本花园大学禅学中心,但并没出版完整的《禅藏》。佛光山已成为世界禅学重镇。"还有美国常春藤名校斯坦福大学的邵东方教授等,他们一致赞许《禅藏》的索引是他们使用过的索引中,最方便检索的索引。

在永明、永进不断的努力下，一九九七年五月，出版《般若藏》四十二册；一九九九年五月，出版《净土藏》三十三册；以及在二〇〇九年四月，完成《法华藏》五十五册。三十年中，出版的五部藏经，感谢海内外诸多学者、教授的支持肯定，给我们许多鼓励。

例如：北京大学朱庆之教授、中国人民大学方立天教授等认同《佛光大藏经》的编辑工序缜密，称赞它是"华人之光"。学者葛兆光教授称许《佛光大藏经》的题解比《佛书解说大辞典》更加详尽。日本大谷大学木村校长说："《佛光大藏经》的尺寸、厚度，给读者很大的方便。对佛教的普及起了很大的作用。"叶朗教授认为《佛光大藏经》标点、校对等严谨，品质非常高。还有，美国威斯康星大学经济学教授高希均先生与知名作家余秋雨先生，共同推荐《佛光大藏经》为"镇宅之宝"。以及瑞典斯德哥尔摩大学孔子学院院长罗多弼教授，肯定《佛光大藏经》是划时代的巨献，有助于东西文化的交流。

我记得，在一九八三年，日本国宝级佛教学者中村元博士，曾参观设于彰化福山寺的编藏处；一九九八年，连战伉俪来佛光山参观编藏处。二〇〇一年，台湾一些学者以及中国人民大学方立天、四川大学陈兵、兰州大学郑炳林、南京大学赖永海及北京大学楼宇烈等教授联袂来访，在亲自了解《佛光大藏经》整个编纂流程后，对我们藏经编校需经过百余个工序的严谨，表达十分的心服敬佩。他们认为历代《大藏经》的编排都是由王朝在支持，至明代以后，民间再也没有人编印过，《佛光大藏经》的编印可谓是创举了。

编藏实在是一个艰巨的事情，由于藏海无涯，以我们少数人即使穷毕生之力，也难完成。多少次，我们在报纸上征求同好，希望广邀有志之士，一起参与编藏的工作。但时代变迁，古典文学已少人问津,何况编务工作繁琐,勘校的时间久长,一部藏不经五年、十年编校,何能完成出版?文字工作,寂天寞地,付出的心力,不易被看见,而且没有掌声,而永明、永进一直锲而不舍,十年如一日,孜孜不倦,无怨无悔投入编藏的工作,还带领许多义工,不计名利地,以无比的热情为完成编藏而努力,非常不容易。

而且编藏处的义工,多是发长远心的信众,像是高雄中山大学文学院院长林庆勋教授,长年担任我们的编藏咨询;印刷指导部分,则是城邦集团印书馆总经理陈美玲与中茂印刷公司董事长廖鸿辉;再有功德主潘孝锐居士的女儿潘碧珍,以及王文华、温思传、陈椿荣、吴玉如、郑秀珠、陈贞妙、陈顺章、陈绚铭、李典荣、李明雄、陈慧美、苏美华、周秀香、陈巧芳、施中和、陈贞秀、廖采如、廖采蓉

佛光山出版的《佛光大藏经》(慧延法师摄,二〇一三年一月)

我"编藏"的因缘

左起：中国人民大学方立天、四川大学陈兵、兰州大学郑炳林、南京大学赖永海及北京大学楼宇烈等教授，参观佛光山大藏经编辑部（二〇〇一年一月十三日）

等义工，他们对编务中的校对、打字、输入标点、造字甚至排版，都能投入而胜任，对藏经的热爱可以说是到了全心全意的程度。其中，也有不少参与编校工作后，就读佛学院而出家的，如：觉明、觉多、觉寰、觉承、妙中、妙悦、妙楷、如介、慧择等，都因藏经的熏习，而发起菩提心，加入僧团。

可以说一部藏的完成，必得集百千人力，集体创作，否则实在不易成就。然而，想到编藏如此耗时费力，为了想加速完成，也因为佛光缘美术馆编印的《世界佛教美术图说大辞典》（即《图像藏》）即将完成，这套图典共二十大册，以中英文对照方式出版，一样集数百人之力，历经十余年汇编。

为了要百花齐放，双喜临门，我希望各藏也能同时出版，所以就将藏经分别办理，目前由依恒负责《声闻藏》，依空负责《艺文藏》，永本、妙书负责《本缘藏》，满纪负责《唯识藏》，他们也各自带领无以计数的有缘人，同步进行编纂藏经的工作。

从一九七七年开始,已经过了三十余年,相信再有三五年时间,《佛光大藏经》必定能全藏落成,届时这十六部大藏,总计应该有五百余册。回想起来,自从宋开宝年间始刻的《开宝藏》到清代的《龙藏》,三百余年来,大部分都是皇家所刻,如今我们也可以凭借自己的力量,重新出版经过校勘、分段、标点、注解的现代化大藏经,也算对续佛慧命、保存中华文化,尽了一份心力。

出版《佛光大辞典》

藏经编印的同时,由我负责监修、慈怡法师担任主编的《佛光大辞典》也同步进行,这套大辞典斥资千余万元,邀集佛、文、史、哲各家学者,以及梵、巴、韩、日各国语文专家三十多人,历时十年编纂完成。一共收录二万二千六百零八条目,七百万字,分十五开本八册,以及十六开本上、中、下及索引四册,两种版本印制装订,便于检读,易于识解。内容、编排的系统条例,被誉为是现代人的"佛教百科全书"。出版后,在一九八九年荣获"台湾优良图书金鼎奖"。

《佛光大辞典》的特点有:晓畅易解、搜集广博、现代佛教名词、旁征博引、文献资料,参阅条例、引而有证、无征不信、图文并茂、索引完备。这是世界的佛教学者所公认最周全,也最精密的辞典,不只受到学术界,也受到一般佛弟子在阅读及研究佛经上的重视。

举例来说,《佛光大辞典》在类别上,收录:佛教术语、人名、地名、书名、寺院、宗派、器物、仪轨、古德公案、文学、艺术、历史变革等;于地域上,收录印度、韩国、日本,以及斯里兰卡、缅甸、东南亚、欧美等各国家地区有关佛教研究或活动资料,乃至其他各大宗派发展、社会现象等,凡具有与佛教文化对照研究价值者,都在本书搜集编纂之列。

我"编藏"的因缘

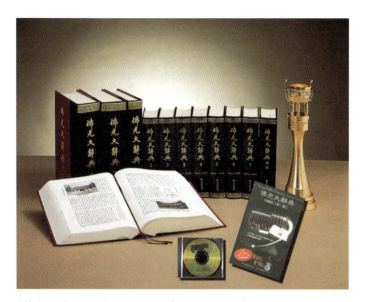

《佛光大辞典》光碟版。为令读者更方便阅读佛典，佛光山宗务委员会将近700多万字的《佛光大辞典》制作成光碟，成为佛光山第一本"电子佛典"（一九九七年五月）

此外，也大量搜集近百年以来佛教重要事件、海内外知名佛学学者，具有代表性之论著、学说，以及教界重要人物、寺院道场等。一者表示佛教一切活动并未停留在百年以前，再者也可以彰显当代佛教、佛学具有薪尽火传、承先启后的积极意义。

因此，出版后引起的回响可谓盛况空前，许多学者专家一致评论，辞典中不论历史学、文献学、语言学等基础工夫，都达到极致，这部辞典的实用性、通俗性与学术性都照顾到了。南华大学蔡瑞霖教授说："目前汉语佛教辞典，体例最完备、卷帙最庞大、解说最丰富的，以《佛光大辞典》为代表。"

由于《佛光大辞典》出版后风评很好，一九八九年我到大陆访问，时任中国佛教协会的会长赵朴老要求我，希望也能让大陆出版。有感赵朴老对佛教的贡献,他提出这个愿望,我也希望大陆佛教重光,就把八册的《佛光大辞典》交由中国佛教协会在大陆发行,不收版权费。但我说明只限大陆出版,后来在韩国、日本也有版本印行,就不知道是什么原因了。

出版《佛教史年表》

我当时也想到,研究佛学,除了参考原始经典、专门论著及各类佛学辞典之外,"年表"亦是不可或缺的工具书,其中尤以"佛教史年表"更能综观整个佛教发展之大势,掌握各国教史之脉络。因此,佛光大藏经编修委员会乃鸠集人力,编纂《佛教史年表》。此书于一九八七年完成出版,被喻为国人首著最完整的史年表。

《佛教史年表》收录内容以佛教记事为中心,并收集各国与佛教发展演变具有影响作用的大事,其他宗教、哲学之形成、发表等事例也有收入。所载的记事,在时间上,自公元前三〇〇〇年至一九八六年止;在空间上,包括南北传之佛教系统,以及欧美各佛教发展地区。此表的特点有:内容广泛,超越时空;广征博引,资料丰富;中外并举,系统明晰;编纂周密,考订精严;索引详备,查阅方便;排印精致,版式美观。在二〇〇五年增订再版时,我将它更名为《世界佛教史年表》。

出版一百三十二册《中国佛教经典宝藏精选白话版》

在等待编藏的过程中,我想到中国佛教典籍汗牛充栋,一套《大藏经》就有九千余卷,一般人可能尽其一生,也研读不完。如果能有一套收集重要经典的白话《宝藏》,即使只是一滴法水,只要不失大藏经的法味,那么何不舍弃庞杂枝节,直接取用呢? 于是

《中国佛教经典宝藏精选白话版》丛书

继《佛光大藏经》之后,又策划一百三十二册的《中国佛教经典宝藏精选白话版》。

这一套多层次、多角度,全面反映传统佛教文化的白话精华大藏经,也是我弘法传教以来的心愿之一。从开始构想、擘画,一九九一年在广州会议的定名、落实、确定风格,以及邀稿到编辑出版,我都热心参与、协助。我们将该书归纳出四个要点:(一)启发思想,(二)通顺易懂,(三)文简意赅,(四)雅俗共赏。另总结出四个成就:(一)佛教史上的创举,(二)学者的集体创作,(三)两岸佛学交流互动,(四)白话佛典的精华集萃。我期许这套《白话经典宝藏》,取其精华,舍其艰涩,既能将大藏经深睿的奥义妙法再现今世,也能为现代人提供学佛求法的方便途径。

整个过程中,由慈惠、依空等人指导编修;吉广舆等人奔走两岸,穿针引线;王志远、赖永海等大陆教授的辛勤撰述;刘国香、陈慧剑等台湾学者周详审核;永芸、满济、永应等"宝藏小组"汇编印行。由于他们的努力，这套书在一九九七年佛光山开山三十周年时完成出版。

在《宝藏》五年的编辑过程中，我们希望在时代动荡过后，中国佛教的命脉能够再次复苏、兴盛起来，相信这些近百位护持佛教法脉的学者，都能让先贤的生命智慧普应于世，济助一切众生。

成立"佛光山电子大藏经"

随着电脑资讯和网际网络的快速发展，为提高佛教弘法效率，我们开始运用现代科技，将弘法走向资讯化。其实，早在一九八九年，慧开就曾跟我报告，《大藏经》已进入雷射光碟系统阶段，不久的将来，只要携带一小块《大藏经》的光碟片，就可遍行天下。

后来，任教于伯克利加州大学东方语言学系研究所的路易斯·兰卡斯特教授希望将藏经电脑化，并且翻译成巴利文、藏文、梵文和汉文等版本，希望佛光山能与伯克利加州大学合作，汉文的部分就由佛光山负责，我们就展开藏经、辞典数位化的作业了。

一九九六年四月，我曾在台北道场海会堂，和五十多位前来参加"国际电子大藏经研讨会"的各国家地区代表们见面，主要目的是想借由共同研究，把浩瀚的佛教经典电脑化，负责人就是当年伯克利加州大学教授兰卡斯特及日本京都花园大学艾普教授。

以目前社会的需要，佛经在流通、修改、保存等因素下，必须要电脑化。但对于不同文字的经典，尤其是汉文，电脑化都遇到"造字"的困扰，在"佛典文献电子化技术交换"（简称 EBTI）还没有成立时，许多国家佛经电脑化的研究都因缺乏联系，往往耗费很多时间在相同问题上，加上各行其事，结果使佛经在电脑上无法流通。

我"编藏"的因缘

佛光山文教基金会赞助协办的"国际电子大藏经研讨会",假佛光山台北道场举行,来自十五个国家和地区的五十五位专家学者参加(一九九六年四月五日)

唯有建立共同造字规则,才能让佛经在网络上流通。我很欢迎来自各国的资讯及佛学经典专家们,到台北道场开会,为不同文字的经典寻找流通的技术。

其实,科技的发明,将经典用在电脑、光碟上,以现在的眼光看起来很稀奇,但从佛法上看,还是很平常,所谓"须弥纳芥子,芥子藏须弥"就是最好的解说。

在那次会面后,印度禅观研究院(Vipassana Research Institute)雷凡陀罗·潘屈(Ravindra Path)院长赠送一片光碟,内容为"巴利三藏计划";韩国宗林法师赠送的是海印寺的"高丽藏经计划"光碟及一片木刻版藏经;美国齐尔顿(Robert Chilton)先生赠送的是"亚洲典籍输入计划"光碟。

佛光山文教基金会于一九九〇年开始,进行辞典、藏经的数位化,二〇〇三年时正式成立"佛光山电子大藏经",由慈惠法师担任总策划,永本法师总执行,投入佛教书籍资料及佛典电子化的工作。当时,有一位美国伯克利加州大学统计学博士陈履碚先生,放弃了在美国优厚的待遇,到佛光山来做大藏经及佛光大辞典的电脑输入工作,听说还自掏腰包,为基金会增添十五部电脑,他这种为法的精神,实在令人敬佩。后来,光碟的程式设计,由美国西来寺的丁治安先生全心投入参与,至今仍继续数位化的工作。

二〇〇四年,我们成立电子大藏经网站,希望借着网际网络无远弗届的传输力量,让广大的学佛大众,能更普及、方便地阅读经藏及查阅佛学工具书,便利从事佛学的研究与推广。

同年,佛光山电子大藏经也于全台巡回举办使用说明会,让大众了解如何运用科技来深入经藏。佛光山电子大藏经研发迄今,已完成《佛光大辞典》、《中英文佛学辞典》、《阿含藏》、《禅藏》、《净土藏》、《法华藏》、《般若藏》PC版,也可以在PDA(个人掌上型电脑)搜寻佛学名相。二〇一二年八月,光碟版的数位化又进步到随身碟(USB)。目前仍由二十几年前就开始参与投入的永本法师,带领一行人继续这项工作。

你可能会问,为什么每个时代都要重编藏经呢?这是由于要适应每个时代众生根机需求的不同,同时,随着时代改变,印刷的品质也不一,就有必要做编辑上的调整。因此,除了整理藏经,我们也希望把过去藏经还没有收录的典籍,乃至于这个时代优秀高僧大德的论述和著作,以及当代对佛学研究、论述有贡献者的著作,都收录在藏经中,并且希望扩及到南传、藏传(过去只收汉藏),甚至于将这个时代人间佛教,弘法的方法、事迹,收存到藏经里面。

过去佛陀悟道后,第一句发出的宣言就是"大地众生皆有佛性",在印度解放被压迫的首陀罗,提倡四姓平等;而我在六十年前初到台湾时,就倡导佛陀这种平等的精神,致力提升女性的地位,参与各种弘法事业。如今,已有了一些成果,像《佛光大藏经》、《佛光大辞典》、《中国佛教经典宝藏精选白话版》、《佛光山电子大藏经》等,都是由女众比丘尼承担编纂;此外,还有一些比丘尼在大学里担任教职,在电视台担任总经理,在出版社担任总编辑、发行等等,让人感到无比欣慰。相信未来的佛教,必能灵山再现,法宝重光!

【附录】

在编印藏经之外,我为了把藏经简易化,也编印了"读藏指导",如:《四十二章经》、《普贤行愿品》、《般若心经》、《金刚经》等等,现在就选择《四十二章经》刊于本书拉页中,以见一斑。

我对戏剧的浅识

现在,慢慢地我对戏剧产生一点兴趣,
也悟到一点门路,可是眼睛也看不到,
耳朵也不怎么好了。
看起来,人生无论是要学的、要做的、要参与的,一定要趁早,
到了老年再想学,就比较不容易成功了。
说来,戏剧对于传统的文化、道德的教育、
民间的娱乐等,都有所影响,并且值得提倡。
但遗憾的是,
中国人总把自己的文化看得没有价值,
只欢喜外来的文化,
这实在是我们中华民族令人遗憾的地方啊。

我出生在贫苦的家庭,音乐、戏剧不是一个清苦孩子所能高攀的,何况我又是一个五音不全的人,哪里有资格与音乐、戏剧沾上边呢?但是在我生命中,还是与戏剧结下了一些因缘。

  还没有出家前,我不知道自己五音不全,只知道欢喜听戏,偶尔也会去听人家唱戏。尤其,我的家乡一年有一两次在土地庙前演出的"香火戏",我都不肯缺席,就是必须走稍微远一点的路,只要有大人带,我也总要跟着他们去参加。

  一般说来,这种香火戏大多是苦戏,像《陈世美休妻》、《王昭君和番》、《秦香莲寻夫》、《孟姜女哭倒长城》等等,母亲借由这些小说戏曲,知道了许多故事,有时候就会叫认识字的人来说书给她听。好比我们那里有一个老太太,虽然是做针绣的,但是她会认字,母亲就经常叫她来,给她几个铜

母亲听戏时专注的神情

板,让她说书。

除了听这许多小说戏曲以外的故事,母亲也喜欢京剧。我们虽然家徒四壁,却还有一台留声机。我不知道这台留声机从哪里来的,只记得经常从这台留声机的唱片中,播放出许多戏曲,如梅兰芳的《贵妃醉酒》,这是我母亲最喜欢的一出戏。

当时京剧的四大名旦,除了梅兰芳以外,还有尚小云、程砚秋、荀慧生,我母亲都耳熟能详,常常为戏剧里的人物而喜怒哀乐,我也感染到她的忧悲喜乐。很久以后我才知道,所谓梅、尚、程、荀四大名派,他们在艺术成就上各树一帜,雄踞舞台,四大派的表演唱腔,各有独自的剧目、师承,以及传人,四大名旦也各自成为京剧界的传奇。

那时候,母亲的教育就是任行自由,让我随意发展。其实,在那个穷苦的环境里,想要学什么、做什么,简直比登天还难。但我的几个舅舅,虽不是此中好手,却经常与我的母亲彼此唱和,倒也增加他们生活中不少的乐趣。

有时候，他们说说书上的故事，像《三国演义》里的桃园三结义、赵子龙长坂坡救主等，《岳飞传》里的宋朝名将岳飞，还有《水浒传》的及时雨宋江、武松打虎、黑旋风李逵等，故事里的这许多人物栩栩如生，十分有趣。加上听听香火戏，母亲虽没有要我唱，也没叫我不唱，因为有了这些经验，成为我追求学习门路的开始，这或许也是中华文化对于民间的一种影响吧。

现代的儿童学习，都是从上幼儿园开始，但在我那个时候，学校我没进去过，私塾、书房倒是有，只是每个人进去读书，必须要缴交四个铜板。四个铜板可以买两个烧饼，有时候就是有了四个铜板，舍不得买烧饼，就去上书房。因为是断断续续地学习，也没有什么特别心得，有时就只是呆呆地坐在那里，给先生管教。所以童年的时候，我比较不喜欢念书，而喜欢在生活里学习。

偶尔经过说书人家的边上，因为进去听要钱，我们就在窗户下偷偷听他几段，也觉得快乐无比。有时候，家乡会来一些流浪汉沿路叫唱，好比一个老头子旁边带着个小女孩，手里拉着胡琴，在路上唱歌卖艺，也没有房子，也不知是否还有亲人，不过，以现在来看应该算是街头艺人。他们的身世多半很可怜，别人施舍几个铜钱，他们就唱上一段，我也可以不用花钱驻足听唱，跟着别人一起沾光了。

稍微大一点之后，听见乡村的人一骂人就说，那个人像个曹操，就知道曹操很坏；那个人像个秦桧，就晓得秦桧是个奸臣；又提到关云长、刘备、张飞、岳武穆等，就了解他们是怎么样的忠义，这些都让我很欢喜听。原来，从他们骂人的话里面，也能听出一些做人处世的道理。因此，我来台湾后，在《中央日报》里读到一篇《进德录》，让我的印象很深刻。大意是：

王阳明先生带学生出去讲学，在路上，听到两名妇女在互相对骂。

甲妇骂乙妇说:"你不讲天理啊!"

乙妇回答甲妇说:"你才没有良心啊!"

王阳明听了就对学生说:"你们注意听了,她们两个人在讲道啊!"

学生回答说:"老师,她们不是在讲道,她们在相骂呀。"

老师说:"怎么会呢？你看,她们一个讲'天理',一个讲'良心'。天理良心不是道,是什么呢?"

学生一听,也觉得有道理。

不过,王阳明还是补了那么一句话说:"学生们,天理良心,拿来要求别人,就会相骂啦！要求自己,就是道喔!"

除了戏剧以外,像是人家丢下的报纸、垃圾堆里捡到的报纸,甚至人家看过不要,丢在地上的报纸,也都成为我累积知识的点滴来源。最早,是先从报上的插图开始了解,但那个时候报纸的插图并不多见。渐渐地,我从报纸里,也可以知道一些时事、一些人物以及一些社会情况了。

不过,哪里天天有好运气都能捡到报纸呢？有时候,知道有人要买东西,我就说,我替你去买。因为一般茶食店都是用报纸包东西,买过以后,我就跟那许多乡亲说:"你把包的报纸送给我好吗?"他们感到很奇怪,便取笑我说:"奇怪？你要一颗糖果我就给你,旧报纸有什么用呢?"在我心中,一份旧报纸比糖果还有功用啊！在这样的程度之下,我就到栖霞山出了家,做了和尚。当时我十二岁,而在这之前,我就与戏剧结缘了。

我出家以后,师父志开上人叫一位担任知客的大实法师负责管教我,大实法师只教我不准看、不准说,从来没教过我什么见闻。我每天都呆呆地坐在客堂里,时光就这样一天一天地过去。但没有多久,时运来了,还是我的师父说:"你的年纪太小了,自己一个人,没有人教你不行啊!还是把你送到学院里,跟那许多同学们学习吧,多少也学会一点规矩。"我就这样跻身到栖霞律学院去了。

学院里有三四十位学生,大都是二十多岁,也有几个不足二十岁的人,但为数极少,我和他们就比较常来往,比较谈得来。他们是我的老师,也是我的同学,但他们比我强、比我好、比我高、比我有程度,他们什么都比我懂得多,我跟他们相比,还是很不足的。

不过,到底是律学院,里面的图书很多,尤其,从栖霞乡村师范学校带回来的书,成为我真正的精神食粮。那许多图书没有人管理,我就自愿管理这许多图书。

我经常留意那些好的学生、优秀的学长,大概都借哪些书,当他们归还的时候,我就注意他借的那一本书内容究竟是讲些什么?

一本《精忠岳传》的封面,岳母在儿子的背上刺"精忠报国"四个字,成为我学习的对象;一本《水浒传》,让我对梁山泊上一百零八条好汉的名字、绰号、身穿的衣服、手拿的武器,都能如数家珍。又如《七侠五义》、《小五义》、《封神榜》、《荡寇志》等,我几乎看过一遍,就能唱名书中的人物,对他们的特色了如指掌。

这时候,除了有书可以读以外,每天还被要求五堂功课正常。做早晚课的时候,别人都很风光,唱念、诵经被人称赞,只有我,大家好像都不愿意和我搭腔。我觉得奇怪,你们唱的课诵,我没有跟随你们吗?但是自己的缺点,自己是不知道的。

后来好几位同学跟我说,你五音不全,唱得荒腔走板,这才知道自己的缺点。我自己很惭愧,我想,我这一生了了,连天生的喉咙都不肯助我一臂之力。但是,没有关系,我还有一个头脑,所以我决定要多读书。

我在大陆十年的参学,历经了栖霞山律学院、常州天宁寺的禅堂和佛学院、镇江的焦山佛学院、金山江天寺的禅堂,这些让我学通了一点佛法、一点文学,但是出家人根本的梵呗唱诵,我都不擅长。所幸,我在镇江、常州、南京这些大都市都住过,甚至从路上的广告里找寻学习的东西。

我曾在戏院的门口,看到京剧《战马超》的广告,我想象他们用什么武器,穿什么服装,这个武器和另外一种武器对打,究竟哪一种比较合适等等。甚至,《精忠岳传》中的"岳云双锤大闹朱家镇",我设想,这双锤究竟有几斤重?里面的两个大铜锤,假如有八十斤、一百二十斤,我拿都拿不动了,还能打仗吗?后来自己又想,八十斤重的铜锤,一锤打在对方的长枪上,一震动,手就麻了,武器应该就掉到地上了。

此外,我知道了关云长的"青龙偃月刀",是因为刀身上镶有蟠龙吞月的图案而得名;也认识了"张翼德(张飞)的丈八蛇矛","八十万禁军教头、豹子头"林冲、"浪里白跳"张顺、"立地太岁"阮小二等等。报纸上的文字,我不能完全看懂,但有这许多戏剧图样的广告,就比较容易了解。在这样的情况之下,我慢慢地长大了。

直到二十岁以后,我到了南京,后来又到了上海这个大都会,从更多广告牌上的图案,我回忆起童年记得的京戏的四大名旦,此时又增加了许多新的人物。例如,有一名武生叫"盖叫天",见过一个关于他的广告,几乎有一间房子墙面的大小。据说他在一九三四年演出《狮子楼》时,过程中发生意外,为了不压伤同台演出的演员,自己摔断了右腿骨,忍痛继续演出一直到结束。

名闻上海、东北的红牌老生——"麒麟童"周信芳,听说他六岁就学京剧,七岁的时候在杭州登台,取艺名叫"七龄童"。后来在上海演出时,宣传单误写为"麒麟童",之后就一直沿用这个名字,和老生演员马连良并称"南麒北马"。位列四大须生之首的余叔岩,具有深厚文化素养,他不但会唱京戏,还讲京戏,写京戏论文,毕生推广京剧。余叔岩出过的三十七张唱片、十八张半剧目,被公认是学习老生唱腔最好的教材。

而四大名旦里,我对梅兰芳在一九一九年时,首度把京戏唱到日本,一九二九年前往美国,并且在西雅图、芝加哥、华盛顿、纽约、旧金山、洛杉矶、圣地亚哥、檀香山等地演出两个半月,引起各界轰动的情况,留下了深刻的印象。能够把京戏唱红到外国去,这真是一件光荣的事。

据说演出时,梅兰芳身上穿的戏服成为时尚艺术,如妇女以蓝丝布作为头巾,带动美国一股风潮,后来还获南加州大学等颁予他"梅氏"文学博士学位。我觉得,可以把京剧发扬到这样的程度,实在稀有难得,所以后来我与梅兰芳的儿子梅葆玖来往,自然就有一种文化的感情。

如今回想起来,好在我五音不全,假如五音全的话,有条件发展,我可能去唱戏了也不一定。但是我知道在我们家乡是看不起戏子的(唱戏的人),认为唱戏是一种低贱的工作。当然我没想过唱戏,不过,我今天要说一句公道话,唱戏是一种艺术,是一种教育,是一种文化,怎么可以把它说成是低贱的职业呢?

这些让我想起对戏剧的怀念,在南京,那时候已经有电影了,最初是默片,我感觉看默片比看书生动。到后来,有了戏院、电影院,也曾冲动想要到电影院里去看电影,可是想想自己是出家人,也不敢这样抛头露面,不顾佛门的规矩,也就打消了与戏剧的缘分。

二十三岁到了台湾之后,虽然是兵荒马乱的时代,但是台北的永乐戏院,顾正秋挂头牌,每天听说都高朋满座,也看到报纸上天天广告介绍,哪一家演什么戏,哪一家演什么电影。因为没有办法去看戏、看电影,我就看广告,从广告里也学到不少戏剧的知识。所以有一次顾正秋唱了一些诬蔑佛教的戏剧,我还曾经写信向她抗议。

我就想到要弘扬佛法,光是在寺院里讲经,这是不行的。佛教必须电影化、佛教必须文艺化、佛教必须大众化、佛教必须艺术化,就是在那个时候初生起的念头。甚至我从报章杂志知道学校、社会的种种因缘,我也想到,将来如果有办法,我要办一份报纸、办一所大学、办一个电视台,并且期许自己能有这一天的来临。

到了后来,慢慢有了电视、广播,也有人来找我,希望我写的小说如《释迦牟尼佛传》《玉琳国师》等,能给他们拍成戏剧。

其中《玉琳国师》被"上海沪剧团"改编成话剧,在台北红楼演出;"空军广播电台"将它录成广播剧,在电台播出;甚至后来也被改拍成台语电影,名为《千金小姐万金和尚》。当时我也不知道拍得怎么样,只是在佛教界里我都没听人说过。由此可知,佛教界对影剧的拍摄了解,还是有一大段的距离。

一直到多年后,勾峰先生根据我的《玉琳国师》改编制作成《再世情缘》,在"中国电视公司"八点档播出,引起很大的轰动,海外地区也争相播放,我慢慢接触到这种另类的弘法世界,也感到非常的欢喜。

因为有生动的图案、画面,配合文字的宣传,弘化效果比较大。因此,我也乐于把我写的书,提供给他们编剧。但是,我也有遇到让我挫折的情况,像我写的《释迦牟尼佛传》,给金国戏院附设的制片厂拍成电影时,制作单位把悉达多太子和耶输陀罗公主演得太过缠绵,引起佛教界的抗议。

那个时候,台湾的电视台每天下午都会播一小时的京剧节目,但我对京剧里的唱腔,光是两个字拉得那么长,一句话也要唱得那么久,实在引不起兴趣。其实,我们也不懂什么唱腔、曲韵,但总觉得京剧要改良,听的人才会更多。佛教也和戏剧的命运相同,因为保守,没有通俗化、大众化,就没有人听,也没有人讲,没有人学佛,

没有人信佛了。

戏剧也是一样,人家不懂,哪一个人有兴趣去看戏呢?虽然你叙述的忠孝节义,对人心道德有所帮助,但是他不懂,你又奈何得了呢?所以,我主张佛教和京剧都应该先通俗化,让人听得懂。

特别是因为时代的演变,我知道京剧的听众正在渐渐减少,要让人看得懂,就要派专门的人讲说京剧内容、常识、专业用语,让人明白情节的高潮迭起。有了一个基础的知识之后,大家再推动京剧,就会比较容易推广了。

同时,我也感到京剧应该要从学校教育做起,培养学生学习京剧的文学、精神等。照理说,这些戏剧的内容,都是讲究忠孝节义、伦理道德,这些都很适合青少年、儿童的身心成长。遗憾的是,中国的国粹京剧表演,慢慢被新式的电视、电脑影音媒体、网络文学给淘汰了。而年轻的一代,也无法懂得京剧所要传达的传统道德和价值观,让我有江河日下之感慨。

除了京戏外,我接触戏剧的眼光渐渐的更广了。那个时代已有录影机,因为不便到电影院去看戏,就买一些得奖的录影带,偶尔欣赏一下。举凡金像奖得奖的名片,像《十诫》、《勇士们》、《六壮士》,都深深吸引我。国语片中,我也看过《英烈千秋》、《笕桥英烈传》、《黄埔军魂》等一些战争爱国的片子。其实,我感觉到京戏比香火戏好看,电影又比京戏好看,西洋的奥斯卡金像奖名片也比国语片好看。

台湾过去曾经有一句话:"假如教室像电影院。"我觉得这是很有道理的,因为儿童在教室里,假如遇到不善于教书的老师,上起课来枯燥无味,坐在那里就如坐牢狱一样辛苦。假如有电影看,可能进步会快一些了。

到了现在,两岸的制片水准已经逐日提升,应该可以拍得出更好的佛教电影供大家观赏。像《维摩诘经》中"天女散花"的故事,

与前"行政院长"郝柏村先生(中)、原北京市副市长暨北京京剧院名誉会长张百发先生(左)在台北"国父纪念馆"演出前留影(二〇〇八年十月十九日)

如果能运用现代的科技效果,将佛教活泼的内涵精神展现在银幕上,必定会比京戏里的《天女散花》还要精彩。此外,如果能以历史性的手法重新拍摄《西游记》,以正面的角度,将玄奘大师横渡流沙,西行取经的艰辛困苦,以及建译经院翻译佛经等等事迹,展现在世人的眼前,必定能引起观众心灵的共鸣。

像早期的影片《释迦传》、《鉴真大师》、《六祖惠能大师》、《水漫金山寺》、《等身佛》、《元晓大师》等,就是将佛教故事透过电影效果深入民间,可以说功德无量。

所以,我曾一度想在佛光山设立视听教室,也买了很多的录影带,希望成立一个"世界佛教听视觉教学中心",但终因佛教里还是比较保守,意见很多,这个理想也就未能实现了。

话说回京剧,二〇〇五年时,我在北京市认识老副市长张百发先生,他是一个京戏迷,不但自己爱好,自己也唱戏,尤为重视京剧团的青年才俊,对于培养人才不遗余力。虽然老年才学唱,但唱得惟妙惟肖,身段、唱腔等等,一点都不输给专业人士。我到北京的时候,他特地为我办了一场"堂会",还请了几个唱戏的名角公开演出。

二〇〇八年八月,因北京奥林匹克世界运动会开幕式邀请我出席,于是我再度造访北京。张老副市长盛意殷殷,再一次要我去听"堂会"。其实,我还没有资格听得懂这种"此曲只应天上有,人间能得几回闻"的高档京剧。

但是,为了回报老副市长张百发先生的盛情,我特地邀请老副市长,以及由程派传人迟小秋女士担任团长的北京京剧院青年京剧团,一行五十余人到台湾巡回表演。北京京剧院,是目前规模最大的京剧表演专业艺术团体,我替他们办了六场演出,取名"京华再现"。内容包括:《锁麟囊》、《战马超》、《八仙过海》、《三岔口》等十一出知名戏码,从高雄、台南、台中、宜兰到台北,场场爆满,回响相当热络。

特别是在台北"国父纪念馆"演出前,我请张百发老副市长与郝柏村将军,两人唱一段讲述廉颇与蔺相如故事的《将相和》,让大众留下深刻的印象。而团长迟小秋女士,不愧出自名师程砚秋之后,一出《锁麟囊》,唱得字正腔圆,深情婉

北京京剧院在台南文化中心演出《锁麟囊》,图为青年京剧团团长迟小秋饰演薛湘灵的扮相(陈碧云摄,二〇〇八年十月十八日)

我对戏剧的浅识

北京京剧院青年京剧团应邀请至台湾佛光山演出,由荣誉团长张百发先生(右三)带队,青年京剧团团长迟小秋小姐(右六)主演

转,丝丝入扣,让人听了实在有"绕梁三日"之感。

　　我很欣赏《锁麟囊》这出戏,它的内容精神与佛教所述的因缘果报、好心好报相当呼应,觉得很有教育的意义。这故事描写古代山东登州富家女薛湘灵出嫁途中,逢到大雨,花轿停在庙里暂时歇息,巧遇穷家女子赵守贞的花轿也停在庙里。赵女为自己身世悲泣,薛女心生善念,同情赵女家贫,便将自己的锁麟囊赠予赵女作为嫁妆。赵女欲知姓名以待他日回报。薛女表示同日婚嫁,自是有缘,不必言谢。

　　多年后,赵守贞夫家发达,极欲回报恩人,却遍寻不着。只有把锁麟囊供在阁楼上纪念,不准家人随意接近。

　　富家女新娘薛湘灵,后来不幸遇到天灾,全家流离失所,辗转做了赵守贞家里小公子的奶娘,但是彼此不认识。赵女特意交代阁楼不可进去。一日,薛女因找寻小公子玩耍丢失的小球进入阁楼,一看,竟然见到自己当初的锁麟囊被奉在堂上,想起自身命运

于北京长安大戏院与京剧演员合影（二〇一〇年五月十日）

的转折，不禁悲伤涕泣。

赵女相当好奇，问她为什么哭泣？薛女如此一说，赵女一听："啊！原来你就是我寻找多年的恩人。"两人后来结成姊妹。故事的内容讲的都是感恩、报恩，没有陷害的剧情。

那一次，我向观众表示，京剧的内容，主要阐述劝人向善的精神，具有净化人心的效果，这与佛教的梵呗以音声做佛事的弘法意义，有着异曲同工之妙。为了发扬优良中华文化，重拾人与人之间的美好情义，以及相互感恩的芬芳美德，因此，特别邀请北京京剧团来台演出。这一段话引发大家共鸣，报以热烈的掌声。

二〇一〇年五月，如常法师将我的"一笔字"，经过文化部特

我对戏剧的浅识

许,在北京中国美术馆展出,我三赴北京,同时台湾也有不少信众跟随我到北京一同参加。那一次,张老副市长特地在长安大戏院,为我们安排演出大规模的京剧。

听说那天晚上,北京长安大戏院破例从大门口铺上红地毯,老市长张百发先生带领当今京剧界重要的领军人物,如:谭鑫培的第五代传人谭元寿、第六代传人谭孝曾、第七代传人谭正岩,梅兰芳之子梅葆玖先生,以及余、言、马、谭、杨、奚各须生名派,和梅、程、荀、尚、张各旦角名派的优秀代表,以及花脸、老旦、丑角、武生、武旦、武丑、武净等行当的精英,还有北京京剧院燕守平、王福隆、沈媛女士等国家一级琴师,热烈欢迎我们一行人,场面之热烈,让跟随我一同去的信众都感动不已。

后来我才知道,那天晚上登台演出的,都是来自北京、天津、上海、武汉等京剧重镇,以及东北大连的各种艺术名角,例如:与佛教有七世因缘的京剧世家谭门代表谭孝曾,演唱了最拿手的《定军山》。接着,马派的再传弟子朱强和马连良的女公子马小曼,分别演唱了脍炙人口的《甘露寺》和《淮河营》唱段。

言派须生最佳传人任德川和奚派须生的领军人物张建国,分别演唱感人至深的《三娘教子》和《二堂舍子》唱段。南北两大杨派须生传人李军、杨少彭分别演唱《沙桥饯别》和《空城计》唱段。余派女须生孙惠珠演唱余派经典《珠帘寨》核心唱段。可以说,全

国光剧团豫剧队来佛光山拍摄《武后与婉儿》(二〇〇二年九月二十八日)

"佛教对中国文化的影响——星云大师与文学家白先勇的对谈"在台北道场举行(二〇〇五年十二月二十六日)

面地展示了京剧须生余、言、马、谭、杨、奚各个名派的风格特色。

至于旦角五大名派,如梅派掌门人梅葆玖与他的高足胡文阁,程派传人迟小秋,荀派真传弟子刘长瑜与再传弟子朱虹,尚小云的亲孙女尚慧敏,张派第三代传人中的佼佼者张笠媛,分别演唱梅、程、荀、尚、张五大名派的精华。

裘派花脸的掌门人李长春,叶派小生的掌门人叶少兰,老旦行当的最佳人选赵葆秀也都各显其能。知名的京剧夫妻李维康、耿其昌演唱重点唱段,优秀武生詹磊、于泳,以及北京京剧院的当家武旦张淑景,分别主演了《八大锤》、《伐子都》和《虹桥赠珠》等等。

他们告诉我,这是武剧中最威武的场面,一个比一个高难度的技巧,一幕比一幕精彩的武打,特别是"扎大靠"、穿上厚底靴,连翻三个"虎跳前蹦",与"十二杆枪"的绝技,让全场观众目不暇接,叹为观止。而光是这些专有名词、剧目的名称,也让我们听得应接不暇了。

明华园来佛光山表演,以台湾传统戏歌仔戏参与人间佛教的弘扬,净化人心(二〇〇二年二月十四日)

这些剧目,像《沙桥饯别》中,大唐皇帝表达对玄奘大师前往印度取经的谢忱;《钓金龟》中,讲述二十四孝;《二堂舍子》中,教育后代舍生取义的精神;《赤桑镇》中,宣扬包拯为国尽忠、为嫂娘尽孝的内容等等。

他们也将佛光山的道场、佛光山的弘法事业,与佛光山的三好运动等,以说唱艺术呈现给观众,加上这样的演出,正好符合国际佛光会提倡的"做好事、说好话、存好心"三好运动。那天,舞台上热烈地演出,让大家的心灵得到了净化,这与人间佛教倡导真善美、和谐包容的精神是一样的。张百发老副市长还有感而发地说:"和尚,和尚,以和为尚,两岸和谐万岁!"

我对戏剧的浅识

由金钟奖影后唐美云主演的《大愿千秋》歌仔戏于佛陀纪念馆大觉堂演出

除了京剧外,一直以来,台湾传统戏剧"歌仔戏"多次参与人间佛教的弘扬,演出许多与佛教相关的戏码。例如:明华园歌仔戏团在"佛光山春节平安灯会"演了《狮子王》;尤其佛陀纪念馆落成以后,分别在大觉堂里有唐美云歌仔戏团演出《大愿千秋》、明华园天字剧团演出《刘全进瓜》,以及尚和歌仔戏团表演《玉琳国师》等,引起观众热烈回响。

前几年有一次我到河南,兴建中原大佛的李留法居士,邀请豫剧团到饭店里演唱给我一个人看,我觉得很可惜,我也不懂,但是在他安排豫剧行程下,我也不好意思拒绝,我觉得豫剧可以通俗地走入社会,也可以比京戏通俗一点。

几年前，我到上海访问，也有人安排了沪剧给我观看；我到苏州，苏州市副书记杜国玲女士，也特地安排昆曲、评弹给我欣赏，甚至我也有因缘接触到一些越剧与粤剧等等。一下子之间，各种中国各地戏曲一涌而来，真是让人感到中华文化的博大精深，实在不容易快速地消化接受。

后来白先勇先生送我昆曲作品《牡丹亭——游园惊梦》，我回想起，其实在我二十一岁时，也就是一九四七年，有机会做一个国民小学的校长，有一天友人约我到镇上，那里有戏院唱戏，唱的就是昆曲。但我也听不懂，只知道装扮得很漂亮，音声也很好听，偶尔听懂几句，觉得有文学之美。

六十年后，因为白先生的因缘，为了了解昆曲的来源，我还特地找出佛教的《归元镜》剧本（净土传灯归元镜），才知道原来戏剧大部分是源于昆曲，昆曲发源于佛教的《归元镜》。

昆曲是中国戏曲之祖，因为昆曲发源于昆山，从那个地方传到浙江，就叫越剧，传到四川就叫川剧，传到湖南就叫湘剧，传到北京才有京剧。说来京戏应该要以昆曲为老祖呢！

昆曲，确实是在明朝时最辉煌，那时一位杭州报国寺的智达法师所撰写的《归元镜》，内容以东晋庐山慧远大师、五代永明延寿禅师、明代莲池大师三位高僧的事迹为核心，以戏曲形式铺排出劝人修习净土法门的情节。原书共四十二分，取《华严经》四十二字母之义，这也是弘扬佛法的法门。

就好像我们从敦煌艺术里可以看到的"俗讲变文"，如：《八相成道》、《天女散花》等，其实也都算是戏曲。这些俗讲变文，就是把佛法通俗化，让社会的民众更容易了解与接受。古人已为我们开了先河，可惜我们没有照样学样，失去了很多大好弘法的方便。

现在，慢慢地我对戏剧产生一点兴趣，也悟到一点门路，可是眼睛也看不到,耳朵也不怎么好了。看起来,人生无论是要学的、要做的、要参与的,一定要趁早,到了老年再想学,就比较不容易成功了。

说来,戏剧对于传统的文化、道德的教育、民间的娱乐等,都有所影响,并且值得提倡。但遗憾的是,中国人总把自己的文化看得没有价值,只欢喜外来的文化,这实在是我们中华民族令人遗憾的地方啊!

清音無底

我推动法音宣流

近几年来,因为与大陆赵本山、宋祖英,
香港郭富城、邝美云等结缘,
也曾欣赏他们即兴演唱的歌喉。
不过,让我最难忘的,
要算是吴伯雄先生的歌声了。
他是男高音,能说擅唱,
以台北市长、"内政部长"之尊,替我弘法布教。
除了经常应邀讲演,
也常在一些公益活动的晚会中,
展声高歌,赢得喝彩。
甚至,曾经以义唱一曲价值百万而传为美谈。

我出家以后，发觉自己有一个先天的缺憾，就是五音不全。对于佛门的梵呗唱诵，由于音感不佳，节拍不容易抓得准，所以学习梵呗、法器就没有那么顺利。虽然我深知一个出家人想要在佛门里出人头地，首先在法务方面要表现杰出，偏偏这方面不是我所擅长。不过我并不灰心，因为出家的目的，不是跟人竞赛长短，而是要老老实实地在道业上用功，因此虽然我的法务不好，但是平常很乐于参加典座、行堂、香灯、司水等丛林职务，希望借着苦行来砥砺身心，同时服务大众。

不过，尽管我常常自嘲自己是一个没有音乐细胞的人，但在佛教里，还是有很多参与法务的机会，加上老师们认为我身材高大、形象威仪，便经常开牌让我出堂参加法会、佛事。只是每次出堂，我都自觉惭愧，总想力图振作，希望有所改进。

我推动法音宣流

率宜兰青年歌咏队到广播电台录音（一九五四年十月十七日）

后来到了台湾，我在一九五三年于宜兰雷音寺成立念佛会，很多青年聚集而来。我知道，单凭我的文学是留不住那许多年轻男女的，必须要靠音乐，透过唱歌，才能让这许多青年人参与佛教的活动。

杨勇溥（杨咏谱）

对于音乐，虽然我自己没有天赋，不过我可以请老师帮忙，就如同当校长的人不一定是万能，他可以针对学校的需要，邀请各个专科的学者来任教。当时在宜兰中学里，有一位杨勇溥先生，他是音乐老师，我特地请他来为歌咏队上课。虽然我无法给他多少的酬谢，只是凭着一点道义感情，而杨先生天性淡泊，也从不计较。他甚至被我的诚意所感，不但为我教授歌咏队的青年男女唱歌，还为我作曲。为了谱曲，他一直跟我要佛教的歌词，我虽然平时喜欢写一些散文小品，但并不善于韵律，因此未敢尝试。

由于当时宜兰念佛会每周都有念佛共修,杨勇溥先生也是每周前来教唱,我们每次见面,他都催促着我,不得已之下,我就试作一首《西方》;我将写好的歌词拿给他,不出两天,他就把曲谱好了。于是,我又作了《弘法者之歌》:

银河挂高空,明月照心灵,四野虫唧唧,众生心朦胧,

救主佛陀庇佑我!为教为人乐融融,

尊者富罗那,布教遇蛮凶,牺牲生命都不惜,只望佛法可兴隆!

我教友齐努力,为教做先锋,

不畏魔难强,不惧障碍多,

个人幸福非所愿,只为圣教建勋功!

佛歌入云霄,法音惊迷梦,周围风习习,众生苦无穷,

救主佛陀庇佑我!宣扬真理喜盈盈,

尊者目犍连,为法遭贼凶,粉身碎骨心无怨,只望佛法可兴隆!

我教友齐努力,为教做先锋,

赴汤蹈火去,献身殉教来,

个人幸福非所愿,只为圣教争光荣!

杨勇溥先生一直赞美这些歌歌词作得很好,完全没有更动我的字句,这给予我很大的鼓励,后来基于弘法需要,于是我就陆续作了《钟声》、《佛化婚礼祝歌》、《伟大的佛陀》等。我想,在台湾佛教的发展中,《西方》应该是第一首佛教歌曲吧!

我很感念杨勇溥先生,因为他在过去那种资源缺乏,条件奇差,什么都没有的情况下,依然热心地帮助我展开度化青年的工作。而我总觉得辛苦了杨先生,因为一首歌曲的完成,并不是那么简单,加

上当时经济条件不好,平时连给他茶水的招待都没有。后来,我就想到直接用世界名曲来填词,例如《菩提树》、《快皈投佛陀座下》,这二首佛歌,就是采用大家熟悉的德国舒伯特《菩提树》的曲调。

杨勇溥先生每周前来雷音寺,我也经常和他讲话。或许谈话多了,彼此也比较熟悉,有一次他忽然跟我说,他发现我的五音不全,因为我每一句话都没有"平上去入"四声中的"入声"。我为此大惊,人家说讲话要字正腔圆,我活到二十多岁了,才发现自己不但没有字正腔圆,而且是五音不全,喉咙不好。在我看来,五音不全就像一个人的五体不全一样,实在不能不引为人生一大遗憾。

不过,杨勇溥先生也安慰我说:"你的音声虽然五音不全,但是低沉的音调也非常好听。"后来我也常常跟一些朋友、青年坦言,说

《佛教圣歌集》中,由我写的序(一九五六年四月二十九日)

我五音不全,但他们都说我讲话好听,念佛、诵经也悦耳,甚至说我的声音很有磁性,很有魅力。他们给我这样的赞美,我就当作是对我的鼓励,但是自己实在不敢承当。

我虽然清楚自己在音乐方面的缺陷,但我更肯定音乐弘法的重要性。在经典中,常提到佛教要"以音声做佛事",所以佛教的十二部经中,有长行,有重颂,长行是散文体的经文,重颂是可以歌颂的诗偈。在中国敦煌千佛洞里收藏的佛教经卷,有不少是"俗唱",应该就是佛教的歌曲音乐了。

佛教本来就有所谓的"自受用"和"他受用",虽然我自己不会,但是只要于人有益,为什么不可以发心呢?虽然对于音乐不能"自受用",但是我可以发心,可以发展,让佛教音乐广度众生,接引有缘人,使音乐成为"他受用"的教材。所以我尽力搜集佛教歌曲,一方面作为青年们学习唱歌的材料,一方面也跟着学习。

我所编写的《佛教圣歌集》

后来,我将搜集到的一些佛教歌曲、音乐,请宜兰念佛会歌咏队队员杨锡铭先生和周广猷先生,为我誊写成工整的乐谱。由于杨锡铭先生擅于书法,也通达音乐,所以他写的乐谱,杨勇溥老师赞赏,学生也喜欢。我们就把他们誊写的乐谱结集成册,定名为《佛教圣歌集》,一九五六年五月由宜兰念佛会发行。这本圣歌集,现在应该还珍藏在佛光山宗史馆里。那时候,如果我们把乐谱拿到印刷厂排版印刷的话,费用肯定很高,我想,自己怎么样也做不起来,所以只能用这许多克难的方法。很感谢大家不在利益上着眼,也从来不计较报酬,只为了和我共同推动社会善良的风气,至今,对他们的盛情仍然难忘。

说到佛教音乐,当时在台中的李炳南居士也很热烈地推广,还成立了口琴班。在澎湖的广慈法师也在推动,另外,有一位军中的音乐老师,名叫洪青,他自己也写一些佛教歌曲,并且参与青年的唱诵。尤其,过去的佛教梵呗没有乐谱,一直以来都是口耳相传,经过澎湖的广慈法师和洪青合作,将《炉香赞》、《宝鼎赞》等谱写成音乐简谱,对于青年学习梵呗,给予很大的方便。此外,煮云法师在凤山成立"凤山歌咏队",高雄佛教堂也成立"圣乐团",一时之间,佛教界南北唱和,热闹非常。

青年人确实都是为了唱歌而来,寺院道场的青年也开始不断增加。所以现在有一些出家弟子,常常说当初他们并不是为信仰佛教而来的,纯粹为了唱歌而入佛门,进而认识佛教,可见,音乐是作为接引青年人最佳的方便法门了。

看到唱歌的反应这么好,宜兰念佛会甚至在念佛以后,就唱《西方》这首佛曲作为回向。据说,我们这种回向方式传到台北,朱镜宙老居士一听非常气愤,认为佛教快要灭亡了。他说,我们在佛殿里面唱歌,简直就是胡作非为,还说,有机会要把我们赶出教外。

类似的反对音声不少,但是并没有对我们构成威胁,因为随着时代进步的潮流,即使再保守,也不能阻止前进的步伐。那时候,我真是"一不做,二不休",还想尽方法把这许多歌曲录成唱片、录音带,在"中广"电台、民本电台里播放。并且因应慈庄、慈惠、慈容等她们在台北佛教文化服务处的需要,我们甚至到中广公司商借录音室,录制数十首梵呗和佛教歌曲,辑成六张唱片,印行二千套。没想到,在一周内旋即销售一空,可见这个社会需要佛教音乐。

一九五五年,"大藏经环岛弘法宣传团"成立,我率领宜兰弘法队做布教的实验,首先以歌声开场,因为群众听到歌声就会聚集而来,让我懂得歌声有集众的力量。另外,由于布教的时间很长,偶尔在某一个段落里,请擅于唱歌的人高歌一曲,便让群众风靡不已。

那时候在歌咏队里,张优理(慈惠法师)、吴素真(慈容法师)、张慈莲、谢慈范等,都是一时之选,这也让我感觉到音乐确实可以帮助弘法。所以,后来在台北"国父纪念馆"三十年的佛学讲座,以及香港红磡体育馆二十年的佛学讲座,都因为运用了音乐歌声,而得到大力的帮助和显著的效果。及至后来,佛光山成立"梵呗赞颂团",经常远赴亚、欧、美、澳等各大洲巡回演唱,真可谓"佛歌入云霄,梵音遍三界"了。

吴居彻

虽然我不擅于唱歌,但是由于见识到音乐的弘法力量强大,因此我在推动佛教音乐发展的同时,也开始努力作词。

过去,佛教界无论开会或典礼开始以前,都先唱《三宝歌》,这是由太虚大师作词,弘一大师谱曲。既然已经有前辈们开辟创作佛教歌曲的道路,也在许多重要的典礼中唱过《三宝歌》,那么应该可以有更多的创作才是。但是,当时大家普遍认为,只有太虚大师和弘一大师才可以这么做,我们年轻人不可以。可是,我并不认为《三宝歌》能适应时代的需要,因为每次开会,光是唱《三宝歌》就要六分钟,总觉得唱到快要不耐烦了,才开始开会,所以我就动

毕业于东京音乐学院的吴居彻教授,是很能掌握宗教音乐精神的作曲家

了一个念头:"是否能有一首简短的歌词来代替《三宝歌》?"说来,这已是我在栖霞律学院读书时候思考的事了。

从有这么一个念头开始,时光一过,就是几十年,到了我六十多岁,还没有想出替代的词曲。这是因为太虚大师和弘一大师的声望太高,我实在不敢在他们面前班门弄斧。

直到一九八一年,有一天我要到台南新营高中讲演,在前往新营的高速公路上,我忽然灵光一闪,就跟慈惠法师说:"你赶快拿笔,替我记下我的《三宝颂》!"

南无佛陀耶,南无达摩耶,南无僧伽耶,南无佛法僧。

您是我们的救主,您是我们的真理,您是我们的导师,您是我们的光明。

我皈依您,我信仰您,我尊敬您,

南无佛陀耶,南无达摩耶,南无僧伽耶。

这是我酝酿近四十年的作品,因为佛教的三宝,是佛法的全部,意义深长,不是简单几句歌词就能表达。我现在能用简单的语汇来表现三宝,自己也觉得很开心,这一首歌词,就是后来四处传唱的《三宝颂》。

记得当时歌词写好以后,我就请台北工专的音乐教授吴居彻先生谱曲,《三宝颂》可以说是他精心的作品,我还给予他相当的酬谢。当然,这一首《三宝颂》不容易一下子被佛教界人士接受,不过没有关系,凡事都需要经过时间的淬炼。总之,对于我所倡导的佛教音乐,吴居彻先生可说是除了杨勇溥先生以外最有力的人了。后来,《三宝颂》获得大陆中国艺术研究院宗教艺术中心主任田青教授的大力提倡,甚至每次佛教乐团在国外展演,都以《三宝颂》作为结束。

吴居彻教授是台北人,出生于一九二四年,具有宗教音乐天分,后来毕业于东京音乐学院。他是心然法师的弟子,曾经为心然法师所写的《美满姻缘》作曲,也为心悟法师所作的《忏悔》谱曲,是一位很能掌握宗教音乐精神的作曲家。所以后来佛光山有一些歌曲,如《佛光山之歌》、《国际佛光会会歌》等,也都是请他作曲,至今听来依然韵味无穷。

李中和、萧沪音

继杨勇溥、吴居彻两位先生以后,对我们推动佛教音乐的发展也是不遗余力的,就是李中和、萧沪音夫妇了。

李中和先生,一九一九年出生,江西九江人。他堪称是创作军歌的佼佼者,作品中最有名的有:《白云故乡》、《军纪歌》等,有"军

音乐家李中和(左二)、萧沪音(左三)伉俪,参加佛光山电视中心制播的《佛教圣歌传》录影,谈佛教圣歌的缘起与发展

中音乐之父"的地位,其夫人萧沪音居士,则是有名的声乐家。

我与李中和、萧沪音夫妇结缘,始于一九七〇年代,因为萧沪音女士在佛光山皈依三宝,所以有因缘与李中和见面,我们彼此一见如故。大概在一九八〇年代初,佛光山"中国佛教研究院"专修部开设"佛教音乐科",课程内容包括梵呗和法器、国乐演奏、作曲、现代佛教圣歌教唱等,李中和、萧沪音夫妇热情响应,来院授课。其他师资还有李广慈老师、名国乐指挥祈宝珍居士等。后来,李中和先生也为我们在"中国电视公司"制播的《信心门》节目,创作《信心门之歌》。

记得有一次,我与李中和先生讨论音乐的问题,我说:"要将对音乐的兴趣,当成是一种责任而非消遣。"后来他跟我说,这句话让他震撼不已,也因此,他毕生倾力创作佛教歌曲,达三百多首之多,甚至在病榻上也奋力不懈地创作十多首。最终,因不敌病魔所缠,于二〇〇九年逝世,享寿九十三岁。

愚溪

愚溪,本名洪庆祐,一九五一年生,是"鹤山二十一世纪国际论坛"创办人,曾经担任"中国文艺协会"暨"中华新诗学会"理事长。他的作品深富神秘浪漫色彩和音乐形上的调性,贯穿丰沛的灵感与优美的哲思,描绘出人类深阔的生命底蕴。

愚溪以创意的编制手法,将音乐与故事融为一体,兼具教育意义与艺术价值,他曾经以剧场音乐专辑《九色鹿》、《云童》,荣获"优良唱片金鼎奖",并且以《云童》获颁"音乐制作人金鼎奖"。

诗人愚溪(右)前来拜访(慈容法师提供)

早年,他开始从事佛教多媒体音乐时,就曾带领他的"普音"文化团队来向我请益,我对他们不计利益投入寂寞的文化工作的热诚感动,也曾到他们的工作室参观,给予建议、鼓励。

二〇一二年十月,愚溪特别率他的团队来山,带来他费时两年的成果长卷轴诗作。他并且表示,这首长诗特别请金曲奖得主蔡介诚谱成乐曲,又邀请两百人的爱乐乐团来吟唱,成为首创的佛教唱颂歌剧。

我收到他那一大本用毛笔书写的作品,虽然看不懂那些乐谱,却看到他默默在和南寺闭关沉思的面容。我特别嘱咐弟子将这乐谱保存在宗史馆,也是珍藏一位佛教音乐艺术工作者的禅心。

老歌义唱

除了与佛教音乐作曲家的结缘,几十年来,我们陆续举办许多音乐弘法的活动,承蒙大家的护持,都引起一些回响,在此也略提一二。

一九九四年,为了筹办佛光大学,佛光山文教基金会与台湾电视公司及《民生报》共同举办"老歌义唱"活动。许多歌坛唱将共襄盛举,如:蔡琴、江蕙、谢雷、冉肖玲、潘安邦、殷正洋、潘越云,歌仔戏当家小生陈亚兰、李如麟,"小王爷"陈丽丽等等。甚至,后来国际佛光会副总会长吴伯雄先生及夫人,也带领小孙子、小孙女到台上高歌一曲。

有人因此以为我喜欢听歌,其实我自己五音不全,一直以来都不喜欢听歌。对于佛光山少数喜欢唱歌、听歌的出家弟子,我也曾批评他们,因为音乐是弘法的方便法门,哪里能作为嗜好呢?

国际佛光会香港协会会长邝美云小姐(右一),盛名于演艺界,时常为佛光山举办的活动义唱

不过,我也很有福气,现场聆听过白光演唱的《叹十声》,以及邓丽君演唱的《何日君再来》。老歌当中,我听得最多的要数周璇小姐的歌声了。我曾看过她主唱的《天涯歌女》那部电影,还记得那是在一九四七年时上映,几乎都是由歌曲串连起来的。

近几年来,因为与大陆赵本山、宋祖英,香港郭富城、邝美云等结缘,也曾欣赏他们即兴演唱的歌曲。不过,让我最难忘的,要算是吴伯雄先生的歌声了。他是男高音,能说擅唱,以台北市长、"内政部长"之尊,替我弘法布教。除了经常应邀讲演,也常在一些公益活动的晚会中,展声高歌,赢得喝彩。甚至,曾经以义唱一曲价值百万而传为美谈,他唱的《月亮代表我的心》,也成为他的招牌歌曲了。

佛光山佛教音乐的发展

佛光山梵呗赞颂团

话说回佛教音乐的发展,从古到今,佛教徒都以梵呗歌颂佛德,但都只局限在寺院殿堂里。我常说,过去的梵呗音乐,只是在寺院里唱给佛祖听,为什么我们不唱给"人人是佛"的现前大众一起欣赏呢?由于我深信"以音声做佛事"的弘法功能,因此极力提倡梵呗音乐。由佛光山出家众所组成的"佛光山梵呗赞颂团",便在一九七九年应运而生了。

不同于坊间通俗佛乐的是,梵呗赞颂团保持佛门最纯朴、自然的梵音,忠实表达佛教音乐的本质,透过梵呗的传播,让有缘人接触佛教,进而体会佛法的真义。

数十年来,佛光山梵呗赞颂团由慈容法师担任艺术总监,先后有慈惠、永富法师担任团长,巡回于五大洲,曾经在三十多个国家地区举办音乐弘法大会,登上各大国际音乐殿堂,如伦敦皇家剧院(London Royal Theatre)、德国柏林爱乐厅(Berliner Philharmoniker)、澳大利亚悉尼国家歌剧院(Sydney Opera House)、纽约林肯中心(New York Lincoln Center)、洛杉矶柯达剧院(Kodak Theater)、上海大剧院、日本东京三得利音乐厅(Suntory Hall)、香港红磡体育馆等等,得到广大的回响。这些另有专篇提到,在此也就不一一叙述了。

人间音缘

好几年前,我录制《有情有义》有声书时,曾与圆神出版社创办人简志忠先生有一席对话,他问我:"佛教要有音乐的传播,但梵呗太难学,怎样大众化?"我回答:"希望能够作一些曲子,让人人在走路的时候,可以不自觉地唱起来,这对弘扬佛法才有帮助。"

出席二〇〇三年于台北"国父纪念馆"举行的"人间音缘"活动。我右侧为:慈惠法师、慈容法师、依空法师、永富法师

但是这个想法一直没有实现。一直到二〇〇三年,佛光山文教基金会执行长慈惠法师告诉我,这一年是我到台湾弘法的五十周年纪念,为此,发起举办"人间音缘"佛教歌曲征选活动,把我在各个书刊里撰写的文章摘录作词,汇编成册,寄发到世界各地,鼓励大家作曲,由她担任总策划,邀请佛光大学艺术研究所林谷芳所长担任艺术总监。

没想到,短短三个月,竟收到来自美国、加拿大、阿根廷、巴西、澳大利亚、日本、新加坡、菲律宾、马来西亚和香港、台湾等十几个国家和地区,共有千余名作曲家以法语、葡语、英语、日语、粤语、客家语、台语、国语等各种语言,创作三千多首作品参赛。从中,我们选出了八十首入围的歌曲,并由全球各地带团来台,分别在台北"国父纪念馆"、高雄文化中心、台南艺术中心表演了十场,一时轰动海内外。

第三届"人间音缘——星云大师歌曲发布会",特别邀请五十年前宜兰念佛会的佛教青年歌咏队成员,再度聚首献唱《西方》、《弘法者之歌》等曲目(二〇〇五年八月二十六日)

此后连续好几年,在台北"国父纪念馆"等地,举办为期一周的比赛。发表的歌曲,有来自英国、南非、澳大利亚、德国、法国、韩国、印度以及中国大陆等二十多个国家和地区的不同人士参与。

我自己虽不喜欢听歌,但徒众的用心,也不忍拂逆他们的好意。尤其,当我看到非洲祖鲁族人,用他们族里的语言来传唱佛教的歌词时,真是深受感动。另外,还有一位澳大利亚的天主教拉文修女(Sister Duchesne Lavin)参加比赛,并获得"多元文化奖",这些来自海内外大众的响应,让我更加肯定音乐弘法的意义。

后来,我云游至新加坡、马来西亚等国家时,有信徒开车前来接我,听到车上播放的音乐,感觉似曾相识,原来都是"人间音缘"得奖的歌曲。多年来,应征歌曲已达数千首,曲目也越来越多元,有一些歌曲甚至唱出名声来,例如:客家调的《念佛歌》、闽南语的《爱就是惜》,国语的《残缺也是美》、《我愿》、《点灯》、《佛在汝心》等。

其实,音乐与宗教一样无国界,佛教音乐的展演,对于宣导世界和平、促进种族融和,都发挥了重要的功用。看到多年提倡的音乐弘法,有了些许的成果,自己也感到欣慰与满足。

佛光山人间音缘梵乐团

过去,我每年在台北"国父纪念馆"与香港红磡体育馆讲演不辍,有感文化的弘法工作,若不懂得求新求变,要让上万人专注听讲不易,所以,我运用敦煌变文中的讲述、唱颂、梵呗三者合一的方式,以文学与音乐的飨宴,把传统与现代融和,不仅获得所有听众的赞许,看到听众主动地热烈参与,台上台下热络的互动,我也感染到听法者无限的欢喜。

为了发扬佛教及中国传统音乐文化,将佛教音乐结合多元艺术,二〇〇六年,我成立了佛教第一支以中国乐器为主的"人间音缘梵乐团",由王正平博士、瞿春泉先生先后担任指挥,慈惠为团长,陆续则有永富、妙圆、如常等负责筹备。

这是由数十位年轻国乐菁英好手所组成,希望带动音乐界创作佛教乐曲,也希望佛光山梵乐团以清净梵乐供养大众,并将之作为修行法门。一者达到净化自己的心灵,使个人身心自在,同时也提升信众艺文欣赏能力,促进美学教育,创造祥和安乐的社会。几年来,他们多次巡回演出,包括:《礼赞音缘》、《牛背上的小沙弥》多媒体音乐会等,都广受好评。

特别是《牛背上的小沙弥》,在二〇〇九年入围金曲奖的同时,成为当年度唯一代表台湾宗教音乐,参与法国戛纳专业级国际唱片展,反应相当热烈。

"礼赞音缘全省巡回演出"于佛光山不二门广场演唱梵呗。台下为人间音缘梵乐团现场演奏(陈碧云摄,二〇〇六年十一月七日)

现在,每年人间音缘梵乐团在各地举行巡回演出,每一场都有上千人与会,除了为他们感到欢喜外,我也期许他们更上一层楼,让更多人欣赏到音乐之美。

妈祖纪念歌

这几十年的音乐弘法中,有一件特别的事情。五十年前,北港朝天宫前董事长郭庆文先生曾邀我填写"妈祖歌",我觉得妈祖就像台湾的观世音一样,化身无数,慈悲度众,因此慨然允诺。多年来,我未曾忘记对他的承诺。几经参考许多文献资料以后,终于在二〇〇六年完成写词:

> 巍巍乎妈祖,像高山的耸立;
> 浩浩乎妈祖,像海洋的宽广。
> 是天上的圣母,是人间的明灯,
> 是佛教的护法,是菩萨的化身。
> 曾经入佛勤修道,曾在苦海作慈航;
> 历朝尊天后,圣德林默娘。

《云湖之歌》的谱曲人刘家昌先生来佛光山拜访（二〇一〇年三月三日）

威力大愿满十方，慈悲喜舍到处扬；
威力大愿满十方，慈悲喜舍到处扬。

歌词写好以后，由北港朝天宫及佛光山文教基金会合办"妈祖纪念歌征曲活动"，有全球一百多位作曲家参选，经过初选后，有九首歌曲进入决赛。最后在二〇〇七年九月，于云林北港朝天宫前的广场，举行"《妈祖纪念歌》发布会"。我的心愿是，希望借着《妈祖纪念歌》，一者传扬妈祖慈悲的精神，同时也为妈祖在佛教中定位，让妈祖成为佛教的护法。更重要的，是让我对于五十年前的好友郭庆文先生有一个交代。

说到"纪念歌"，近年来，承蒙大陆相关领导官员的助成，我们重建了佛光祖庭宜兴大觉寺。当地领导们想将寺旁的水库定名为"星云湖"，但我认为不妥。几番往来，最后两相退让，就比照"西湖"、"太湖"，取名为"云湖"了。

为了答谢他们的好意,我作了一首《云湖之歌》,感谢刘家昌先生为我们谱曲,并且在他于台北市举行的音乐欣赏会上首度发表,献唱给现场两万多名的听众朋友,可谓令人欢喜。

《佛陀传》音乐剧

随着佛教音乐走上国际,渐渐地,也有国际人士的参与及弘传。一九九九年,马来西亚自在音乐舞台工作室与马来西亚佛光山合作,将我的著作《释迦牟尼佛传》改编为同名音乐剧,在武吉迦里尔室内体育馆(Bukit Jalil Putra Indoor Stadium)首度演出。徒众告诉我,这出音乐剧在当地引起热烈的回响,三场共吸引了一万八千名观众。之后,又应邀到新加坡、南非及印尼等地公演,在七八年间,累积近三十次的演出经验,让佛教音乐剧的表现更上一层楼。

二〇〇九年,为了纪念《释迦牟尼佛传》音乐剧十周年,应观众要求再次在马来西亚国家剧院(Istana Budaya)重演。难能可贵的是,很多演员一演就是十年,加上近百位演员的倾力付出,让佛陀的一生再度呈现在观众眼前,轰动全马。

此外,由马尼拉佛光山暨国际佛光会菲律宾协会、宿雾慈恩寺暨分会、宿雾青年分团,共同制作英文版舞台音乐剧《佛陀传——悉达多太子》。这出音乐剧,全部以口语化的英文对白,加入"人间音缘"的创作歌曲,融和菲律宾与印度的民族风格,也融和音乐、艺术与文化,成为撼动人心的全新创作。最难得的是,参与的成员都是菲律宾天主教徒,有菲律宾人以及佛光青年义务幕后协助。

二〇〇七年,《佛陀传——悉达多太子》舞台音乐剧在宿雾水岸城堡大饭店(Waterfront Hotel)盛大公演,吸引万余人观赏,成为宿雾最多人观赏的表演。二〇〇八年,应国际佛光会中华总会之

二〇一二年《佛陀传》音乐剧,于佛陀纪念馆大觉堂演出,总共十五场,吸引近两万人莅临观赏。图为与《佛陀传》团员合影(二〇一二年五月十日)

邀,来台巡回演出十三场,逾万人观赏,引起各方的瞩目。这出音乐剧,融和了不同种族、宗教信仰的成员,共同组成此团队,以义工精神,不分彼此,全力投入!族群融和的珍贵意义,在他们身上表露无遗。

　　回忆起六十年来佛教音乐的发展,最让我感动的,是当年宜兰佛教青年歌咏队的青年们。现在他们大概都有七十岁了,白发苍苍,走过半个世纪,至今仍有定期的聚会活动及演出,还曾经组团在台北"国父纪念馆"演出,甚至远赴马来西亚登台演唱,这是最令人感动的。

　　其次,香港四大天王之一的郭富城,在二〇〇〇年被委任为"千禧佛诞普善之星",他专程前来台北道场皈依,我为他取法名

二〇〇四年人间音缘"星云大师佛教歌曲发布会"在台北"国父纪念馆"举行,香港知名歌手陈晓东(左一)代表演唱《西方》歌曲,二〇〇四年九月十一日(陈碧云摄)

"普善"。同年,他录制《普善之声》慈善专辑,有他主唱的《普善心经》和《妙法莲花》,并且有我和他对谈的录音。二〇〇二年,他还以《祈求》一曲,在我香港红磡体育馆佛学讲座中演唱。

另外,香港知名歌手及演员陈晓东,因自幼受母亲影响而笃信佛教,皈依法名为"普传"。二〇〇四年,他代表香港在"人间音缘"中演唱《西方》,据闻,这首歌成为他最喜欢的一首佛教歌曲。

再者,在"人间音缘"中,由纽约佛光青年团创作的《和谐》一曲,共同以中、英文歌词宣扬和平、和谐的普世价值,加之旋律优美,获得联合国指定作为活动歌曲,传唱于各类型活动。例如,在二〇〇九年四月一日"第二届世界佛教论坛闭幕典礼"上,佛光大学佛教学院与佛光山丛林学院学生,特别穿上他们各自日、韩、荷兰、印度等传统服装,手牵着手,高声同唱,让人深刻体会,原本大家就是同体共生,不分你我。

令人欣慰的是,佛光青年总团成立的歌咏队,他们将我写的词,谱曲制作成《快乐 SONG》专辑,入围了二〇一二年金曲奖最佳宗教音乐专辑,这对他们来说,应是一大鼓励吧。

除了青年唱歌,二〇〇五年,我为了让学佛的小朋友们,也有一张属于自己的专辑,便亲自填词,请流行音乐制作人李秉宗先生作曲,录制第一张儿童佛教歌曲《嘻·哈·佛》。现在,许多父母用来教导子女,在家里和儿女边唱边游戏,其中,《孩子王》、《一二三》等,都是深受欢迎的曲目。

二〇一一年四月,在西安举行世界园艺博览的会场里,我看到主办单位在园中"长安塔"的诗偈碑上刻着我的两首偈语:

我看花,花自缤纷;我见树,树自婆娑;
我览境,境自去来;我观心,心自如如。

一花一草都有生命,一山一水都有生机;
一人一事都有道理,一举一动都有因果。

西安市宣传部长、世园会执委会副主任王军告诉我,主办单位邀请作曲家甘霖先生把它谱成《巧智慧心》一曲,成为世园会主题歌。据说推出以后,迅速得到当地人的喜爱和广泛传唱。

如此种种,真是让我万万没有想到,自己六十年来提倡的佛教音乐,能让这么多人参与。欣慰之余,二〇〇七年我在台北"国父纪念馆"参加"人间音缘"活动致词时,我以五音不全的音调,唱了几句《弘法者之歌》,即引起台下热烈的掌声,达数分钟之久。这对用心于音乐弘法的人来说,可以说是莫大的鼓舞与安慰。

说到这里,最要感谢的是,每年我在台北"国父纪念馆"布教之前,总有数分钟由慈容法师所指导的敦煌舞蹈表演,不但展现佛教舞蹈艺术之美,还有佛教合唱团的演出,增加现场布教的气氛。还有,为我做了三十年司仪的胡秀卿居士,她把主持人的音声,展现得像音乐一般优美,虽然现在已成绝唱,但其深入人心,将如佛教音乐一样,随日月同光,如百花传香。

梵音遍天下

日本东京大学名誉教授、
文学博士岸边成雄与吕炳川博士,
他们为了搜集汉民族音乐,
走访台湾、香港和新加坡等地,
特地来到佛光山。
制作人胡金山说:
"我第一次感受到
宗教与音乐结合的奇妙与不可思议,
这群唱诵中的法师们,
那么样的专注和怡然自得,
也许他们都没有受过专门的音乐训练,
可是他们所唱出的梵音,
却是我所听过最美的音乐……"

我自小不通音律,感谢父母生给我一个好观念,处处要我设身处地为人设想。例如,我自己在文字都还不通顺的时候,就肯念书给人听,甚至我希望别人从书里面得到利益。又好比我不会唱歌,我要教人家唱歌。因此尽管自己不擅梵呗,但在佛光山很重视梵呗教学。

所谓梵呗教学,这是将古代佛教所流传下来赞颂的六句赞、八句赞,四大祝筵、八大赞子传承下去,包括:《水忏》、《梁皇忏》、《瑜伽焰口》、《华严字母》等各种佛事、法会仪轨唱诵的音韵。一般出家人,如果没有数年的功夫,当然唱出来,也难登大雅之堂。我既不长于此,我就把有条件的徒众,先送他们去学习,学会了之后,再加以传播。

佛光山初期的梵呗

记得在一九六〇年代,心平、心定跟我

出家,他们的声音不错,我就鼓励他们:"我的短处是不善于梵唱,你们到台北去,把华严莲社'华严法会'的《华严字母》、善导寺的《焰口》佛事学回来,将来再跟广慈法师学习《大悲忏》,跟浩霖法师学《三时系念》等出家人要完成的这许多专业。我们不一定做经忏佛事,但我们必须把这许多佛法的文化传承下去。"

心平、心定听了我的指示就上台北了。在我想,大约需要三个月时间。想不到,他们还没到半个月就回来了。我问:"怎么这么快就回来呢?"他们说:"师父,台北的社会,不宜我们出家的人在那里居住,因为放一堂焰口,办一场佛事,待遇很好啊!我们做了以后,都不想回来了,就会留在台北赚钱啰!"我一听,此话也不错,年轻的人能可以想到不要贪心,不要染上一些不良习气,我也赞许他们提早回来。

不过,他们到底聪明,半个月的学习之后,在家里酝酿,也会得各种的音调及唱腔。后来,凡是对于佛教唱诵有所长的师长,如隆根法师等,我也都鼓励心平、心定多去跟他们学习。又经过多少法师及老师来佛光山教唱,像最早的有慈霭法师,教授的时间最久,其他如:李广慈、悟一法师、赵茂林等,都是丛林学院的梵呗老师。来山听到唱诵的人都说,佛光山唱的音调,有大陆唱诵的腔调,也就是所谓的"海潮音"。海潮音,就是依个人气息的长短、强弱而唱诵,彼此的音声如海浪般的和谐,这正是其他音乐所没有的,是海潮音的一大特色。这就是佛光山初期的梵呗。

后来再加上佛光山早期在宜兰的青年歌咏队,慈庄法师、慈惠法师、慈容法师、慈嘉法师,她们都是唱诵的高手,因此,这许多梵呗一经她们参加,韵律更不同了,所以佛光山男众的音声、女众的音色都各有其妙。这样子一来,吸引很多人来山一探梵呗的究竟。渐渐地,也唱出佛光山的味道来了。

天上人间几回闻

一九七七年二月,日本东京大学名誉教授、文学博士岸边成雄与吕炳川博士,他们为了搜集汉民族音乐,走访台湾、香港和新加坡等地,特地来到佛光山。对于佛光山丛林学院是为了培育僧才而设立,留下深刻印象。后来,又为我们的课诵所吸引,要求我可否录制佛光山早晚梵呗课诵。

因此,同年七月他们再来山时,我安排心定、慈容等僧众五十多位,在大悲殿唱诵,为其录制。制作人胡金山说:"我第一次感受到宗教与音乐结合的奇妙与不可思议,这群唱诵中的法师们,那么样的专注和怡然自得,也许他们都没有受过专门的音乐训练,可是他们所唱出的梵音,却是我所听过的最美的音乐……"之后,制作成一套"台湾汉民族音乐",收录佛光山早晚课的内容,集为六张唱片,订名《佛教梵呗大全集》。

传统的佛教音乐能净化我们现代人的心,中国有一句话说:"此曲只应天上有,人间能得几回闻。"佛教梵呗海潮音的庄严清净,正是应了这一句话。

我一生提倡人间佛教,特别重视文教对社会功能的影响,也一直致力于佛教的文教事业,以出世的精神,做入世的事业,改变传统,进行佛教现代化。也就是佛教的发展要能人间化、大众化、生活化、现代化、艺术化,今后能对音乐重视,佛教未来的发展必定不可限量。由于我深信"以音声做佛事"的弘法功能,因此极力提倡梵呗音乐。我召集一些徒众,请慈惠、慈容、永富、永超担任指导、策划、艺术监督、执行,"佛光山梵呗赞颂团"便应运而生了。

梵音遍天下

由心定、慈容法师等五十多位僧众录制的《佛教梵呗大全集》（一九七七年）

传统与现代结合

一九七九年，我在台北"国父纪念馆"举办"佛教梵呗音乐会"义演，由慈容法师担当音乐指挥，台北普门合唱团、儿童、青年合唱团等近百人演唱佛曲，我向大众介绍佛教梵呗历史。这是佛教音乐第一次登上"国家殿堂"。

一九九〇年，结合梵呗与弘法布教的特色，在台北"国父纪念馆"举行"佛教梵呗音乐弘法大会"，邀请陈丽丽小姐、原野三重唱，以及佛光山丛林学院的学生联合演出。以佛教法器的音韵，配合悠扬的唱颂及舞蹈，将寺院僧团的生活，呈现在舞台上。心定及慈惠等主讲，并且由依空领导数位法师临场记要，利用投影机将讲演内容投射于银幕上，令人一目了然。

一九九二年于"台北市传统艺术季"中，由台北市政府、国际佛光会、佛光山慈悲基金会合作，于台北"国家音乐厅"联合举办"梵音海潮音"佛教音乐会，邀请台北市立国乐团及佛光山丛林学院的两百位出家僧众、声乐家吕丽莉小姐、仁爱国小合唱团共同演出。这是传统梵呗结合国乐,首度在"国家音乐厅"登场,除了造成极大的回响,也改写了佛教界和音乐界的历史。

当时承办这次音乐会的是台北市立国乐团团长王正平博士,他是演出曲目的编曲者,也是乐团指挥,他将佛教梵呗融入国乐中,尤其与陈中申先生不仅都是佛教徒,而且长年茹素。为了这次的演出,他发挥平日修持心得,分别编作《天龙吟》、《心经》两首曲子。再由仁爱国小合唱团演唱《心经》。"国家音乐厅"毕竟不一般,整个厅堂设计用心、造型考究、色泽搭配,真是相得益彰,单只坐在座位上,就可以感受到浓郁的艺术气息。

那时,台北市长黄大洲先生也莅临音乐会,节目结束后表示:"以一种感恩的心情来欣赏,这真是充满人性慈悲的音声,佛曲对建立社会祥和、净化人心很有教化作用。"

一九九四年,为了纪念"二二八"受难同胞,抚慰历史伤痛,由"文建会"、"中华文化复兴运动总会"、台北市文化基金会、"二二八"关怀联合会主办,台北市立国乐团承办,在台北"国家音乐厅"举行"二二八纪念音乐会",希望民众从这次历史事件的教训中,深思反省,毕竟"冤家宜解不宜结",应当学习真正的爱与宽容。

除了安排和此一事件有关的乐曲外,并由佛光山丛林学院二百名僧众演唱梵呗祈福祝祷。由孙越、叶菊兰一起主持,邀请洪淑苓、郑仁荣、廖琼枝、吴文修、汤慧茹等艺术家演唱,以及师大音乐系交响乐团、音契合唱管弦乐团、实验合唱团、台北市立国乐团、台北市立国乐团附设青年国乐团共同演出。

一九九五年的"礼赞十方佛·梵音乐舞"佛教艺术盛会,分别于台北"国家戏剧院"、高雄市立文化中心进行六场演出。这次演出由二百位僧众及一百位在家同学,配合台北民族舞蹈团曼妙的舞姿,以及台北市立国乐团优美的演奏旋律,融和梵呗、舞蹈、国乐的佛教艺术展现,加上背景幻灯投影片的效果,表现出宗教庄严祥和的气氛。

同年,我在台北"国父纪念馆"讲《六祖坛经》,也邀请台北市立国乐团一同演出,运用佛教梵呗《大悲忏》、《念佛组曲》、《叩钟偈》等二十多首不同曲调,带领与会大众唱颂《坛经》偈语,以深入浅出的方式,让闻法者认识《坛经》中行解并重的要义。

悠扬梵音满人间

一九九五年在澳大利亚,由国际佛光会澳大利亚昆士兰协会与佛光山中天寺联合主办的"尊重与包容梵呗音乐会",于澳大利亚布里斯班市政府音乐厅(Brisbane City Hall)举行,演出者均为佛光山法师、信众、佛光会员、澳籍佛光之友,以及昆士兰音乐学院的学生参与。

布里斯班市长代表比扬奇(Kevin Bianchi)及洛根市长戈利(Rod Golledge)上台致辞时,都表示非常赞同"尊重与包容"的意境,也很欢迎华人到澳大利亚来,尤其,中天寺所表现出来的社教功能,实在是洛根市的光荣。

这是梵呗音乐会首次在澳大利亚表演,多元性的节目内容,造成极大的回响,这是成功的宗教文化交流。前来观赏的贵宾还有:伊普斯威治(Ipswich)市长代表肯恩(Alistair Kane)、邦德大学威尔森(Paul Wilson)院长、约翰·保罗国际学院雷默斯(Remers)副院长、联邦议员路德(Kevin Rudd)、台湾在澳协会陈博文会长、台友会黄中东会长、慈晖妇联会黄美智会长、黄金海岸台湾同乡会吕武吉会长、华人宗亲会季逊标会长等多人。

一九九六年,为庆祝佛光山开山三十周年,在香港一连三天佛经讲座圆满后,国际佛光会香港协会和佛香讲堂首度在香港红磡体育馆,举行"梵音海潮音"梵呗音乐会。由佛光山一百二十位法师为主,与国际知名钢琴家、歌星以及香港交响乐团伴奏,在主持人李香琴、曾志伟、顾纪筠的贯串下,整场音乐会生动活泼,让人回味再三。

特别是初闻梵呗音乐的香港民众,在音乐会结束后,许多人还留在会场舍不得走,甚至,有人建议梵呗音乐会可以到全世界巡回表演,可见,大家对梵呗音乐的肯定。这次梵呗音乐会的演出,同时为经常举办各式演唱会的香港红磡体育馆,写下了不同音乐演出的历史。从此,庄严悠扬的梵音,年年飘扬于香江。

同年,我为了筹募佛光大学建校基金,分别于台北"国家戏剧院"、台中中山堂、台南市立文化中心等,举办六场"庄严净土·梵音乐舞音乐会"。这次参与活动的表演单位,除了佛光山丛林学院两百位法师外,还有敦煌古典乐集、台北市立国乐团及高雄市实验国乐团等共同助阵。

一九九七年,我应邀赴新加坡国家室内体育馆讲演《大宝积经》,每场讲演前,均由佛光山丛林学院一百二十位僧众,以及台北市立国乐团和普门寺舞蹈班,共同表演梵音乐舞,创下当地宗教弘法的新模式。承蒙大家的爱戴,除了新加坡居民外,澳大利亚、菲律宾、泰国、马来西亚、印尼及台湾等地人士,都纷纷前往参与盛会。

一九九八年在澳大利亚悉尼,国际佛光会悉尼协会及佛光山南天寺举办"有情有义满人间"音乐弘法大会,邀请台北市立国乐团附设市民国乐团,新西兰青年会,南天寺、中天寺法师、信众联合演出。这场音乐飨宴,为澳大利亚佛教弘法开创了历史新页,也促成二〇〇〇年佛教梵乐登上国际悉尼歌剧院的因缘。

美国纽约林肯中心（

厅（右下）

美国纽约林肯中心（

佛光山梵呗赞颂团在新加坡国家室内体育馆演出(一九九七年三月二十八日)

一九九八年,"佛光山梵呗赞颂团"首度在北美洲演出,融和东西文化艺术的"梵音乐舞文化艺术飨宴",分别在美加地区巡回三场。此次公演,由佛光山美洲梵呗赞颂团唱诵梵呗,佛光青少年交响乐团演奏佛教音乐,台北芭蕾舞团表演典雅的礼赞舞及禅舞。此结合中国传统梵音与西方管弦乐的演出,让西方人士耳目一新。

同年,佛光山东京别院及国际佛光会东京协会主办,由"佛光山梵呗赞颂团"以及日本赞祷歌咏合唱团合作,首登日本的音乐舞台,在享誉国际的东京三得利音乐厅演出"华丽的宗教音乐世界",开启中日佛教史话的新页。

这一次演出后,另外也和日本高野山声明之会,共同在大阪邮便储金会馆,首次举办"中日梵呗音乐"特别公演,以梵呗咏赞的形式,为中日友谊,也为东亚文明的繁荣演唱,赢得大众热烈的喝彩。

同年,又再次于香港红磡体育馆举办第十度佛学讲座,同时举

佛光山梵呗赞颂团在日本演出(一九九八年九月七日)

办"梵音乐舞梵呗音乐会"。这一年佛光山梵呗赞颂团在澳大利亚、北美、日本及台湾、香港等地,同时开展梵呗弘化。

辉煌灿烂的里程碑

一九九九年八月三十一日,李登辉先生亲临佛光山,为即将前往欧洲巡回弘法公演一个月的"天籁之音——佛光山梵呗赞颂团"授旗;同时,宣布佛诞节为法定假日,并与母亲节同日庆祝。多年来,教界法师、大德如昭慧、沈智慧等人的奔走请命,功不唐捐,总算为佛教东传中国两千年,竖起辉煌灿烂的里程碑。

那一次,全团就有一百多人,马不停蹄走遍欧洲七个国家,做了十一场的演出。我们为了节省经费,特别选择较便宜的夜班飞机,旅途劳顿,加上气候的不适应,虽然几乎所有人都生了病,但不见有人抱怨。只要一上台,大家全都忘了病痛,精神抖擞地唱诵。在陌生的西方国度,佛教梵呗前所未闻,团员们主动地走上街头,递送节目单,向人介绍什么是梵呗,邀请他们来欣赏。

佛光山梵呗赞颂团

一九五三年元月,应邀前往宜兰弘法时,为了接引青年学佛,遂成立"佛教歌咏队",从此大街小巷、乡村田野都响起了佛教悠扬的歌声。相继地,二十多年后,一九七九年,为了让传统梵呗走出寺院殿堂,结合了舞蹈、国乐,于台北"国父纪念馆"及台北"国家音乐厅"演出。逐渐地,又把佛教的梵呗从东方带到了西方,在伦敦皇家剧院、悉尼剧院、纽约林肯中心、美国洛杉矶音乐中心,以及欧洲等知名艺术殿堂巡回演出。尤其,二〇〇三年佛光山梵呗赞颂团首度前往北京、上海演出,为两岸的佛教交流写下了历史性的一页。

厅（右下）

佛光山梵呗赞颂团

）、台北"国家音乐厅"（左上）、北京中山音乐堂（左中）、上海大剧院（左下）、加拿大蒙特娄大学艺术中心（右上）、佛陀纪念馆大觉堂（右中）、德国莱茵音乐

赞颂团参访德国天主教的科隆大教堂时，他们在教堂即兴演唱一曲，吸引了各国人士的目光，也是稀有难得的经验。欧洲之行在世界知名的德国柏林爱乐厅最后一场演出时，竟然有百分之八十的观众都是当地人，既听不懂中文又非佛教徒。在他们听到梵呗的那一刻，不但自然流下眼泪，还自动站起、掌声不断，真是证明了人人皆有佛性。连奥地利总理及部长级官员都来观赏，甚至原本不进音乐厅的海外华人，一听梵呗团来了，也来共襄盛举。

时逢台湾百年来最大的"九二一"地震灾变，心悬受苦的灾民，我们邀请所有观众衷心地与赞颂团一同为灾民祝祷。当日的演出掌声不断，经过六次的谢幕圆满，台上台下感动得热泪盈眶。几百名远从瑞典和瑞士而来，买不到票进场的观众，在音乐厅外徘徊不去，为此，赞颂团次日还特别在柏林佛光山，为这群热忱感人的朋友加演一场。

虽然这是以信奉基督、天主教为主的西方国度，大家仍是感动万分，正所谓音乐不分国界，直向人心。这股力量，同时也鼓舞了连日奔波疲累的团员。合作多年的台北市立国乐团的团长王正平博士与乐团老师三十几人，在此次欧洲之行，感受到佛法的力量，主动向我要求为他们皈依，于是我特地为他们在德国柏林禅净中心主持皈依典礼，他们也正式成为佛教徒。

音乐无国界，抚慰人心

二〇〇〇年，赞颂团带着"一日梵呗・千禧法音"的节目前往亚澳地区巡回弘法，并且登上闻名世界的悉尼歌剧院演出十场。将佛门的一日作息，分成"晨钟暮鼓"、"禅门一日"、"梵音海潮音"、"礼赞十方佛"等四幕来展现，不论是早课的庄严肃穆，或是日常生活中的打扫、担柴挑水，处处展现修道生活中的简朴、静谧、

佛光山梵呗赞颂团至澳大利亚悉尼国家歌剧院演出,是第一个登上澳大利亚国家殿堂的佛教团体,澳大利亚移民部长菲力浦·罗达克登台致意(二〇〇〇年十一月十九日)

自在与洒脱,听众在欣赏悠扬的梵音之余,进而对佛门的修行,有更深一层的了解与体会。佛光山的一小步,却可说是佛教踏出国际的一大步。

二〇〇一年八月,我们正如火如荼地准备着十月份即将进行的"恒河之声"美加梵呗音乐巡回公演。九月十一日当天,却发生了举世震惊的"九一一"事件,这是美国历史上最严重的惨剧。这个创伤,让美国犹如惊弓之鸟,开始各项封闭措施,包括对不同国籍人士入境的限制。遭逢此变,赞颂团也陷入是进、还是退的抉择。有美国地区的佛光会员来电建议我们:"师父啊!你们这个时候最好不要来了,不是那么容易就可以进得来的。"是吗?就这样取消了吗？实在对不住翘首期盼梵音多年的海外信众。

就在这时，又有一位居士说："师父，我们现在更应该去，要把和平的音声，带给最需要的地方。"想想此行我们也将前往纽约林肯中心，或许我们可以为那里的人做些什么。我相信佛教音乐定能治疗人心、抚慰人心，因此决定不更改行程。

美国在遭受恐怖主义者袭击后，对某些国家、不同肤色的人种，采取了限制入境的措施。我的徒众来自世界各地，赞颂团的团员自然也是出自全球五大洲，这也增添了签证办理的难度。徒众告诉我，当我们一行各种肤色十余位出家众，前往美国在台协会办理签证时，非常引人注目。

当大家在等候时，一位美国的签证官问道："你们去美国做什么呢？"他们回说："我们是要将和平的佛教音乐带到美国，安慰美国人的心。"签证官说："喔！你们真的会唱吗？那请唱给我听听。"在慧圣法师的带领下，大家就这么唱起"最上三宝……"音声回荡在小小的空间里，当下所有签证官都笑开了，这大概也是在台协会里，不曾出现过的场景。也因这一唱，全部的人签证都如数"OK"！

十月初，我亲自带领赞颂团前往美国，也宣布将美加地区六场的演出所有收入及各方捐款悉数捐出。十九日在纽约林肯中心演出时，亲自捐赠给纽约市，作为受灾救难基金，对这不幸事件表达关怀慰问之意。

当天上午，我们也突破重重的关卡和困难，前往"九一一"现场——曼哈顿区世贸大厦受灾废墟，为受难者洒净和祈福，我知道很多人都是信仰基督教，我也希望不同信仰的人，都能受到他们教主的加持。

在祈愿时，我说："伟大的基督、伟大的穆罕默德、伟大的佛陀，请您们慈悲,用您们的威德来加持您们所有的信徒……让亡者都能往生他们的天国、净土,让家人亲属也能获得力量,重新振作起来,继续为国家社会服务。"此举安抚了许多生者的心。

除了"九一一"事件的灾难外,现在世界最严重的问题就是恐怖分子、暴力事件,威胁着整个世界,扰得人心惶惶。不过对付暴力,我觉得"以暴止暴,终不能止",只有用慈悲,才能解决。我同时呼吁在憎恨的地方,播下慈悲的种子;在创痛的地方,包扎宽恕的良药。以佛教的包容性激发人性大爱的精神,消弭各族裔、肤色之间的派别歧见,唤起社会大众彼此的关怀与共识,相互协助,融和共存。

二〇〇二年"恒河之声"菲马梵呗巡回弘法公演,由国际佛光会菲律宾协会、宿雾分会,以及马来西亚沙巴协会主办,邀请佛光山梵呗赞颂团分别在首都马尼拉菲律宾国家文化中心、宿雾南洋大饭店,以及马来西亚沙巴州省府亚庇沙巴基金局音乐厅,做了五场的弘法演出。

永光报告说,在菲律宾国家文化中心演出时,当地有信愿寺、隐秀寺、华藏寺、天竺庵、宿燕寺、文殊寺、观音寺等十余家寺院僧众出席。其中有两位友寺比丘尼,不惜冒着违反山门院规前来,只为了聆听佛光山梵呗演唱。

天主教马尼拉最高主教与白十字会等四个团体、三十余名修女及犹太教等宗教人士也来共襄盛举。而素与马尼拉佛光山友好往来,具有四百年历史的圣岷伦洛教堂(Binondo Church)拉米瑞泽(Josefino Ramirez)神父,也率领二十余位神父、教友莅临。他们一致表示,虽然听不懂梵呗内容,却对佛教音乐的庄严、清雅,留下深刻印象,表达高度的肯定。另一位观众向主办单位表示:"听了

梵音遍天下

佛光山梵呗赞颂团首度登上天主教菲律宾国家殿堂,于宿雾演出(二〇〇二年五月二十五日)

这样的演出,我死也甘愿了。"梵呗赞颂,不仅唱出诸佛菩萨的感恩欢喜,同时也蕴含一个弘法者慈悲度众、无我奉献的宗教情操。

在宿雾表演完时,一名修女拥抱佛光会工作人员表示感谢,并言从未聆听如此美妙的佛教音乐。所有参与工作的佛光人对如此殊胜因缘也说:"身为佛光会员实在太光荣了!"

佛光山沙巴禅净中心住持满可转述其中一位拿督的话:"像这样的演出内容,看了四小时也不会累,太好了!"

菲律宾曾受西班牙统治三百年,后又经美国管理四十余年,致使该国成为远东地区唯一的天主教国家。这次佛光山梵呗赞颂团能登上天主教国家的国家殿堂,成为第一支在此演出佛教传统梵呗音乐的团体,是相当殊胜与不容易,也可以说,写下菲国历史的新页。

沙巴州则是马来西亚第二大州,宗教以信奉伊斯兰教最多,值得一提的是,位于沙巴北端的文莱是一个伊斯兰教国家,严厉禁止其他宗教人士进入弘法,所以当地信众想要听闻佛法相当不容易。这次有六十余位佛光会员得知佛光山梵呗赞颂团来到沙巴,分别以海、陆、空交通工具,特地包船、开车和搭机专程前来聆听,其渴求佛法的精神,实在令人赞佩与感动。

透过宗教交流及国民外交,人间佛教的种子正在菲律宾逐渐开花结果!

两岸携手发扬中华文化

让我念念不忘的还有两岸的和平。一九八九年两岸开放之后,就常想,过去将大陆的梵腔、规矩仪礼带到台湾,有机会我要再把它带回去。现在大陆的法师常对我说,他们要向佛光山学习,实在不敢当,大家都是佛教,梵呗本来就是来自大陆佛教,更是中华文化之一。

佛光山梵呗赞颂团一路走到现在,受到大家的肯定并发扬光大于国际。因缘成熟之际,我想以慈惠法师做团长,慈容法师任艺术总监,永富法师为总干事,有了这基础,再加上中国艺术研究院主攻梵呗音乐的田青教授,我们邀请他到佛光山来,带动佛光山的音乐,一起合作再到世界各地表演。田青教授是北京人士,就邀请大陆佛教界及政府部门,尤其是国家宗教事务局叶小文局长听了以后很赞同,便邀请我们到大陆去演唱。

二〇〇三年,陆续在北京中山音乐堂、上海大剧院演出,尤其,上海大剧院是才刚新建完成的表演场地,演出后还要我与大众讲话。当时在场的一些老和尚,听完讲话,当场掉泪说:"我们几十年来,没有看过出家人在公共场合讲过话了,今日时空已不一样了。"

我在一九五〇年代的时候就有一个想法,要把佛法弘传到全世界,必须结合敦煌舞蹈、渔山梵呗、少林武功等佛教奇特的内容,融和音乐推展到海外去。我想,这都是欧美人士所向往、所喜爱的。但是,那时候我没有这么大的号召力,也没这么多的本钱,更没有那么多的人才。

现在有了这样的开端,引起了北京政治界人士的赞同。我觉得可以一试,就响应叶小文局长组织两岸四地的中华文化音乐展演团。而且大陆方面也很认真,特地租下厦门的戏院集合培训。佛光山素有舞台经验,在他们点名了一些两岸演出人员共一百多人参与之后,并且邀请慈惠法师到厦门指导大陆演唱的规矩、礼仪,慈容、永富法师到北京做各种协调,融和四大教派,汉传、南传、藏传三大语系,以及少林寺的武功等。

二〇〇四年,"海峡两岸佛教音乐展演团"正式成立了,他们推举我为名誉团长,团长是中国佛教协会副会长圣辉法师,副团长是当时佛光山宗长心定与中国佛教协会副会长兼秘书长学诚法师,团员则是两岸有名道场的僧众,有台湾佛光山寺、福建厦门南普陀寺、广东乳源云门寺和汕头安寿寺、河南嵩山少林寺。开始在台湾、北京、上海、港澳、美加等地区巡回演出,表演融和音乐、武术、舞蹈,展现佛教慈悲、平等、和谐的精神。

最后以我作的《三宝颂》,表达海峡两岸僧众对三宝的赞颂,以及对世界和平美好的祈愿。掀起梵呗音乐的高潮,一时声闻中外。此举不但扩大了佛教的影响,并且写下了海峡两岸佛教交流的新篇章。这是中国佛教界一大盛事。

之后,佛光山梵呗赞颂团、佛光合唱团常应邀至大陆,参加各项节目及活动演出,促进两岸的宗教文化交流、两岸人民的沟通与往来,共创和谐世界。

早期,我将海潮音带到台湾佛光山,成为我们的早晚课诵。自此,佛教传统海潮音唱腔的梵呗在台湾逐渐发展,而随我运用佛教音乐弘扬佛法者也日益增多,现在,又将台湾的梵呗带回大陆,虽然隔着海峡两地,只要同一种语言、种族,在佛教的信仰之下,都是一样的。

法音宣流五大洲

"佛光山梵呗赞颂团"在佛光山各别分院和国际佛光会各分会的协助,以及各方的拥戴下,足迹遍布各大洲及海内外各大歌剧院、音乐厅等。除了上述所提者外,其他如:

在亚洲有台北的"国家音乐厅"及"国家戏剧院"、北京音乐厅、日本东京的三得利音乐厅、新加坡世界贸易中心、马来西亚莎亚南体育场、马来西亚沙巴州省府亚庇沙巴基金局音乐厅等。

梵音遍天下

佛光山梵呗赞颂团于美国华盛顿大学演出（二〇〇一年十月二十一日）

美洲有美国纽约的林肯中心、洛杉矶的柯达剧院与音乐中心、加拿大多伦多艺术中心、温哥华奥芬剧院、温哥华伊丽莎白女王剧院、华盛顿大学等。

欧洲的奥地利维也纳歌剧院、英国伦敦皇家剧院、荷兰阿姆斯特丹国际会展中心、巴黎的会议殿堂、德国柏林爱乐厅、莱茵音乐厅、莱茵科隆大教堂、比利时根特市古城广场、瑞士琉森文化会议中心、巴塞尔市区音乐厅等。

澳大利亚有西澳珀斯音乐厅、墨尔本会展中心、布里斯班市政厅、布里斯班音乐厅等。

百场以上的梵音乐舞及音乐弘法大会，将佛教音乐推上国际舞台，除了展现佛教音乐之美，更将佛教义理透过法音宣流，引领

佛光山梵呗赞颂团在德国莱茵河科隆大教堂演出（一九九九年九月九日）

观众进入佛法的堂奥。其演出方式多元,融和传统与现代、东方与西方的创作方式,将梵呗结合敦煌舞蹈、国乐,甚至交响乐,让佛教梵呗音乐从丛林的寺庙,步入国际舞台;让佛教音乐从念诵的经文,到歌咏的赞颂;从宗教性的修持,到艺术性的展现,达到修持、欣赏、教育、净化心灵以及弘化等功能。

在佛教里,念佛诵经是佛事,参禅打坐是佛事,布施济人是佛事,静思冥想是佛事,持咒相应是佛事。当然,梵呗歌唱的乐声也可以当为佛事。可惜过去佛教传播的地区,幅员辽阔,各地的唱腔、音调不一,造成现在的日本、韩国、缅甸、泰国等,诸种不同的音声,各唱各的,不能统一。假如现在有人发心,把各国的音乐汇集,成为佛乐大全,从中再邀集音乐专家,给予共谋统一之计,必能发挥更大的弘法力量。

佛教的梵呗音乐,促进了东西方宗教文化交流,透过音乐,感受彼此心灵的交流,增进友谊,以及宣扬世界和平的讯息。衷心祈愿"歌声传于三千界内,佛法扬于万亿国中"!

和而不流

我与无冕之王的因缘

我每到日本,第一个来访问我的,
必定是吉田实先生。
那个时候,
他已经不以记者的身份和我来往,
纯粹是老朋友相见。
甚至我们两个人坐在那里,
他看看我,我看看他,
他会说中国话,但我们不一定讲话,
让时间就这么在沉默中过去;
在无声的时刻里,
有时似乎也有一种无言的美感。

记者,负有传播资讯的使命,也享有采访自由的权利,因此被尊为"无冕之王"。

　　记者,看起来好像是很逍遥自在的工作,其实不然,哪里有灾难发生,他就要先到达哪里;哪里有不公不正的事情,他就要率先去追查。有的记者,深入危险区域采访而遭扣留,甚至枪决;有的记者,遇山山难、遇水水淹。所以,"记者"这个工作似乎是一个玩命的职业。

　　回顾我的人生,认真说起来,我应该也算是一个非正式职业记者的记者。"杂志事业协会"曾经发给我"记者证",虽然我不曾用它去采访过什么人、什么事,但我为许多的报刊撰写专栏,甚至早期我为《觉生》、《觉群》、《菩提树》、《人生》、《今日佛教》、《觉世》旬刊等刊物提供新闻,这应该也算是一个义务的记者吧!此外,我和"立委"沈智慧在台中创办"全国广播电台",

乃至于后来我又在台北成立"人间卫视"、创办《人间福报》、设立"人间通讯社",总说起来,我和记者应该是有沾上边的。

《人间福报》在二〇〇〇年四月一日"愚人节"创刊,从那一天起,我就在《人间福报》第一版的专栏上发表文章。时光迅速,算一算已经迈入第十二年了,到今天,从没有开过天窗,或停止过一天。有人说我可以申请吉尼斯纪录了,但对我而言,这不是一件很重要的事情,我只是聊尽我一点责任,并不是为了其他目的而做的。

像我们这一类的人写文章,对别人的贡献有限,但是别人写文章,对我的帮助,倒是让我非常感动。年轻的时候,自以为维护公平正义,竞相发言,当然就引起别人的论长道短。及至年岁渐长,慢慢才感觉到,记者对一个从事社会活动的人来说,关系是非常重要的。如果你没有名气,要记者来采访你,他也没有兴趣;等到你事业有成,稍有名位,有事情可以报道了,你不要他采访,他也会紧追不舍。

在我四十岁的那一年(一九六七年),佛光山才开山不久,就承蒙一位"中央社"记者翁慕良先生,特别在《中央日报》上刊登一大篇新闻报道。从此,山上络绎不绝的信众,就成为佛光山的基本拥护者了。

翁慕良

翁慕良先生,江苏江都人,一九一四年出生。我知道他是高雄县大树国中的一位教师,并且为"中央社"担任地方上的驻地小记者。他自己也料想不到,替我写的佛光山开山特写新闻,竟能让报社那么隆重地刊登。记得当时的《中央日报》社长曹圣芬先生,还特地跑来佛光山访问我,甚至特别交代翁慕良先生,以后每天都要报道佛光山。我听了，觉得这也太过分了一点，佛光山还没有这么多的内容可以报道啊！不过，现在佛光山对于净化社会的活动，以及传播佛法的推动，倒是真的天天有新闻了。只是，这一位有远见的社长，不知道是否还在人间？我至今仍然怀念他。

翁记者是一个善良和气的人，我每每看到他在撰写新闻的时候，都是带着诚敬的态度在写。后来他也真的就经常为开山初期的佛光山，做种种报道。

可以说，佛光山从一开始与我们往来的许多人士，都是知识分子。尤其一九六九年，由于有翁慕良先生报道"救国团"在佛光山举办大专佛学夏令营，所以后来就有许多年轻人不断地涌入佛光山参观。为此，我只有赶快建设朝山会馆，提供给来山大众使用。从此之后，各级学校的教育会议、各个"救国团"的活动等等，都来借用佛光山的场地，也就让我深深地感觉到，记者的报道真是大有威力。

我经常说，佛光山初期的功德主，第一是媒体传播界的记者，第二是"救国团"的知识分子，第三就是佛教广大的信徒们，由于他们的助成，才有今日的佛光山。

吉田实

除了翁慕良先生，佛光山最早接触到的国际记者应该算是吉田实先生了。吉田实先生是日本人，一九三一年出生于东京。他生逢大时代，跟我一样，一生经历一九三七年日本侵华、一九四五年台湾光复、一九四九年共产党解放中国、一九六六年"文革"等等事件。他担任日本《朝日新闻》记者时，曾代表《朝日新闻》做过驻台湾的特派员，后来又调到北京做特派员。在他即将从北京的工作上退休时，才和我结识。

我与无冕之王的因缘

与日本原《朝日新闻》驻中国资深记者吉田实（右一）、台北驻日代表庄明耀（左一）于东京（一九九七年五月八日）

吉田实先生认识我以后，便想写一篇关于我的特稿，所以经常来访问我，和我交谈。他认为我是一个很传奇的人物，虽是一个出家人，和党政、社会各界的关系却是那么丰富，和两岸之间也有来往，但是每到世界各地去，都只有传扬佛法，不涉及其他，因此，就想要挖掘我的生活内容。

我因为感念这许多名记者，他们为了写一篇文章，经过那么多的辛苦，那么多的验证，才开始下笔，很不简单，也就乐于与他相谈了。几年后，他送了我一本他写的书《三十五年的新闻追踪：一个日本记者眼中的中国》（二〇〇三年，天地图书出版），当中就收录了这篇访谈。

在他和我来往期间，我到美国西来寺，他也追到美国西来寺去。他不是我的徒弟，也不是为了什么目的，他或者只是想结交我这个人做朋友，或者只是想了解我，或者只是想写这篇文章，就专程跑到美国访问我。甚至他还数度到台湾，特地上佛光山找我。就是我偶尔到了台北，他也会来和我做一次谈话。

吉田实先生并不是虔诚的佛教徒,他所访谈的内容,据我观察起来,也没有什么特定的目的。基本上,我不是一个什么特别的人物,也谈不上有什么条件可以给他采访。但是我在想,他只是想追寻人性、生命、精神层面上的什么东西吧!

他的采访态度确实严谨,不断地搜索、印证。我听说他曾经在撰写一篇报道时,为了讲究真实性,还远赴新加坡找寻线索,做种种的追查,受尽了种种的苦难。事实也是如此,我读他的访问生涯,没有借故,没有虚伪,更没有特意宣传或是避重就轻,他只是为了还原人间的一个真实面。

后来,他请我到日本国会做一场讲演,那一年(一九九一年),正是我跌断左腿的时候,当我打电话告诉他这件事时,他一听非常惊讶。只是,他早已把日期、场地、邀约听众等作业都安排好了,而我向来也重视承诺,因此就告诉他,不要紧,我还是会如期前往,只是我不能走路,必须坐轮椅。他听了以后,我想应该是半忧半喜,喜的是我能去,忧的是我的腿跌断了。总之,经过不断地来往联系,我终于到了日本。

这一次的讲演,是以国会名义邀请我去的,并且要我以"二十一世纪的未来"为题做讲说。只是,当我到达国会演讲厅时却发现,他们竟然没有无障碍空间设施,人都已经到会场了,轮椅却没有办法上舞台,最后,好几位议员只有一起帮忙把我的轮椅抬上讲台了。

我平常很少有荣耀的感觉,经常都告诫自己:在人世间,我只是一介衲僧,没有什么了不起的。但是在那许多议员抬我的时候,我却忽然兴起一个念头,多少年来,中国人都是给日本欺负,踩在脚下的,现在你们却肯以议员之尊,抬一个和尚上台。这也真叫我感觉到"难遭难遇"了。

至于当时"二十一世纪的未来"讲了哪些内容,我已不复记忆。我曾想把这些内容整理后,请满果法师替我投稿给逢甲大学,因为当时他们正要出版一本关于未来时代的书籍。可惜那本书出版以后,没有收录我的文章,只有文章的目录纲要。于是我就问满果法师:"我的文章不是请你交给逢甲大学吗?"他说:"有啊!就是那篇纲要。"我说:"那我的文章内容呢?"他说:"隔得太久,不记得搁到哪里去了。"

所以,那一次的讲演虽是有一番用心,但记忆有限,只约略记得讲到未来是一个生权的时代。所谓人类历史的发展,从神权时代演变到君权时代,再到现在的民权时代,未来则应该是生权的时代,一切众生都有生存的权利等等。

再说讲演之后,当天晚上下榻在一个饭店里,吉田实先生告诉我,那是美国总统里根先生访问日本时住过的地方。一时之间,我想起了里根先生访问日本时发生的一段趣闻。里根总统平时过的是西方式的生活,所以当他来到大饭店时,穿着大皮鞋就走上了榻榻米;站在一旁的许多人看了,都露出很惊讶的表情,意思是说:总统先生,你要脱鞋子啊!但是里根总统却是一脸茫然地说:"为什么要脱鞋子?"在西方,脱鞋是不礼貌的行为,但是在日本,不脱鞋却是不礼貌的。可见得,东西方文化的不同,实在需要以中道的立场来做沟通。

这一天晚上,吉田实先生约了各方人马,住在这家饭店里。我觉得这个开销实在太大了,尤其他们的住家应该就在附近,为什么要来住饭店呢?我一直为他感到舍不得,为了邀请我到日本一行,花费一定不少。

后来,佛光山在日本建立了东京别院,我每到日本,第一个来访问我的,必定是吉田实先生。那个时候,他已经不以记者的身份和我来往,纯粹是老朋友相见。甚至我们两个人坐在那里,他看看我,我看看他,他会说中国话,但我们不一定讲话,让时间就这么在沉默中过去;在无声的时刻里,有时似乎也有一种无言的美感。偶尔遇到中午或晚餐,我也不特地为他准备什么日本人喜欢的料理,就只是煮几道我们中国人平常吃的简单饭菜,他也一再地说比北京的好吃。

吉田实先生在二〇一〇年往生。老友虽已逝世,但是到现在,我还是一直怀念着他,总觉得做记者,当如吉田实。

吉田实先生和我另外一位记者好友陆铿先生是完全不同典型的人。陆铿是基督教徒,和吉田实也是好朋友,我们三人也有过多次的聚会。但是,若要我做一个评论,他们二者虽各有特色,但论陆铿先生的修养,尚不及吉田实先生。陆铿先生性情冲动、富有正义感,吉田实先生则是细腻、平和。不过,他们对我究竟有什么看法,我就不知道了。

丁中江

在许多媒体记者中,老三台(台视、中视、华视)时代,经常担任政治评论员的丁中江先生与我也是有缘人。

丁中江先生,云南人,生于一九一九年,他口才雄辩滔滔,思想理路分明,最早在广州"天地新闻日报社"担任社长,也做过曼谷《民主日报》董事长,参与创办香港《新闻天地》周刊。来台后,经常在台视分析、评论政治新闻,我听了以后,感觉到他讲说的资料很齐全。当我知道他的弟弟丁懋时是"外交部长"时,我想,必然是从他的兄弟那边,得到了一些第一手资料。但是不然,丁中江先生并不是凭靠丁懋时先生给他的新闻,而是来自他自己一生身为新闻老将的专业。

与名政论家丁中江先生(左)及胞弟丁懋时先生在一起(一九八二年)

大约是一九八一年左右,他第一次带了家人来到台北普门寺访问我,经过这次访谈之后,我们就建立了良好的关系,并且常相来往。尤其,他曾经为了政府不让我成立"中国佛教青年会"感到心有不平。在他认为,政府应该要让我成立一个民间的社团,才能尽情地挥洒所愿。当时,他的见解引起我极大的注意,因为成立佛教青年会的想法,只不过是我顺从时势发展需要而萌生的念头,想不到丁先生却进一步呼应,确实有成立社团发挥所愿的必要。这句话,真是说中我的心情。

因此,后来董树藩先生在一九八四年到一九八六年间,担任"行政院蒙藏委员会委员长"时,要我成立"中华汉藏文化协会",我也就欣然答应了。

董树藩先生是内蒙古人,一九三二年生。由于他在"院会"里替我说项,因而获准成立"中华汉藏文化协会"。不过,我想,董树藩先生只是想透过我成立的"中华汉藏文化协会",为他与一些西藏人士做公关吧!

只是,那时候的达赖喇嘛,对台湾没有好感。记得一九七九年,我率领"印度朝圣团"二百人赴印度巡礼圣迹,成为当地有史以来最庞大的朝圣团。我们包了泰国两架飞机,其中一架装载毛毯、食物,准备到印度去帮助在那里流浪的藏胞。但是,我们才到达新德里,就听说达赖喇嘛下了命令,不准接受来自台湾的援助。

我感到很疑惑,人和人之间为什么不能接受彼此的好意呢?原来,当时达赖喇嘛对于国民党情报机构,分化、离间他们的西藏人民,极为气愤。不过,政党的恩怨,也不是我有办法了解的。

总之,后来那一架飞机装载的毛毯、物品,只有一部分的藏民同胞接受,其他大部分都送给印度的贫苦人士了。

丁中江先生对于我遭遇的这许多过程,都非常了解。甚至后来,他为了我在美国接待许家屯的事情,还特地在江泽民先生面前帮我说话。

丁先生告诉我,他对江泽民先生说:"星云大师不是政治人物,所以他才要接待许家屯先生,假如他真要涉及政治,也就不会接待了。"丁中江先生并且举例说:"就好像是一个人家的孩子离家出走,有人把他收留下来,这应该是好事;况且星云大师至少代表了海外五百万人的心声,所以中国大陆不该对他太过计较,尤其从对中国的贡献上来看,应该算他一份吧。"

当丁中江先生告诉我这许多事的时候,我非常感谢他为我说项。后来,一九九一年,"敦煌文物展"在佛光山举行,这是中国大陆第一次在台湾举办展览,我花了数十万美元的运费、保险费等行政费用,终于办成了那一次的敦煌展。

不过,因为那许多展品都是一些复制的文物,包括古代社会一般的用品、衣具,以及敦煌的画作等,大陆方面也无意再带回去,加上丁中江先生想要在台北办展,我就把这许多东西送给丁先生,让他能够如愿。后来,他在台北办了一场展览,至于成果如何,我就不太知道了。不过,在我心中,这也算是对他的一种感谢!

和我往来的平面媒体记者中,在美国,《世界日报》、《国际日报》的尹桃和王艾伦小姐等,后来都成了佛光山的弟子。在台湾,像《中央日报》的李堂安,《联合报》的胡宗凤、王纪青,"中央社"的陈守国等等,也都成为佛光山的好友。不过,此中有两位《中国时报》的记者,一位是卜大中,一位是苏正国,因缘就更深厚一些了。

卜大中、苏正国

卜大中先生,出生于一九四八年,河北定县人。他原本是《中国时报》驻美国洛杉矶的特派员,也做过《中国时报》大陆中心主任。他曾写过一篇数千字采访我的长篇访问记,并在一九八九年跟随我到大陆访问,甚至在我创办《人间福报》的初期,也协助撰稿。

至于苏正国先生,他就住在大树区的一个村庄里。一九七〇年代,从一个地方小记者做起,经过多年的努力,数十年来,担任《中国时报》驻南区的特派员。由于地缘关系,他经常在佛光山出入,后来也成为佛光山的信徒弟子。我在一九八五年从佛光山的行政系统退位后,不再过问许多行政事务,有时候有什么事情要对外发表,就会拜托他协助。

此外,佛光山没有公关人士,也没有专责与记者联络的人,所以有时候,本山宗委会有一些重要的事情必须对外表示意见,也都是临时找苏正国办理,他都很热心地给予协助。虽然他不是佛光山的发言人,但也可以说是佛光山记者招待会的策划人。直到"人

于佛光山西来寺主持"国际佛光会世界总会成立暨第一届会员会议"记者招待会。《中国时报》驻美特派记者卜大中(图右红衣服)出席采访(佛光山宗史馆提供,一九九二年五月九日)

间社"设立,才将这份工作转回本山,分别由弟子觉念、妙开法师担任社长,并且承担相关事宜。

苏正国,一九五四年出生,在数十年的记者生涯中,他报道的立场始终保持中立,但是过去几次县长选举,他则都为余陈月瑛和杨秋兴拉票,几乎成为余陈月瑛和杨秋兴的地下县长。

另外,他也很为佛光山没有新闻写作的专业人员着急,但又不想转任到我们的《人间福报》工作。不过,对于"人间卫视",起初他倒是兴趣满高的,一度想参与其中的工作,只是后来由于"人间卫视"没有政论性的新闻节目,也就兴致缺缺了。

我创办的《人间福报》和"人间卫视",都不太重视政论新闻,甚至于《人间福报》的第一版,我还以"奇人妙事"代替一般的政治新闻,成为报道的主体。此外,我们也特别重视家庭、教育、文化、伦理,尤其讲究正面的报道,负面的新闻则是一概不取。我一再希

苏正国记者追随我逾三十年，原本是跑政治新闻的记者，后来与佛光山结了缘，多年来一直跑佛光山新闻，可以说与佛光山一起成长。左一为记者苏正国，左二为高雄县长杨秋兴，右一为心定和尚（二〇〇四年一月二十三日）

望能够借此改善社会风气，在我觉得，新闻不是专给读者刺激的，更重要的是提倡善良风俗，与人为善。但是，名报人陆铿先生以及卜大中、苏正国记者，都认为我创办的《人间福报》没有前途。

不过，十几年来，《人间福报》每日的发行量都在数十万份以上，也跻身在台湾的大报之林。可见得，我当初的创报理念，还是获得不少民众认同的。

话又说来，这十多年来，苏正国先生虽然从未替《人间福报》写过一篇文章，但是山上的其他事务，却都承蒙他热切地关心，可以说，他也算是佛光山一位忠诚的三宝弟子了。

除了这几位与我因缘较深的记者先生以外，各大平面媒体的新闻领导者，我也都和他们有所往来。像最早的前印尼《中华商报》社长马树礼，后来回台担任"中广公司"、"中视公司"董事长，

第一份由佛教界所创办之日报《人间福报》创刊茶会暨记者会,于台北道场举行。左起:生命线创办人曹仲植、前"新闻局长"赵怡。右起:联合报系董事长王必成、日月光集团董事长张姚宏影、国际佛光会中华总会会长吴伯雄(二〇〇〇年四月一日)

"中央社"社长马星野,《联合报》创办人王惕吾及他的子女王效兰、王必成,《中国时报》创办人余纪忠、社长黄肇松,《中央日报》社长楚崧秋、石永贵,《世界日报》社长马克任,《中华日报》社长詹天性、编辑陆震廷,《自由时报》副社长俞国基,《新闻天地》的卜少夫、卜幼夫、卜乃夫,香港《大公报》社长王国华,《明报》社长金庸,《亚洲周刊》总编辑邱立本、资深记者纪硕鸣,马来西亚《晨报》创办人邱民扬,《星洲》媒体集团编务总监刘鉴铨,《星洲日报》总编辑萧依钊女士,北京大学新闻与传播学院前常务副院长徐泓教授,《大公报》记者钟蕴晴,路透社记者林洸耀,《环球人物周刊》总编辑刘爱成,《南方人物周刊》副主编万静波等,几乎现代亚太地区几个报纸的负责人,我都与他们结了很好的因缘。但我从来没有拜托他们为佛光山发表什么新闻,只是偶尔互相往来,或是交谈,或是餐会,大家都算是君子之交的好朋友。

这些人士当中,陆震廷先生是《中央日报》驻高雄的特派员,可以说是一位大牌记者。因为"三军官校"、"三军基地"都在高雄,这里经常大事不断,所以《中央日报》就特地派了一位经验老道、文字犀利的快写手,坐镇高雄。

陆震廷(郭风)

陆震廷先生,一九二一年出生,江苏松江人。他的文笔,一如笔名"郭风",就像风吹一样,非常快速。尤其他长于报道文学,写了许多以抗战时代为背景的作品,并且得过许多奖章。

他和我有特殊的缘分,我们才见面的时候,他就以佛光山的内勤总务自居,很快地就熟悉山上的一切,和我们也就如同一家人般。当初《中央日报》上许多的专栏报道,都是出于他的手笔。尤其他对佛光山开山建寺的报道,写得丝丝入扣,非常精彩,记得有一位报社发行人来到南部巡刺时,还跟他说:"你干脆一天写一篇吧!"可见当时的报纸,对佛教的报道并不很排斥,只要是出自名记者的文笔,很容易地就会被录用。因此,我也邀请他干脆来做佛光山的文化顾问。

陆震廷先生曾随我在海内外走动,如:一九八八年,我筹组"泰北弘法义诊团",送爱心到泰北;一九八九年,受中国佛教协会赵朴初会长之邀,以"国际佛教促进会中国大陆弘法探亲团"名义前往大陆,他都担任随团的记者。甚至我也曾邀请他和刘枋女士做领队,组织记者团到南非访问。实在说,这也是我为了感谢这许多记者朋友们对佛光山的支持,而鼓励他们出国旅行,以示谢意。

佛光山初期活动的对外宣传,大都是由陆震廷先生居中策划,什么时候该发布新闻,他分寸拿捏得当。后来,他为了我推行的

与记者陆震廷先生(一九八二年)

"人间佛教",还替我编辑了几本专书。例如,一九八六年,"中国文艺协会"常务理事郭嗣汾居士,带领文协作家到佛光山参访时,看到佛光山宏伟的建设,及丰富的文化事业成果,他就和郭嗣汾居士共同发起,邀请公孙嬿、司马中原、刘枋、赵宁、简嫃等近三十位作家撰文,交由采风出版社出版《我们认识的星云大师》;一九九二年,他又撰写了《人间佛教与星云大师》,由《中华日报》出版。现在仔细想来,佛光山推动人间佛教,也都是依靠社会大众给予帮助。

由于这许多记者、作家常常在文章里提到"人间佛教",所以社会上很早就知道佛光山是走人间佛教的路线。当然,我们也不讳言,人间佛教必然会是未来世界的一道光明。

至于新闻媒体记者的大家长——历任的"新闻局长"中,如:

赵家三博士,右起:赵怡、赵宁、赵健三兄弟于洛杉矶皈依(一九八五年十一月五日)

龚弘、钱复、丁懋时、宋楚瑜、张京育、邵玉铭、胡志强、李大维、程建人、赵怡等,我也都和他们结了一点缘分。像龚弘先生的儿子龚天杰,在台湾举行佛化婚礼时,就是我去为他福证;宋楚瑜先生,我也曾支持他竞选;程建人先生在他的母亲往生时,特别来拜访我,希望我在告别式上为前来祭吊的亲朋好友讲说佛法,开示人生的真谛,以示悼念。而赵怡和他的兄弟赵宁、赵健,则是一起在美国西来寺皈依,几年前退下局长一职后,成为我们创办的"真善美新闻传播奖"执行长。

其他的人,随着时光流逝,许多事已不复记忆,也就不再一一叙述了。不过,在此真是要对媒体记者们说一句感谢的话:没有你们全天候的辛苦,我们就不可能知道今天世界各地所发生的事情了。

梅句心香

我与媒体的互动

可怜的佛教,一直在等待的煎熬里度过。
到了一九七九年,
才有一位电视节目制作人,
信奉伊斯兰教的白厚元先生,
以商业往来的口气征询我,
是否愿意在"中华电视公司"
制播每周半小时的佛教节目。
当然,我知道电视传播的力量很大。
现场讲经,
顶多三五百个听众就被认为是盛况,
但是,透过电视画面传送到各个家庭里,
其影响力就无远弗届了。
尤其那个时候,少说也有百万以上的观众,
电视传播的力量就更不容小觑。

写过与平面媒体记者的因缘关系之后,想起还有电视媒体的因缘,也是值得一叙。

一九六二年,台湾第一家电视台"台湾电视公司"成立,开始播放电视节目。那时候,电视台每天播出的,多数都是基督教节目,或许是有人看了,以为我们是一个基督教的地方,所以让那许多电视台的负责人也觉得不好意思,就增加了一个栏目叫做"锦绣河山",由刘震慰先生(山西太原人)主持,介绍寺庙建筑,以示平衡。虽然播出的时数与基督教的节目不成比例,但总是聊胜于无。

其时,除了基督教制作的节目,后来天主教光启社制播的节目也都非常叫座。只是一开始,并没有人注意到媒体的不公平,当大家发现这些差别待遇之后,所谓"不平则鸣",才逐渐出现一些反映的声音。基本上,当时除了蒋中正、宋美龄夫妇信仰基督教以外,国民党元老中还是有人信仰佛教的。

可怜的佛教,一直在等待的煎熬里度过。到了一九七九年,才有一位电视节目制作人,信奉伊斯兰教的白厚元先生,以商业往来的口气征询我,是否愿意在"中华电视公司"制播每周半小时的佛教节目。当然,我知道电视传播的力量很大。现场讲经,顶多三五百个听众就被认为是盛况,但是,透过电视画面传送到各个家庭里,其影响力就无远弗届了。尤其那个时候,少说也有百万以上的观众,电视传播的力量就更不容小觑。

能在电视上弘法,对佛教而言是非常重要的。尤其,在基督教宣传教义气势夺人的年代,佛教遭遇的艰难困苦,纵然让人心有不甘,却也无可奈何。而如今可以在电视里拥有一个佛教节目,我们自是非常乐意接受了。

于是我问白先生:"需要花费多少钱来制播节目呢?"他说:"三十分钟的节目,每次的播出费要十二万元,制作费另计。"我一听,那不就是要二十万元才能做成一个节目吗? 他还说:"当中,除了扣掉开头的一分钟以外,另有五分钟是广告,收入归电视公司。"那个时候,我们还没去想花费多少、赚不赚钱的问题,一心只有想到要全力以赴,把佛教节目搬上电视屏幕。

后来,我开始构思这个电视节目的名称。最初,我提议以"无尽灯"为名;"无尽灯"三个字出于《维摩经》,有灯灯相映、灯灯相传,无穷无尽的意思,也象征着"佛光普照"的意义。哪里知道,到了节目快要开播前,白厚元先生才告诉我,"中华电视公司"总经理梁孝煌先生(一九一六年生,福建闽侯人),他不能接受这一个名称。为了节目名称不能通过,白厚元先生又叫我多想几个让他们圈选。

我记不清楚拟了哪些名称,总之,也提供了好多个给他们去圈选。没想到,圈选的结果,他们选了一个我最不喜欢的题目,叫做"甘露"。我认为"甘露"这个名称太过软性,缺乏一股想要宣扬佛教宗风的力量。于是,我就向白先生提出要求,希望能去拜访梁孝煌先生。拜访的结果无济于事,他仍然坚持以"甘露"为名,不肯更换别的名称,我也只有勉强地接受。

后来,我提供了二十一分钟的故事、三分钟的讲说内容给电视台,并且兴致冲冲地在报纸上刊登广告说:一九七九年九月四日起,每周二晚间七时至七时三十分,将在"中华电视台"推出由佛教制作的节目《甘露》。

二十一分钟的故事,很容易拍摄,没有半天就已经完成,接着就是我三分钟讲说"佛教的意义"。其时,正逢七月,拜拜的风气很盛。在佛教里,七月是"孝道月",大家慎终追远、祭拜先人,本来应该是好事,但是那时候,政府却认为,佛教拜拜太过铺张浪费,也就颇有嫌怨之意。为了配合政府的意思,我就在这三分钟的讲说里,鼓励民众于七月"普度"时,以香花供果祭拜,不宜杀生、铺张。

原本好意要配合政府促进社会"移风易俗",但是这一天的早晨,报纸出刊,广告见报以后不久,电视公司就忽然来了一通电话说:"这个节目不可以播出!"当然,这必定是刊登的广告引起了高层注意,才通知电视公司不准播放佛教节目的。

当电视公司告知我这事的时候,简直如晴天霹雳,心想:这还得了!电视播出不播出还不重要,但是我们已经对外发表说,今天晚上有个佛教节目要播出,忽然间无声无息了,这怎么能向万千的佛教徒交代呢?所以,我就动员寻找郝柏村先生、蒋纬国先生,以及许许多多的党政要人,一一地拜托他们帮忙。只是,大家也都爱莫能助。

到最后,我只有和梁孝煌总经理讨论。我说:"我们已经付了钱,在报纸上也刊登了广告,当初和你们的电视公司订立合约时,也已说清楚每星期一次的节目,播出费是十二万元,三个月为一季,一季十三集。可怜我每一集都要付十二万元,那是很难筹措的,现在你却不准我们播出,真是令人不解,叫人要无语问苍天啊!"

我非常气愤地向梁孝煌先生表示抗议,最后他只有勉强地说:"好!大家妥协,准许播出这个节目,但是最后三分钟的讲话要删除,不可以播出。"

我说:"我不是在宣扬佛教,而是在改良社会风气啊!"

他说:"和尚不能上电视!"

我奇怪地问道:"你们的电视连续剧里,不也都有和尚吗?"

他竟说:"那个是假和尚,可以。"

我一听这话,心里真是光火了,就对他说:"假和尚可以,真和尚反而不可以,这是什么道理?"他自己也说不出个所以然。想到我说再多的理由也没有用,他不肯播出,你又奈何?最后只有自己先妥协了。可怜地,那一次花了十二万块钱,播了一个根本不像佛教节目的节目,之后也只有每星期胡乱地凑了一些佛教故事,让电视台播出。而自始至终,梁先生都不愿让出家人上电视讲话。

一季三个月,很快地就过去了,我们要求继续播出节目,他却怎么样也不肯。不得已,我只好另辟管道,转到台视去开拓播出的机会。没想到,台视也是要价十二万元,和华视立下的条件一模一样,不可以宣扬佛教的教义,我也只有忍气吞声地接受了。

在台视播出三个月节目之后,很快地,期限又到了。同华视一样,他们也不肯再和我续约。那个时候,还有一个中视,我心想:"没有关系!到中视去不就好了?"这回,中视的总经理一样是千般刁难,即使找人去拜托,也是万般不肯。这三个电视台都不准播佛教的节目,主要是因为那时有政治的涉入,由于他们的背景关系,可能不敢突破上级指示,才会让我受到这许多冤哉枉也的待遇,最后经由名制作人周志敏小姐从中协调,才终于促成佛教第二个弘法节目《信心门》,于一九八〇年在中视播出。从这一次开始,周志敏小姐也就一直为我制作节目。

《信心门》自播出以后,每次收看的观众都将近两百万人,普遍受到社会大众的欢迎。大概也是由于观众对佛教节目的反应热烈,三台对我们的接受度,就稍微开放了一些。后来,一九七五年,因为蒋中正先生逝世,蒋宋美龄女士去了美国,我们电视的生命才得以延续。例如,由我主讲的,台视的《星云禅话》(一九八七年)、《每日一偈》(一九八九年)、《星云说喻》(一九九四年),中视的《星云说》(一九九四年),华视的《星云法语》(一九九一年)等节目,全都承蒙电视台的肯定。

只是,每天五分钟的节目,每一集的播出费就要一万元,每个星期播出五天,三个电视台,总共就要花去十五万元的开销。若是现在,要佛光山每个月给付十五万元,都很难办得到,更何况那个时候?那是非常困难的事。当年,五十块钱能买到一包水泥,十五万元,也就拥有上千包水泥了;四五千块钱能买到一吨钢筋,十五万元,也就有几十吨的钢筋了。不过,话说回来,能在电视台播出佛教节目,我也不去想这么多了。

在和周志敏小姐结下了电视缘之后,我和白厚元先生就不再续约了,再说他也无能为力。不过那个时候我已经开始游走三台,每天五分钟的节目,电视台都会事先来替我录影。犹记得,我曾一天录过一百二十集的节目。所以,虽然是供应三台节目,但是我一样有余力可以周游世界,到处弘法,节目也从来没有间断。

周志敏

说起周志敏小姐,她是河南开封人,一九二八年生,原中视《为善长乐》节目的制作人。那时候,《为善长乐》节目每周播出一次,一集的片长半小时,获得台湾广大观众的拥护。周志敏小姐是电视公司内部的节目主持人、制作人,在电视公司里有一定的力量,所以后来因为有她的因缘,我游走了三台好多年。至今回想起来,真的要很感谢她。

周志敏小姐的先生叫做刘万选,是"内政部"的主任秘书,只是她从来没有跟我提过。回想当初我认识周小姐的时候,她已是快近六十岁的人了,但是她从来不谈家务事,是一位非常敬业、乐业的优秀职业妇女。尤其她所领导的《为善长乐》团队非常负责任,每次他们来为我录影,都是一次录两天或三天,集数总达两百集左右。

周小姐对人慈善,平时只谈论公事,不谈是非长短,不计较其他的事情,看上去似乎没有什么感情,性格很平淡,其实她是一个很有文艺才情的人,制作的《大陆寻奇》节目,主持稿都是由她自己撰写完成。

由于周志敏小姐为我制作节目的关系,以及她很虔诚地信仰佛教,渐渐地和我们的信徒就打成一片了,虽然她已是五十岁以上的妇女,但大家都称呼她"周小姐"。我还跟她开玩笑说,以后人家应该称呼你"周大姐",不要再称"小姐"了。不过,也有人称呼她"周阿姨"。我说,"周阿姨"还是比"周小姐"听得比较习惯。

我对周小姐也略有一点贡献。一九八九年,台湾开放大陆探

于台北道场为即将开播的佛光卫视频道(后更名为"人间卫视"),举行记者招待会。右三为周志敏女士,右一为赵大深先生(一九九七年九月九日)

亲观光时,我在美国组织了"弘法探亲团",前往大陆弘法探亲。到了甘肃的时候,大家在敦煌玉门关参观壁画,我也许是因为糖尿病的关系,突然感到体力不支,所以参观到半途,只好下山到树荫下稍作休息。

没想到,看见周小姐独自在那里守候一堆行李。我说:"周小姐,你怎么不去参观?难得一见啊!"她说:"这许多东西没有人照应。不要紧!以后还是有机会看的。"当时我心想,万里迢迢来到了这个地方,却不去一睹敦煌的本来面目,实在太可惜了啊。不过坐下来后,我还是跟她闲聊了几句。

我说:"大陆有很多的奇人妙事、奇风异俗,假如你能制作一个《大陆寻奇》节目,在台湾的电视台播出,一定是很热门的。"我还对她说:"最好也能到边疆地区,拍摄各个民族的生活情形。"我只是闲话一句,哪知道,她记住了我这一句话,回到台湾之后,就开始规划做《大陆寻奇》节目。后来,她的团队便经常前往大陆拍摄外景,提供中视一周五天,每次一小时的节目播出。

节目开播之后,每到播出的晚上,台湾的观众几乎都会守候在电视机前,等着收看这个节目。因为那时候大陆才开放不久,大家对它充满了好奇,再说,透过电视画面的生动呈现,大家对于大陆奇异的风俗人情，看得也就更加津津有味了。

这个节目后来得到三次金钟奖，每次在颁奖典礼上，周志敏小姐总是说："感谢星云大师提供给我的意见，今天才能有这个节目的播出。"事实上，这是她自己不畏艰难、用心制作换来的结果啊！

《大陆寻奇》不但获得三座金钟奖，也创下了"中视"最长寿社教节目的纪录，播出至今，从未间断。只是后来节目被人不断地翻版、盗录，到处流通，几乎到达泛滥的程度。可是，我看周小姐依然静默，从来没有计较过什么。

话说当初《大陆寻奇》外景队历经千辛万苦，终于成功登上长江源头时，不仅创下两岸传播界首次深入长江源头的纪录，制作小

《大陆寻奇》电视节目制作人周志敏领导的摄影团队，攀登昆仑山脉玉珠峰，将国际佛光会中华总会会旗插在长江源头。左起：刘建良、马健民、黄石贡、蔡志刚（一九九五年六月十日）

为电视剧《帝王之旅》主持开镜祈福典礼(一九九八年五月十五日)

组还将带去的佛光会会旗插在江源上,为佛光会写下了历史的一页。

过去,我虽然一直希望能为佛教开办一个电视台,但因缘总是不具足。现在,我为了佛教能有这么一位有缘的媒体人才,为人处世又是如此厚道、负责,就又有了筹办电视台的想法。一直到了一九九八年元旦,佛光卫视终于正式开播,我邀请了周志敏小姐前来担任电视台的总经理。筹办之初,本来一直在台北四处寻觅,希望找到适合设立电视台的地址,却难以如愿,最后还是回到佛光山台北道场九楼,勉强地把它作为佛光卫视的根据地。

周志敏小姐成为佛光电视台的筹办人后,一切的筹划工作都是由她协助完成。我记得那一套开播的机器,还是美国亚特兰大奥运会时用来实况转播的。这么先进的电视器材,就是她以低价为佛光电视台购买下来的。用了十年之后,直到前两年,才由现任的总经理觉念法师,视工作需要而予以汰旧换新。

周志敏小姐为了佛光电视台的经营,也曾经制作了一出连续剧,叫做《帝王之旅》,描述明朝建文帝的一生。后来,由于周志敏小姐在中视公司是中坚的制作人,中视不再同意让她继续经办佛光卫视,我们不得办法留住人才,只有让她又再回到中视公司。

张宗月

继周志敏小姐之后,为佛光电视台服务的就是张宗月小姐了。

张宗月小姐,安徽人,一九五七年生。在她正值青春年华的时候,我请她继周志敏小姐之后,担任佛光卫视台总经理。

有人说,张宗月小姐是台湾首位担任电视台最高主管的女性。我平时用人唯才,并不太计较学历或性别,张宗月小姐在大学时期,读的虽是法律系,留学澳大利亚南澳大学(University of South Australia)时,也并非传媒相关系所,但是她对媒体工作充满理想,正在发展中的佛光卫星电视台,也就是需要具有这股热情、冲劲的年轻人士来担任要职。

再说,张宗月小姐不但年轻、有活力,尤其在多年前就已成为佛光山的信徒弟子,虔心素食。当我知道她和佛教的一些因缘后,更毫不迟疑地请她全权负责佛光卫星电视台的运作。

张小姐也真的不负使命,一上台,就大刀阔斧地为电视台进行革新。尤其关于卫星电视台上架的问题,她和系统业者多所周旋。最早期,一个打着"佛光"旗号的佛教电视台,并不为所有系统业者接受,往往被他们排拒在一般卫星电视台之外。当时,我们在这个卫星系统的上架比例,只能到达全台湾百分之七十的区域,仍有百分之三十的覆盖率,需要她一一地去说服系统业者,来接受佛光

人间卫视六周年庆"人间佛教国际电影展"邀请海内外十一部影片参展,并与导演吴宇森(左)举办"心世纪对谈"。右为人间卫视总经理张宗月(二〇〇四年一月八日)

电视台。

其实,也不尽然是如他们所说,观众会排拒宗教节目,还是有不少的观众纷纷投函给系统业者,向他们反映无法接收到佛光卫视频道。但是主导系统业的,大都是地方上的有力人士,他们往往主观地排斥佛教节目,希望能多一些社会新闻或娱乐节目。

后来,台湾的电视台增加,大部分都不容易维持,渐渐地,也就走上了制作谈话性节目之路,以节省开支。其实,系统业者和电视台的观众是生命共同体,能否获利都是彼此相关。若是按照早期的规划,一个系统业者,每个月可以向观众收取五百元的收视费,那么假设台湾有一百个电视台,一个系统业者有一百万个观众,赚取的费用也就相当庞大了。因此,在五百元的收视费当中,如果他能拨出个一元或二元,贴补卫星电视台,电视台收到这笔补助经费,节目的制作水准也就会提升。只是,情况并非如此。

不过也有一些电视台,如TVBS,因为着重于播出综艺节目、群众运动节目,或者实况转播,观众收视率高,系统业者也就会从收视费中,拨出三元或五元,给他们作为经营节目之用。

但是,我们打着佛教旗号的卫星电视台,他不但连一毛钱都不给我们补助,反而还要求我们给他上架费。据说台湾有数百家系统业者,每个月给一个系统业者两万元,对我们从事电视台工作的人来说,节目制作都还没有收入,就先要给系统业者数百万元,经营之困难也就可想而知了。甚至于你没有给他钱,他就认为这种促进社会善良风俗,或者宗教净化人心的道德性说教节目,没有观众群,也就不肯替你播出。

我想,张宗月小姐是为了这样的情况而来说服我,要我把"佛光卫视"这个名称改变,免得让人家误会是传教的电视台。本来我的心理是,宁可以关闭电视台,不要播出节目,名称也不能改变。只是现实情势比人强,有时候社会的价值观,也不是很理性。因此,经过张宗月小姐与我多次研究之后,我终于还是妥协,把"佛光卫视"改名为"人间卫视"了。

在台湾,宗教成立的电视台,频道都排在八九十名之后。而一般来说,频道若是在最后几台的电视台,观众收看到的节目画面,影像往往都很模糊,而且摇晃不清,当然也就很少有人收看了。为了让电视台的节目频道往前调整,只有告别他们所认为具有宗教色彩的"佛光卫视"之名,改为"人间卫视",并从事社会公益节目的制作和播出。

只是这回又有其他困难,由于归属公益电视台的性质,新闻局不准许我们插播广告。面对电视传播媒体种种不合理的法规,我们虽然无奈,但也只能摇头叹息了。

经过这许多的波折,才终于让我明白经营电视台的不易。良善的、优质的节目,总是任人宰割,反而是一些怪力乱神、打打杀杀、八卦传闻的节目,受到观众的青睐,也受系统业者的欢迎。

话再说来,张宗月小姐在电视台面临这种情况之下,只要有哪个系统业者愿意为我们上架了,她都会欢喜地跑来向我报告。我很能够体谅她经营的辛苦,毕竟人间卫视台毫无收入,对于近百位工作人员的薪资,每个月还要花去千万元以上的开销,负担实在不小。尤其为了向社会传播净化人心的佛法,可怜的佛光山徒众,出于对我的一份尊敬,为了我对佛教发展的使命感,始终秉持我的理念,不断地帮忙筹措经费,用来填补人间卫视如无底深坑的开支。想来,对他们实在有万分的感念。

从佛光电视台开台之后,佛教节目便如雨后春笋般地出现。只不过,这些佛教界法师们讲经的节目,都是向第四台购买时段播出;不仅自己讲说,自费制作节目,还要花钱购买播出时段,为了佛教,真是苦了这许多发心的法师们。可以说,电视台是一个经济深海,投入其间,不被灭顶,已经是非常不容易了。

再说张宗月小姐,她为了电视台转换成公益性质,努力地从大陆接洽许多颇具水准的节目录影带回来播放,如《郑和下西洋》、《法门寺猜想》等等。甚至之前周志敏小姐在任的时候,也曾经为了提高收视率,花了大笔费用,制播一些优质的连续剧,如《帝王之旅》也就是其一。只是不知为何,都不见收视率增加。

此外,张宗月小姐更是铆足了全力,举办许多大型活动,如:"人间有爱·为公益而唱"演唱会、"全球中华文化经典诵读大会"等。乃至于为了改善台湾的视听环境,"人间卫视"、《人间福报》还发起倡导"媒体环保日·身心零污染"活动。每举办一次活动,总也要花个几十万元以上,真是让她煞费苦心。想想,在我们的社会里,做善事有时还真是艰辛!

这许多往事本来都已如云似烟般地消逝,早已不在记忆之中,但是现在回首往事,不禁也感到,要想拯救这个社会,真是不知道要用什么办法。不过,天下文化出版公司在《远见》杂志上做的一个专题:"谁是造成社会向下沉沦的乱源?"民意调查结果,排名第二的是"媒体",我倒也是深有同感,要想建设台湾,实在要先拯救媒体。

尤其,那时候我们的电视台,不只是忙于改善电视节目的性质而已,在民进党主持下的"新闻局",还一度不准我们播出佛教节目,几经交涉,也只允许在每天二十四小时的节目中,播出两个小时。为此,我只有徒叹奈何。总觉得,我们办一个电视台宣扬佛教、宣扬文化、宣扬道德,有什么不好?硬是要百般限制,逼得人必须走上社会歪道,播出那许多不堪入目的节目,这对社会大众有什么好处呢?

向来以肩负社会教化为责任的人间卫视,在诸多阻挠之下,真是难有发展。一直到了二〇〇四年南亚海啸侵袭安达曼沿岸,伤亡惨重,"新闻局"发起南亚海啸救灾捐款,"局长"林佳龙先生希望我们的电视台也能响应,为了迎合"新闻局",让他们能为人间卫视这种善良和发心所感动,我们率先捐出两千万元。原以为事情会出现转机,没想到,却是一点效果都没有,这件事情也就无声无息、没有下文了。

一个公益电视台的维持实在很困难,经常都要发起救灾恤贫的公益活动。在每天节目制作经费都难以筹措的情况下,一方面还要捐钱做社会公益,其中的辛苦也就可想而知了。例如,为了发起在屏东玛家乡捐建一座原住民儿童图书馆,经费虽然不是最多,大约三五百万元,但是筹措的过程却是相当的困难。

好在有国际佛光会的配合,多少的会员、信徒,为了支持这么一个佛教成立的电视台,纷纷主动捧场,举办很多的活动来支持,例如植树、扫街、净滩等。甚至于从世界各地录制当地的景色风光、风土民情,所谓"异国风光",来丰富电视台的节目内容。可以说,都是靠着大家的种种苦心,才撑持下电视台的运作。

说来很惭愧,十多年来,人间卫视每天二十四小时节目不间断,电视台内部的机器必须不断地更新,也就增加了一笔庞大的开销。因此,在张宗月小姐离职后,为了节省开支,减少人事费用,就由慈容法师担任董事长,佛光山素有"金牌护士"之称的觉念法师接任总经理。其实对于电视台的营运,觉念法师并不内行,但是她有一片真诚热心,在慈容法师过去参与电视活动的策划经验,以及妙千法师等几个师兄弟的协助下,就挑起了这一份艰巨的担子。

当然,主要的经费还是由佛光山支援,但是她一面节省开支,一面增加节目内容,也制作录音带、光碟,如《梵音清流》、《僧事百讲》等,在电视观众的支持下,终于让电视台的运作勉强维持到今日。

总而言之,张宗月小姐为了人间卫视,真是抱着成仁取义的精神。那一段艰辛的岁月,至今回想起来,对于张宗月小姐以及很多护持电视台的观众们,我只有致以万分的感谢了。

刘长乐

除了周志敏、张宗月小姐这两位电视传播人才,香港凤凰卫视总裁刘长乐先生和我更是多年的老友。

近几年来,我走往在两岸之间,一些想要转播节目的人,如大陆扬州的王燕文女士,要想播出"世界运河名城博览会"等,都希望我能介绍刘长乐先生给他们助一臂之力。

刘长乐先生可谓是华文传播媒体界的巨子,他在香港成立的凤凰电视台,是现在最具国际化的中文电视台。在世界各地,有一百多个国家能收看到凤凰的节目,而他也都派驻了记者在当地,一遇有特殊的事件,很快地就能把消息传播出来。所以,他的电视台

香港凤凰电视台总裁刘长乐(左一)、副总裁王纪言(右一),与该台新闻主播许戈辉(右二)于凤凰电视台摄影棚介绍电视台后制作业(二〇〇二年十一月二十八日)

关于国际的报道也就特别多。甚至刘总裁还立下决心,要做"全球华人的CNN",发扬中华文化,反映华人的声音,做全球华人的眼睛和嘴巴。

他的性格公平正义,讲究大众"知"的权利,也就很希望中国大陆能给他的电视台全面上架。当然,中国大陆的观众也很喜爱凤凰卫视,认为它持论公正,报道广泛,是他们一个不可或缺的现代资讯来源。

刘长乐先生是山东人,一九五一年出生于上海,年轻的时候从军,住过内蒙古、新疆、西安等地。对于刘长乐先生,我应该称呼他"刘总",因为他是凤凰电视台总裁;我也可以称呼他"刘居士",因为在我的眼中,他和赵朴初居士对佛教的热忱,简直一模一样,也由于他有这些基本的因缘,所以我们就成为相互来往的好友了。

多年来,中国大陆的佛教很少有机会被宣传、报道,经过凤凰卫

我与香港凤凰卫视总裁刘长乐先生是多年的老友

视的转播,才得以面世。最早是在二〇〇二年,那时,西安法门寺的佛指舍利来到台湾,在迎奉的三十多天里,从西安的专机起飞,到台湾的迎请,乃至后来信徒膜拜,沿途更换地区供奉,从北到南,从南到北,一直到佛指舍利返回西安的"十万人通宵念佛",凤凰无不全程转播。也由于有凤凰的传播,得使两岸人民对这般佛教界的盛况,感到耳目一新。而这一场活动,也奠定了我与刘总裁的友谊。

刘长乐先生是一位关心同仁安全、健康的领导,凰凤卫视在伦敦采访的一名女记者,因为火车事故身受重伤,在九死一生之际,他特地拜托我为这位刘海若小姐祈福,并且希望我写一幅字鼓励她。当时,我写了"妙吉祥"三个字送给她。多年后,刘海若小姐身体康复,见到我的时候还说:"您送我的字,至今我都把它好好地保存着。"

从刘海若车祸事件中,我看出刘总裁对于他人生命与幸福的重视。他那么样慈和,那么样关心同事,我深深地钦佩他。

顺此一提的,在他凤凰的记者团队里,许多人都曾访问过我,甚至为我担任讲演场合的主持人,如:吴小莉、曾净漪、许戈辉、陈淑琬、曾子墨、胡一虎等等,此中,胡一虎先生还是我在高雄大树的同乡。

刘长乐先生经常邀我到凤凰电视台录影,内容从时事评论到特写专访。甚至于我在广州大学的一场讲演,本来是很平常的讲话,我没有邀请他来,他却亲自率领多人来到现场录影,并且在凤凰的《世纪大讲堂》里播出,据说也很具影响力。

刘总裁不但在电视里传播我讲演的讯息,对于我著作的书籍,也有心想由凤凰卫视印行出版,我当然是非常乐意了。所以,《宽心》、《舍得》、《厚道》、《合掌人生》……就这么一本一本地由凤凰出版社编辑发行了。

为了我的《合掌人生》,凤凰出版社还把全中国的记者数十人,约在南京采访我。据凤凰出版社张林主任在记者访问前致词说:这并不是凤凰的邀约,而是全国记者一直追着凤凰要求采访大师,所以才办了这样的活动。

除了出版我著作的书籍之外,刘长乐先生与我,在很多的看法、意见上,也能相互交流。所以,他也邀约我和他做对话。《包容的智慧》、《修好这颗心》这两本书,就是对话之后的结集。

所有凤凰为我出版的著作,或者我和刘总裁的对话结集,在海外的国际机场,乃至于大陆很多的机场都能购买得到。有时我们的信徒,远到新疆、内蒙古、黑龙江、哈尔滨、云南、贵州等地,看到这许多书籍,都会顺道买一本回来送给我,也就可见得凤凰发行的威力了。

有时,我知道大陆有什么大型活动,都会推荐刘长乐先生去播出。好比河南中原大佛的开光,扬子江运河的"世界运河名城博览会",以及在南京栖霞山举行的"大报恩寺佛顶骨舍利盛世重光",乃至在扬州举行的"日本东大寺鉴真大和尚坐像回扬省亲"活动等。有时候,他若是知道一些佛教的活动,也会介绍我去参加,以表示相互支持。

不过,令我最感动的,是他从二〇〇三年佛光山佛陀纪念馆的奠基典礼,一直到佛陀纪念馆建设稍具规模,地宫启用,无不参与实况转播的护持。甚至于由"文建会"主办,国际佛光会协办,于佛陀纪念馆举行的"爱与和平"各宗教祈福法会,他也都毫不推诿地忙碌着,非常喜悦地将这许多好事播放于天下。

最近三年来,我们在台北凯达格兰大道,举行"千僧万众祝佛诞,一心十愿报母恩"的庆祝佛诞节(浴佛节)活动,每次都有信徒十万人参加,他也都来到现场为我们转播,尤其让我感谢。

甚至二〇一〇年,他在南京发起"中华文化人物颁授典礼",也邀约我前往出席,并由全国人大常委会副委员长严隽琪女士授予我"中华文化人物终身成就奖";同年,北京中国美术馆为我举办的"一笔字书法展",也承蒙他多方报道。二〇一一年,凤凰卫视十五周年台庆,举行一连串的庆祝活动,在北京人民大会堂举办庆典时,他又邀约我去为一万多名北京的领导人、嘉宾讲演。那一次,我还有机会在毛泽东先生过去专用的"湖南厅"会堂,和国台办主任王毅先生长谈,增进彼此的了解。

之后,凤凰在清华大学讲堂举行的"华语媒体高峰论坛",我又应他邀请出席,与上海东方传媒集团总裁黎瑞刚、《解放日报》社长尹明华等人,就论坛主题"迎接全媒体时代"进行讨论,并且还邀约我去做第一场的演说。不但如此,凤凰于深圳新落成的、最具世界规模的影视制作基地,他也经常邀约我去参观。

应凤凰卫视行政总裁刘长乐先生之邀,出席于北京人民大会堂举行之"凤凰卫视十五周年庆典晚会"(二〇一一年三月三十一日)

当我知道他在中国佛教协会换届的时候被聘为顾问,心里就想,如果能让他做中国佛教协会的"赵朴初第二",应该也是非常适当的了。

祈愿两岸和谐、世界和平,一直是我的愿望。过去,想到我们的人间卫视资源有限,我也曾有意把它附属在凤凰之下,作为凤凰在台湾的一个传播据点。尤其这对于凤凰在促进两岸和平方面,必然也能有更进一步的贡献,我当然是非常愿意。可是,在现在政治环境复杂的情况下,加之于媒体百家争鸣,我虽向刘总裁表达过这个意思,但终究还是不能顺利地实践。

不过,很为刘总裁高兴的是,在他多年努力奔走下,终于促成了两岸盛事——《富春山居图》的"合璧"展出。从这里,也让我更加肯定刘长乐先生无我、无私和为国、为众的精神。

其实,早在二十多年前,我就已经认识刘长乐先生。当时,凤凰卫视正在筹办中,也曾想邀我做一个讲说的节目。对于他这种开放的态度,就如《亚洲周刊》资深特派员纪硕鸣曾经问我的,我说:"那时,我就已经看出刘总裁的心胸开阔,是个不可多得的人才!"

勾峰(勾纯沅)

在和我结缘的电视制作人当中,从歌唱起家的,就是勾峰先生了。

勾峰先生是山东人,原名勾纯沅,一九四五年在台湾出生,毕业于台湾艺专音乐科。从小就有演艺天赋的他,拥有一副"男高音"的好歌喉,颇令人羡慕。尤其他曾在多家电视台饰演小生,说他是台湾电视剧里的最佳小生人选,也是当之无愧。

平时我对人事都是以法为重,并不攀亲带故;不过,勾峰先生倒是曾说,他二十多岁就已经皈依在佛光山的门下,这也足见其善根深厚了。尤其,我非常欣赏勾峰先生的敬业,他在电视单元剧里的演技精湛,让我心仪佩服。所以,每次他上佛光山,我一听到是勾峰来了,都会邀约他做一番谈话。

在众多演员中,我觉得勾峰先生是很善良、正派的一位。他不但在单元剧里经常饰演富有正义感的人物,丝丝入扣,令人慑服,而且戏外的为人处世,也是正直不阿,真可谓"表里如一"之人。

勾峰先生曾被推选为国际佛光会理事,在佛光会的会务上,他同样热心参与。甚至在我多次的佛学讲座中,他都是担任主持人;偶尔佛光山有一些集会、活动,我们也会请他高歌一曲,他的声音之美,实在宏亮庄严。过去,我还一度想把电视台交由他来领导,但是因为他事务繁忙,这段因缘终未能成熟。

若要说勾峰先生对佛教的最大贡献,应该就是他制作的连续剧《再世情缘》的播出。

我与媒体的互动

与皈依后的影星勾峰夫妇合影。勾峰并担任国际佛光会中华总会常务理事

《再世情缘》是勾峰先生根据我的小说著作《玉琳国师》改编而成的。其实,玉琳国师这位佛教高僧的故事,早期就曾被翻拍成电影,并且被电视台制作成台语和国语发音的连续剧,只是都没能成名。到了勾峰先生,他一心想要编一出国语版的"玉琳国师传",也就把它改名叫做"再世情缘"。

他拍摄连续剧时,在财务上,虽有"中国电视公司"的支持。但是,每一集制作费最多也只能拿到三十万元,真是辛苦!这在当时,要想拍一出有水准的连续剧,实在是不可能的事。为了表示支持,我只有提供佛光山的场地给他作为戏剧场景,并且提供所有演艺人员在这里的生活、吃住和接待,聊表一点心意。

这出戏剧的制作,我打从一开始就给予支持,再加上中视公司站在商业的立场,肯让佛教故事为主的戏剧搬上屏幕,也就更增加了他制作的信心。在花了三年、换了五位编剧之后,这一出连续剧终于制作完成,在中视八点档的黄金时段一推出,立刻受到广大的观众欢迎,甚至在节目下档后,应观众要求,隔天马上就再重播,创下自电视台有连续剧以来的纪录。

照理说,电视公司应该再付一次播出费给勾峰先生,但是当我问到他这个问题时,他则说电视公司是强势的,并不会那么慈悲。言下之意,当然是不可能了。

我听说,每到《再世情缘》播出的时间,世界上,如印度、洛杉矶和香港等地,只要有华人的地方,餐馆里都没有生意可以做,甚至电话也都没有人接听,大家就是这么专心地在收看。只有在大陆,由于《再世情缘》关系到"轮回报应"思想,得不到社会、政府的认同,也就无缘和大陆的观众见面了。

王童

二〇一一年是辛亥革命一百周年纪念,也是佛光山开山四十五周年的日子,而在佛光山开山三十周年的那一年,也就是一九九六年,本山曾经邀请"中央电影制片厂"的厂长、名导演王童先生,为佛光山执导一部片长达两个半小时的纪录片。

王童先生,江苏人,一九四二年出生于安徽,在电影界里,不但是个诚信的君子,也是一位有道德的行者。他曾得过多次的金马奖,是资深的电影人,执导的名片有:《假如我是真的》、《无言的山丘》、《稻草人》、《策马入林》、《看海的日子》等等。

一九九五年,王童先生带领数十人的团队上山,在佛光山素有

在台湾曾获得二座金马奖最佳导演的王童先生,应邀至佛光山拍摄《佛光山开山三十周年》纪录片(一九九六年三月三十日)

"电影奇才"之称的永文法师协助下,花了将近半年之久的时间,终于完成《佛光山开山三十周年纪念影片》的拍摄。

在我看过这部纪录片后,一直很难忘怀的,就是开山初期,放生池倒塌,佛光山弟子在雨中护堤的那个镜头。尤其建造龙亭屋顶之际,正是工人下班时间,唯恐灌浆中断,造成未来屋顶产生裂缝而漏雨。因此,徒众在依严法师的带头下,在没有灯光的黑夜里,大家以摩托车发电照明,连夜把它完成,实在很令人感动。

不过,在这部片里,佛光山对于曾经发生的一些特殊灵感,倒是不敢过分张扬,都是非常低调地把它呈现给十方大众。

现在,王童先生是佛光山虔诚的护法弟子,也在本山讲演过"电影与宗教人生"。他曾向我表示,我影响他最深的一句话,就是"没有什么了不起"。

佛光山开山的时候,当然也遭遇了一些困难和挫折。例如,法

与永文法师、王童导演和名演员郑佩佩,研究《佛光山开山三十周年》纪录片之配音工作(一九九六年七月十日)

规的阻挠,天候的灾情,或者人事上的不协调。那个时候,我用来安慰自己、鼓励自己的一句话,就是"没有什么了不起",只要我不以为困难,就有办法解决问题;只要我不以为天时气候能打倒我,就能克服一切障碍。

那么,在这部纪录片的制作期间,他听我简报开山经过之后,说道:"实在了不起!"我不经意地回说了一句:"遇到一些磨难障碍,没有什么了不起!"没想到,王童先生从此深受这句话的影响。往后,他每遇到批评的传闻,就不再苦恼;遇到一些无可奈何的事,也不再埋怨,甚至台风来了,造成家中淹水,他也不会沮丧,还劝妻子说:"没关系,没有什么了不起!"由于"没有什么了不起",他升华了自己的生命。确实,人世间的任何事情,都只是过眼云烟,并没有什么了不起!

说到王童先生领导的"中央电影制片厂",它曾是台湾一个最具规模的制片厂,制作过很多优质的影片。例如:《八百壮士》、《英烈千秋》、《笕桥英烈传》、《黄埔军魂》、《梅花》、《吾土吾民》等。那时候我们年轻,每次观赏过这许多片子之后,简直是热血沸腾,激起了抗日的情怀、爱国的情操。

在这许多片子里,柯俊雄先生经常都担任男主角。过去,他和我也多所来往,但是自他从演艺圈进入到"立法院",从事政治之后,我们倒反而很少来往了。

现在,王童先生已经是七十岁的老人,但他仍然坚持岗位,以"电影人"自居,只是在"中央电影制片厂"面临被拍卖的命运后,他也转业到台北艺术大学,担任电影系的系主任去了。

赵大深

一九九三年,华视播出八点档古装大戏《包青天》,讲说宋朝名臣包拯办案,为民除害的故事。原本只计划制播十五集,开播后,观众佳评如潮,纷纷要求延长剧目,最后竟以二百三十六集的单元剧收场,这个节目的制作人就是赵大深先生。

或许因为经常在戏里、戏外出出入入,对于所谓"人生如戏、戏如人生"特别有体会,加之人到了名利俱全的阶段,据许多媒体演艺界人士表示,内心还是需要有宗教的信仰,所以赵大深先生就这么成为一位虔诚的佛教徒了。他欢喜禅修,乐于喜舍,正当《包青天》声誉如日中天的时候,就已经是佛光山的功德主。一九九〇年代左右,还曾参加过我举办的"素斋谈禅",后来又发心为佛光山拍摄了一些短片。

说起赵先生与我认识的因缘,早期我想拍一出佛教的电视剧,而与电视制作人夏玉顺先生相约谈说事宜,慈惠法师发现席中有一位先生一直沉默不语,会后便前往招呼。原来,赵先生一听说我

会见制作人赵大深伉俪及其亲友（二〇〇八年三月二日）

想制作佛教电视剧，自己就当个"不请之友"，前来听听我的想法。

由于赵先生是电视界的奇才，对佛教的发展有热心，为人正派，又与妻子戴玉琴两人有志一同，愿意为佛光山的传播弘法奉献心力，所以我就邀请他为佛教编制一部《玄奘西行记》连续剧，将玄奘大师西行取经的历史场景还原。

承蒙他的首肯，两人非常积极为这出历史大戏做准备，而我也开始筹措经费，决定要把这一部片子拍好。我知道，想把古代玄奘大师西行的场景复原，将最接近原始的画面呈现在观众面前，必须运用动画技术制作，相对地，制作经费也要提高。为此，我花了两三年的时间，从版税、稿费，乃至信徒的赞助中，一点一滴积聚这笔庞大的经费。就在累积到八千万元，原以为可以进行拍摄的时候，忽然在我离台弘法期间，这些钱却从两个负责管账的年幼弟子手中，被诈骗集团给骗走了，以至于一直到今天，《玄奘西行记》都还无缘和观众见面。

于上海主持《观世音菩萨》电视连续剧开镜典礼,与"观音老母"单元之演员合影(觉念法师摄,二〇〇三年十一月二十三日)

这也让我后来再有一些零星的善款,以及"一笔字"的义卖所得,我都把它悉数捐给徒众在银行成立的"公益信托星云大师教育基金",让公益信托委员会委托银行来管理金钱,社会公益服务等事情就由委员们进行。如此一来,有了永续的经营,我也就不再委托什么人管理了。

当然,赵大深先生对于拍摄《玄奘西行记》连续剧无法进行一事,也深感惋惜。不过,在往后的日子里,他经常到佛光山小住,或参禅、或念佛,也曾邀请演艺界人士到佛光山福慧家园讲演,分享他们拍戏的心路历程。几年前,还为人间卫视制作了一部《观世音菩萨》电视剧。

二〇一一年佛陀纪念馆落成,本馆内有一部深受大家喜爱的4D动画影片《佛陀的一生》,就是由赵顾问邀约曲全立导演带领团队制作完成的。据赵顾问告诉我,他有心协助佛陀纪念馆的弘法

与名导演吴宇森及夫人牛春龙在美国西来寺,右起:慧传法师、慈容法师(二〇〇一年三月三日)

功能,想以我写的《释迦牟尼佛传》作脚本,用动画展现在大众面前。但是读完后,发现自己无法做任何文字的删减,只好还是请我讲述十分钟的脚本,再由他与团队去执行制作。经过多次的谈说、研究,赵顾问毕竟是资深的导演,用简洁扼要的画面文字,呈现佛陀一生的慈悲与人间性格,让每个观众都能将生活化的佛法带回去。

另外,在赵顾问和戴玉琴小姐与我的互动中,大概发现我这八十六岁,出家七十多年的残障老人,手抖,眼睛又看不到,每天还不间断写一笔字,就想把我的事情记录下来。承蒙他们的好意,完成《一笔字》的拍摄之后,现在大家到佛陀纪念馆来,在"六度塔"就可以看到这部影片。

我和赵大深先生、戴玉琴小姐一起讲话是非常愉快的。尤其他们两人对佛教信仰虔诚,性格善解人意,我觉得,做人做事的修养,若能到达赵大深先生这种程度,也算是高人一等了。

总说数十年来,我和电视媒体人的关系,可以说,缘分也结得很广、很深。举凡我开山、弘法、讲课、参与慈善,都承蒙各个电视台青睐,邀请我上他们的节目,接受录影、采访,次数竟也多得让我难以记清了。这当中,例如,华视的张小燕女士多次邀我上她的节目受访,李涛、李艳秋夫

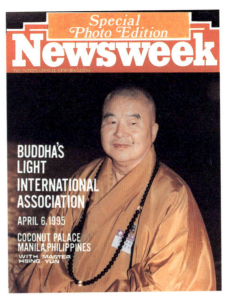

接受美国《新闻周刊》杂志专访,并成为该刊封面人物(一九九五年四月六日)

妇也曾邀我到节目现场接受访问;中天的陈文茜、中视的沈春华,乃至于知名体育主播傅达仁、艺人凌峰等也都曾对我做过专访。二〇〇四年,人间卫视举办"拈花微笑·戏看人生"人间佛教国际电影展时,我也应邀与国际名导演吴宇森先生进行"心世纪对谈";他的夫人牛春龙女士,则是佛光山丛林学院毕业的学生。

除了台湾、香港这许多媒体传播人以外,大陆中央电视台的主持人崔永元、阳光电视台的名制作人杨澜,以及曾获美国电视界最高奖项"艾美奖"的洛杉矶第十八台电视总经理高光勃先生等,我都数度接受过他们的采访。也承蒙这许多传播界的菁英对我不嫌弃,让我有这个机会,和观众面对面地畅谈佛法与人生观。现在回忆起来,虽然往事有诸多辛苦,却也觉得非常有意义,我不就这样把佛教带动起来了吗?

我与荣誉博士的缘分

回忆起来,我从一九七八年到美国弘法,
经过了二十年的岁月,
现在能获得美国学校认同,
自是百感交集。
我以为,对于荣誉博士的学位荣耀,
倒不是那么重要,
只是觉得我们在异国他乡,
不同的文化、不同的种族、不同的宗教,
他们能给予我们荣誉博士学位,
对于友谊的增进,
我想这是最为重要的。

一个没有看过学校,也没有进过学校,甚至连幼稚园都没有读过的出家人,只是凭着在寺院里面长大,在寺院里面接受一些佛法的教育;而今天,能获得世界上十三所名校,颁赠荣誉博士或名誉教授的称誉,这也可谓一件奇人妙事了!

我出生的地方,是穷苦、贫困的中国苏北。在我们家乡,最有名的学校就是扬州中学。可是,我从小没有机会与小学、中学结缘,想要读书,父母家庭没有办法栽培我,社会环境也没有办法成就我。幸好,甫满十二岁稚龄,我就和佛教结缘了。

别人出家,是为了要了生脱死,为了断除忧悲烦恼,但是我才正逢懵懵懂懂的年纪,是非曲直还没有真正辨别的能力,也不懂得什么叫烦恼、什么叫生死?我只想到要读书,而寺庙里面可以成就人读书,这就是我唯一的人生希望,也让悠古的寺院,成为日后人生上进的因缘。

寺庙的教育跟一般学校不一样,我虽然在佛教丛林中有名的栖霞律学院就读,但那只是学一点人生的规矩而已。所谓的"律"学院,就是专门教授戒律的学院,而律仪生活,就是要求我们学习一些做人的规矩,如:出家人一定要学四威仪,在日常生活中必须行如风、坐如钟、卧如弓、立如松;或者叫我们不要乱看、不要乱听、不要乱说、不要乱做,举心动念要唯佛所依等等。

在学院里,纵有一些老师来教导一点经文,我们也听不懂;除了老师的口音、照本宣科的教授方式外,经典中的义理,对我来说实在过于深奥。虽然不敢说自己好学上进,但是对于知识的好奇心确实存在,我就只好自己毛遂自荐,担任寺内简陋的小图书馆管理员。

我以这个图书馆作为自我学习的学校,埋首于各类书籍,从一窍不通的青涩少年,到稍微懂得一点文字,才能在日后考取镇江焦山佛学院。我所拥有的十年青少年岁月,就这样在单纯封闭的寺庙生活中过去了。

当时的我,对于信仰、修行,可能连一点概念都谈不上,但是却有一个根深蒂固的念头,那就是"为了佛教"。这样的想法确实带给我很大的鼓舞力量,无论生活多么艰困、贫乏,只要想到为了佛教,任何问题皆能迎刃而解。

从焦山佛学院毕业后,幸蒙一位江苏宜兴教育局的局长,见到我也不问姓名、学历,只知道我从南京回到祖庭宜兴,他就要我担任一所约有两百名学生的国民小学校长。我兴奋不已,请示过师父后,就接受了宜兴政府的委任。我就这样担当起人生的第一项工作——小学校长。

其实,怎么样办学校,我一无所知。不过我一生中有个重要的理念——"做中学"。我边做边学,竟然真的把一个小学校办得有声有色，自己也颇为意外。可惜的是，时逢国共战争，在纷乱的时局下，学校没有办法继续办学，我不得已就到了南京。

那年二十二岁，还是个不懂人情世故的年轻人，没想到竟然有人叫我接任南京华藏寺的住持。寺务繁琐，匆匆的几个月就过去了，又因为徐蚌会战（即淮海之战），解放军渡江，南京岌岌可危，所以就和一些同道组织"僧侣救护队"，不明所以地到了台湾。

在台湾，我努力写作、努力弘法、努力度众；我办幼稚园、办作文补习班，带领青年从事许多弘法活动；乃至陆续开办佛学院，筹建佛光山。不知不觉中，数十年倏忽一过。

一九七七年，佛光山开山十周年，首度传授"万佛三坛大戒"，在这次的戒期中，美国东方大学（Eastern University）的校长天恩法师，忽然率领一些教授、学生莅临佛光山受戒。一群美国人肯到中国来受比丘、比丘尼戒，我们当然竭诚欢迎。我想，大概以此因缘，一九七八年他就授予我东方大学的哲学荣誉博士学位。我一生没有学历，也没有领过一张毕业证书，忽然有一个荣誉博士的学位，当时心想，或许对我办教育，在社会上做一些文化教育事业有帮助，我就欣然接受了。

时任东方大学的教务长普鲁典（Leo M. Pruden）博士，哈佛大学毕业，标准的美国学者风范，思维敏捷，动作勤快；但是，不知道什么原因，他竟然出家做了和尚，有长达一年多的时间住在佛光山。同时，他介绍一位德国的人类学硕士何吉理（Ehard Herzog）先生，来到这里专注研究佛法，也一年有余，这都是后话了。

徒众们为了我得到荣誉博士学位，大家兴奋不已，想要在报纸上刊载消息，祝福我获得荣誉博士的殊荣。我觉得荣誉博士并不是真正的学历所获得的学位，不必那么张扬，低调处理就好，他们才因而作罢。

荣膺美国东方大学哲学荣誉博士学位,与慈庄法师及信徒们合影(一九七八年八月五日)

除了自己创办的西来大学不算,我获得的第二个荣誉博士学位,来自智利圣多玛斯大学在二〇〇三年所颁发的博爱和平荣誉博士学位。这是第一所颁给我荣誉博士的天主教大学,校长尔其威立亚(Anibal Vial Echeverria)先生表示,他们和十八所大学联盟,所以这一张荣誉博士学位也代表其他十八所大学的荣誉博士。

校长尔其威立亚博士,他是个天主教徒,居住在地球的另一边,从台湾远赴智利,如果坐波音七四七喷气机起码要三十六个小时才能到达。这么遥远的地方,不知道是什么样缘分?过去也素不相识,竟然欣赏我,愿意授给我荣誉博士学位,真是感谢国际友人的盛情了。

我于当年十月至圣多玛斯大学出席授奖仪式,并于校内植树纪念,当时校方特别邀请全校师生共同签署"祈求世界和平证盟书",表达大家对促进世界和平的愿望。校长还邀请我为大众讲演,没想到当地的议员、政治人物竟有不少人莅临出席;而两年后,圣多玛斯大学更与西来大学结为姊妹校,我也乐见其成。

这一年徒众们说我是双喜临门,因为除了天主教学校颁给我

获颁智利圣多玛斯大学博爱和平荣誉博士学位(二〇〇三年十月九日)

的荣誉博士学位以外,泰国很有名的摩诃朱拉隆功大学也颁给我教育行政荣誉博士学位。

泰国本来就是一个佛教国家,我跟泰国结缘得很早,尤其是举办世界佛教徒友谊会的时候,曾有几次担任大会主办人。特别是一九八八年,世佛会举办第十六届会员大会,我把他们带到美国西来寺开会,这是世佛会首次离开亚洲,真正让佛法"西来",颇具历史意义。一九九二年,第十八届会员大会则由高雄佛光山主办,也在此次大会中,承蒙大家不弃,推举我为世佛会永久荣誉会长。另外,第二十届的世佛会,则在一九九八年由澳大利亚南天寺主办。

有了这许多次主办世佛会的经验,二〇〇〇年十二月十五日,泰国总理川・立派先生,在第二十一届世佛会上颁赠予我"佛教最佳贡献奖",也让我感到受宠若惊。或许是这许多的因缘,再加上摩诃朱拉隆功大学知道我办有佛光大学、南华大学、美国的西来大学等,所创办的丛林学院持续不辍连续招生了四十余年。可能认为我热心佛教的教育,因此颁赠给我荣誉学位,大概也是对我的感谢或者奖励吧!

二〇〇四年这一年,同样获得两个博士学位,在韩国有百年历史以上的东国大学颁给我哲学荣誉博士。据说,东国大学从未颁赠荣誉博士予亚洲人,这也开了他们的先例。

当时,我派弟子依恩(王秀珍)在东国大学攻读硕士学位,一方面也筹建道场。很感谢东国大学给予我荣誉博士学位,因为我和韩国的佛教,多年来一直缘

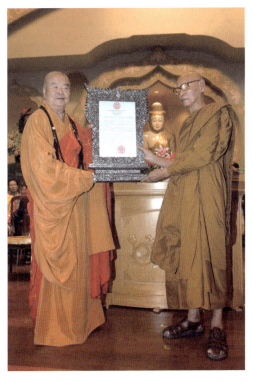

获泰国朱拉隆功大学颁发教育行政荣誉博士学位(慧延法师摄,二〇〇三年八月十九日)

分很深,我和他们的各宗派、各大寺、各个重要的人士都有往来,我想获得这一个荣誉博士学位,更增进中韩佛教的关系。

同时,在泰国的玛古德大学,它也继摩诃朱拉隆功大学之后,给我一个佛教学术荣誉博士学位,我想大概与泰国总理颁给我的"佛教最佳贡献奖"有关,与政府官方相呼应,他也颁个荣誉博士给我,作为彼此的交谊,这也很正常。

此后,似乎应验中国的俗语:"有一就有二,有二就有三,无三不成礼。"

澳大利亚格里菲斯大学专程来佛光山颁发荣誉博士学位。右一为时任高雄县县长杨秋兴先生（陈碧云摄，二〇〇六年五月二十六日）

因此，二〇〇六年也是我获得双荣誉博士的殊荣。首先，在澳大利亚的名校格里菲斯大学，校长弗德（Leneen Forde）以及副校长、教务长等，要颁给我荣誉博士，他们特地亲自将博士服、荣誉博士证书送来佛光山，为了他们的前来，佛光山也举行了一个隆重的颁赠典礼。

我想，这个荣誉博士学位，大概是因为我在一九九一年开始在澳大利亚弘法；为了想在澳大利亚创办南天大学，也和澳大利亚教育界人士常有往来。此外，我们在布里斯班举办的佛诞节，参加人数到达三十万人；在悉尼举办的佛诞节庆典也到达十五万人，都获得政府单位高度肯定认同。他们看到佛教这一股力量，我也借佛光山获得他们重视，所以颁给我荣誉博士学位了。

我与荣誉博士的缘分

单国玺枢机主教以辅仁大学董事长身份颁发法学名誉博士学位，两人合掌相互礼敬。地点：台北"国父纪念馆"（觉培法师提供，二〇〇六年十二月十六日）

自从获得澳大利亚的荣誉学位以后，为了对澳大利亚的教育多所了解，我特别派了弟子如邦（张佩玉）前往格里菲斯大学留学。如邦天资聪慧，短期内就得到教授的认可，获得人力资源管理硕士学位。而在二〇一二年，格里菲斯大学也跟南天大学合作，凡是格里菲斯的学生，在南天大学选修课程，可以同时获得格里菲斯大学认可，对于学术的交流又更进一步了。

台湾的辅仁大学，也在二〇〇六年，由董事长单国玺枢机主教、黎建球校长，代表天主教辅仁大学颁发给我法学名誉博士学位。后来十二月十六日，我在"国父纪念馆"举行佛学讲座时，我和单国玺枢机主教对谈的场次上，黎校长还致辞表示，要请我这位校友回到辅仁大学去普照。

接受美国加州惠提尔大学校长赫兹伯格颁发人文荣誉博士学位(二〇〇八年十二月二十日)

之后,二〇〇八年,在美国南加州的惠提尔大学,颁赠人文荣誉博士学位给我。我和惠提尔大学虽然从未结缘,但是他们和西来寺倒常来往,因为惠提尔大学的学生经常在西来寺办活动,甚至参加禅修。据悉,惠提尔大学创校于一八八七年,是一所赞同基督教贵格教派的大学,早在一九九五年即与西来大学交换合作计划。

颁赠典礼当天,惠提尔大学校长赫兹伯格(Sharon Herzberger),董事沙农(Ruth B. Shannon)、伍德(Donald E. Wood),教务长高斯(Susan Gotsch),学务长欧提斯(Jeanne Ortiz),教授参议议长普莱斯(Joseph Price),哲学教授柯尔博(Paul Kjellber)等一行八人,专程至西来寺颁赠予我学位及证书。

回忆起来,我从一九七八年到美国弘法,经过了二十年的岁

我与荣誉博士的缘分

接受高雄中山大学校长杨弘敦先生颁发文学名誉博士学位(二〇〇九年六月十三日)

月,现在能获得美国学校认同,自是百感交集。我以为,对于荣誉博士的学位荣耀,倒不是那么重要,只是觉得我们在异国他乡,不同的文化、不同的种族、不同的宗教,他们能给予我们荣誉博士学位,对于友谊的增进,我想这是最为重要的。

因此,自从惠提尔大学给了我荣誉博士学位后,惠提尔大学的学生增添了更多与西来大学、西来寺结缘的机会,有的学生还跨海来佛光山参加生命禅学营,彼此的友谊愈来愈增加了。

隔年,台湾高雄的中山大学颁给我文学荣誉博士学位,这倒出乎我意料之外。因为我们虽然同在高雄,但是平常并没有什么来往,只有当初一九七九年,李焕先生在高雄中山大学创校做校长的时候,请我去做过讲演。我记得那一次讲演,还是由李焕先生亲自主持。后来也有过多次讲演机会,只是我忙于法务,对于中山大学

获香港大学颁发社会科学荣誉博士学位。右为香港特首曾荫权博士（二○一○年三月十一日）

还是感到生疏。当二○○九年杨弘敦校长给了我这个荣耀，站在高雄这块土地上，我也觉得感激与欣慰，希望我能就佛光山、佛陀纪念馆的地缘关系，为中山大学出一点力，尽一点校友的贡献。

香港大学则在二○一○年颁赠给我社会科学荣誉博士，这也让我大为讶异，因为香港大学是世界排名前几名的大学，过去只有每年邀约我到大学做一次公开的讲演，也连续讲了好多年；其他，我对于香港大学并无贡献。就连佛光山的弟子，也是到最近几年来，才有人在香港大学修读博士学位，如：哲学博士觉继（刘金鸳）、新西兰籍的佛学博士慧峰（Orsborn Matthew Bryan）。

说起香港大学，副校长李焯芬先生曾经担任国际佛光会的副会长，同时也是我们香港佛学院的院长。他本来是一位工程师，大

我与荣誉博士的缘分

为香港大学佛学研究中心图书馆主持揭幕仪式,右为香港大学李焯芬教授(佛光山宗史馆提供,二〇〇三年十二月十七日)

陆有好多桥梁、大坝的建设都曾邀请他做为顾问,可以说对中国很有贡献。在这一二十年来,他每次去大陆都要买一些我的书籍和大家结缘,是一位悲智双运的人。而香港大学在二〇〇〇年所创设的佛学研究所,负责主持的净因法师,是英国的博士,他与李焯芬教授都是我所熟识的人士,经常在我们香港佛香讲堂出入。现在香港大学颁给我荣誉博士,我想在香港的徒众与信徒都是最欢喜的人了。

另外,韩国金刚大学和佛光大学素有来往,我想大概因为这个关系,他们在二〇一〇年颁给我文学荣誉博士学位,可以说有些获得的荣誉博士学位,也是沾我们大学的光彩。

441

于如来殿接受专程来台之韩国金刚大学成乐承校长(左二)颁发荣誉文学博士学位(慧延法师摄,二〇一〇年八月三十一日)

二〇一二年,承蒙澳门大学表示,由于我先后创建两百余所道场,信众遍及世界,在佛教教育、文化、慈善和弘法事业上都有杰出的贡献,因而计划在十一月十六日颁给我人文荣誉博士学位。由于当日我人正在马来西亚弘法,无法出席;于是,二〇一三年一月二十一日,澳门大学的校董会主席谢志伟、校董会第一副主席李沛霖以及校长赵伟博士,带领着澳门大学的副校长程海东、社会科学及人文学院院长郝雨凡、华中师范大学刘延申教授等一行十一人,带着学位证书前来,在佛光山举办了颁授典礼。

当天,由谢志伟博士代表澳门大学校监行政长官崔世安博士(澳门特首),将荣誉人文博士学位颁发给我。他们说是实至名归,欢喜地将我列为澳门大学的校友,我除了感谢他们之外,其实这一切皆是好因好缘的成就,希望我们能与澳门大学常常交流往来,相互学习。

接受澳门大学颁发荣誉人文学博士学位,并赠一笔字"无上士"予澳门大学校长赵伟(右三)、校董事会主席谢志伟(右二)、校董会第一副主席李沛霖(右一)博士,并说明"无上士"是佛的名号。在中国"士"也是代表人中品德最高者,以此期许澳门大学(慧延法师摄,二○一三年一月二十二日)

　　除了上述荣誉博士学位外,二○○六年十二月,广州的中山大学聘我为客座教授,同时担任佛学研究中心顾问;二○一○年三月,南京大学则邀请我担任中华文化研究院名誉院长以及名誉教授;二○一一年四月,北京大学、厦门大学也颁给我名誉教授的资格;同年五月,江西南昌大学不吝予我名誉教授的称谓;九月,扬州大学颁赠我佛学研究所名誉所长、扬州大学名誉教授的头衔。

　　事实上,我在全台湾所有的大学几乎都做过讲演,甚至在一九八一年还担任过基督教东海大学六年的客座教授;更早一年,一九八○年承蒙中国文化大学创办人张其昀先生,好意地一再要我担任中国文化大学的董事兼印度文化研究所所长,几次推辞不下,只好恭敬不如从命地接任。还记得前往位于阳明山华冈的中国文化大学时,他特别邀来多位教授欢迎我,致辞时说道:"我们欢迎华冈的方丈大和尚来就职!"

除了台湾以外,在大陆的北京大学、南京大学、复旦大学、上海交通大学、吉林大学、南昌大学、扬州大学、中山大学、厦门大学等大学,我都曾做过讲演。基本上,大陆的佛教并不开放,也感激这许多教育界的负责人给我特别的机会,让我能和众多学子结缘,内心只有万分感谢。

说到这个博士缘,我一介贫僧,却受到许多教育界人士的青睐,感受到大家对我的厚爱。我自己现在也是四所大学的董事长,创办南华大学、佛光大学、西来大学、南天大学,尽管如此,岁月不饶人,我因为年老,脑力、体力都不济,不免希望佛光山的青年才俊能慢慢茁壮,有能力接棒,承担弘法家务。

现在佛光山的弟子,获得博士学位的人数颇多。最早期,限于许多的条件,因缘也不具备,大部分的青年,我只能送到日本让他们留学,因而都在日本获得学位,有大谷大学慈惠(张优理)、龙谷大学慈怡(杨铁菊)、京都佛教大学慈庄(释心光)、京都佛教大学慈容(吴素真)、爱知大学依昱(释依昱)、东京大学依空(张满足)等,尤其依空还是高雄师范大学的文学博士。后来,常住条件多了一点,就送弟子到美国读博士,如:天普大学慧开(陈开宇)、耶鲁大学依法(杨玉梅),以及近年的西来大学永东(林美凤)、觉玮(黄宝仪)、觉谦(黄丽君)、慧东(钱锋)。

之后,改送弟子到欧洲攻读博士,像是伦敦大学永有(陈素玲)、牛津大学依益(李春色)。而现在大部分佛光山的青年子弟都在大陆完成博士学位,如:北京大学的觉舫(郑丹琳)、满耕(屠颖),四川大学的满纪(孔祥玲),复旦大学的觉冠(施乃瑜),厦门大学的满庭(吴永珍),兰州大学的觉旻(杨明芬),中国人民大学的妙中(张幼玫),武汉大学的妙皇(孔祥珍),南京大学的满升(黄富秀),中国社会科学院的觉多(侯怡萍)等。此外,还有印度德里

我与荣誉博士的缘分

大学的觉明(柳丽凤)、台湾高雄师范大学的觉启(王宝珍)。

当然也有的徒众尚未入山门,就已取得博士学位,例如美国斯坦福大学的有真(黄晖娟),英国赫尔大学的知贤(沈昭吟)。

弟子中,也有多人获得大学颁发荣誉博士学位,像摩诃朱拉隆功大学荣誉佛学博士慈庄,西来大学荣誉博士慈惠、慈容、心定。其中,心定还获得摩诃朱拉隆功大学、斯里兰卡 Vidyodaya Pirivena College 两所大学的荣誉博士学位。

想到佛光山在短短的时间中,栽培了这许多年轻人,当然希望他们能更加精进。因为大家都知道我是一个没有毕业文凭的人,虽然获得这许多荣誉博士学位的称誉,但是他们现在都有了实际的博士学位,更应该好好经营学历,更上一层楼。

除了博士,佛光山还有近两百位的硕士弟子,我现在把名单列在下面:

阿根廷籍——觉培(王千佩/南华大学)。

智利籍——妙睦(李秀梅/智利圣多玛斯大学)。

巴拉圭籍——如海(吴佩芬/南华大学)。

澳大利亚籍——慧炬(彭德强/澳大利亚摩纳斯大学),觉宁(程嘉慧/澳大利亚大学),妙光(庄惠雯/佛光大学),妙信(黄琳/澳大利亚维多利亚大学),妙地(李美萍/佛光大学),知义(严彦/澳大利亚卧龙岗大学)。

美国籍——觉凡(黄少芳/加州州立大学长堤分校),妙忠(李淑敏/圣塔克拉拉大学),有恒(王诗若/美国华盛顿大学)。

加拿大籍——妙净(刘沁妮/加拿大皇后大学、佛光大学双硕士),妙哲(廖锦平/佛光大学),知行(林颖诗/佛光大学)。

泰国籍——妙慎(丘妙绮/南华大学),有方(何锦玲/佛光大学)。

大陆籍——妙悯(王川/佛光大学),如庵(林瑞云/佛光山丛

445

林学院英文佛学研究所),知理(吴晓霞/澳大利亚悉尼大学)。

香港籍——妙牧(张慧仪/佛光大学),妙为(周尚尧/佛光大学),如航(曾小玲/佛光山丛林学院英文佛学研究所)。

新加坡籍——觉门(苏秀英/"中国佛教研究院"),觉毓(庄小燕/香港大学),觉谛(韦淑仪/佛光山丛林学院英文佛学研究所),如笙(叶芝萍/南华大学),有纪(卓雪莉/佛光大学)。

马来西亚籍——慧裴(王保利/佛光大学),依华(甄慧妮/印度国际大学),觉诚(林爱文/巴西圣保罗大学),妙扬(刘若玲/南华大学),妙毅(林慧莉/佛光山丛林学院英文佛学研究所),妙力(张妙珍/佛光大学),妙博(邓翠盈/佛光大学),如行(何明爱/佛光山丛林学院英文佛学研究所),有仁(房丽娟/南华大学),有德(曾玉莲/英国林肯郡大学、佛光大学双硕士),有宗(蔡文静/佛光大学),有是(曾慧蒂/佛光大学)。

台湾籍——慧宽(赖国栋/日本佛教大学、"中国佛教研究院"),慧昭(林锦定/"中国佛教研究院"),慧僧(黄泰裕/日本横滨大学),慧昉(邓静伸/"中国佛教研究院"),慧祥(苏仁义/"中国佛教研究院"),慧静(陈居声/南华大学),慧知(曾奕楷/台湾师范大学),慧让(郑添原/台湾大学),依恒(释心隆/"中国佛教研究院"),依严(释心照/"中国佛教研究院"),依淳(刘美英/文化大学),依清(黄玉莲/"中国佛教研究院"),依量(李艳姿/日本佛教大学),依日(陈香珠/文化大学),永本(蔡丽华/"中国佛教研究院"),永方(巫秋兰/南华大学),永明(王翠贞/文化大学),永进(廖培琴/"中国佛教研究院"),永芸(刘凤芸/佛光山丛林学院英文佛学研究所),永宜(简锦华/"中国佛教研究院"),永富(叶青香/佛光大学),永智(白黎琼/日本大正大学),满和(郑慧娥/西来大学),满欣(刘玉燕/佛光大学),满悦(邱淑真/佛光大学),满晟

(唐玉佩/佛光大学),满净(李雪娥/"中国佛教研究院"),满贵(李玉鹤/西来大学),满慧(白淑惠/"中国佛教研究院"),觉元(杨芷芸/南华大学),觉居(苏秋色/南华大学),觉了(吴琦芬/南华大学),觉上(王翠瑶/日本京都佛教大学),觉芸(范美珠/台湾大学),觉均(胡琬苹/佛光大学),觉具(李凤娥/南华大学),觉承(王丽秋/佛光大学),觉屏(林美君/西来大学),觉皇(黄太千/佛光大学),觉禹(胡佳君/佛光大学),觉庄(魏吟纹/佛光大学),觉轩(戴立佳/南华大学),觉舍(廖珠伶/韩国东国大学),觉涵(张简慧芬/"中国佛教研究院"),觉森(施淑娟/佛光大学),觉咏(陈碧珠/彰化师范大学),觉福(黄春梅/"中国佛教研究院"),觉靖(陈丽娟/佛光大学),觉寰(杨妙真/南华大学),觉机(林惠兰/佛光大学),觉瀚(林美玲/佛光大学),觉亚(周秀真/南华大学),妙勤(洪碧妹/南华大学),妙乐(赵秀娟/佛光大学),妙凡(何妙娟/南华大学),妙士(郑佳华/西来大学),妙澄(高鸣雀/南华大学),妙心(李恒芬/达拉斯大学),妙日(陈蕾如/佛光大学),妙主(王秀凤/南华大学),妙弘(刘湘茹/澳大利亚墨尔本旋宾大学),妙田(张婉惠/佛光大学),妙多(林育如/佛光山丛林学院英文佛学研究所),妙言(姜宜伶/佛光大学),妙松(刘佩欣/佛光大学),妙果(曾龄仪/佛光大学),妙欣(林秀莲/南华大学),妙昱(曹丽文/佛光大学),妙纪(袁淑美/佛光大学),妙健(仪美君/佛光大学),妙展(施淑桢/南华大学),妙宥(林心愉/佛光大学)、妙恕(张美玉/南华大学),妙旃(郭千凤/南华大学),妙晋(林纯君/南华大学),妙晟(吴嘉惠/佛光大学),妙书(赵凤玉/南华大学),妙耘(潘星莹/南华大学),妙斌(林宛莹/南华大学),妙开(刘美雯/南华大学),妙旸(陈鹊合/逢甲大学),妙宽(邱秋菊/南华大学),妙熙(韦幼玲/南华大学),妙璋(苏丽花/南华大学),妙显(黄桂凤/南华大学),妙谦(郭旻乔/佛光大学),妙鸿(胡雅惠/南华大学),妙蕴(陈淑圆/南华大学),妙愿(黄赫东/佛光大学),妙杰(周晓雯/南华大学),妙护(杨莉那/辅仁大学),妙觉(张娟娟/纽约州立大学双硕士),妙麟(陈世佑/南华大学),妙观(范育芬/智利圣多玛斯大学),妙贯(陈丽朱/佛光大学),妙善(陈嘉文/佛光大学),妙圆(吴宜庭/佛光大学),妙慈(黄靖琦/佛光大学),妙严(丁琬骅/佛光大学),妙智(王姵婷/佛光大学),妙绎(廖秀琪/佛光山丛林学院英文佛学研究所),妙伟(叶芊汖/澳大利亚新南威尔斯大学),妙曜(戴廷豫/佛光大学),妙南(曾美嘉/台湾师范大学),妙翰(林宜蓁/佛光大学),如常(赖凯慧/佛光大学),如信(罗美玲/南华大学),如地(王莺娟/南华大学),如学(林锦慧/台湾师范大学),如颖(陈幼玲/佛光大学),如圆(戴绣娟/南华大学),如川(刘锦玫/南华大学),有圆(陈玉青/佛光大学),有定(邱怡慧/佛光大学),有祥(林佳怡/南华大学),有舜(彭俶雯/英国史特林大学),有弘(陈彦伶/佛光大学),有因(邱时瑜/佛光大学),有惠(萧齐文/美国内布拉斯加州州立大学林肯分校、佛光大学双硕士),有慧(叶淑芬/美国加州州立大学洛杉矶分校),有承(郑凤冈/台中教育大学),知心(钟贵文/佛光大学),知律(王郁婷/新竹教育大学),知达(许孟琪/南华大学),知谦(叶升炅/美国阿拉巴马大学)。

入道的师姑则有智利籍的李秋香(智利圣多玛斯大学),马来西亚籍的林婷诗(佛光大学),台湾籍的萧碧霞(政治大学),林锦华(日本佛教大学),黄素霞(南华大学),郑慧美(佛光大学),蔡丽芬(南华大学双硕士)等人。

我为他们在这里立个标记,希望十年或者二十年后,佛光山的大众能看到这许多获得学位的人,还有其他的成就、更好的发展。毕竟,学术不能只是要空名,还是要大家实际上修证才是。